中共党史
基本知识

手绘彩图本

ZHONGGONG DANGSHI
JIBEN ZHISHI

李忠杰 著

人民出版社

策划编辑：刘智宏　付运波

责任编辑：刘智宏　苏向平　曹　利

图书在版编目 (CIP) 数据

中共党史基本知识：手绘彩图本 / 李忠杰著 . —北京：人民出版社，
　2021.8

ISBN 978-7-01-023530-1

Ⅰ . ①中…　Ⅱ . ①李…　Ⅲ . ①中国共产党—党史—学习参考资料
Ⅳ . ① D23

中国版本图书馆 CIP 数据核字（2021）第 130805 号

中共党史基本知识（手绘彩图本）

ZHONGGONG DANGSHI JIBEN ZHISHI（SHOUHUI CAITU BEN）

李忠杰　著

人民出版社　出版发行

（100706　北京市东城区隆福寺街 99 号）

北京市白帆印务有限公司印刷　新华书店经销

2021 年 8 月第 1 版　2021 年 8 月北京第 1 次印刷

开本：710 毫米 × 1000 毫米 1/16　印张：18

字数：220 千字

ISBN 978-7-01-023530-1　定价：59.00 元

邮购地址　100706　北京市东城区隆福寺街 99 号

人民东方图书销售中心　电话（010）65250042　65289539

前　言

Preface

2021 年是中国共产党诞生 100 周年。7 月 1 日，庆祝中国共产党成立 100 周年大会在北京天安门广场隆重举行，中共中央总书记、中华人民共和国主席、中央军委主席习近平发表重要讲话，把百年庆典活动推向了高潮。学习、研究、宣传 100 年来中国共产党走过的历程和取得的成就，是百年大庆必不可少的内容和要求。

到 2021 年 6 月 5 日，中国共产党已经有 9514.8 万名党员。按照党中央的要求，每个党员都应该学习党的历史。对其他群众，特别是青少年，也应该加强党史的宣传和教育。国外人士对中国共产党历史的兴趣，现在也越来越浓厚了。

为了帮助广大党员、群众、学生以及国外读者更加方便地学习了解中国共产党的百年历史，我在出版了多本党史专业书籍的基础上，与出版社合作，编写（左宪民也参与了有关工作）了这本通俗、易懂、好看、好记的《中共党史基本知识（手绘彩图本）》。

党史书可以有各种写法。本书在构思、写作和编排过程中，坚持和体现了五个方面的特色或亮点。

第一，突出重点。本书不是像通史、简史那样按顺序铺展历史过程，而是集中介绍百年党史中最基本、最重要、最应该掌握的知识点。全书按照党史的阶段划分列了四编，总共精选了将近 150 个知识点，每个知识点提供一个方面的党史知识。所有内容都是依据党的文件特别是《关于建国以来党的若干历史问题的决议》，从最权威的党史著作、大事记以及我自己撰写的书籍和研究成果中总结、概括、提炼出来的。一书在手，便可以大致了解党史的最主要内容。

　　第二，以"线"串"珠"。书中选取的知识点，有的是介绍单个事件，有的是介绍某一个方面的历史过程。前者是"珠"，后者是"线"，全书以"线"串"珠"，"线""珠"结合。每条"线"，每颗"珠"，其实都是一个方面的历史过程。这些过程和知识，在一般党史书里，有的在一处就说清了，有的是在不同的章节里出现，还有很多是有头无尾或有尾无头。而在本书中，基本上在一个知识点里就可以搞清楚，减少了读者到处翻查的麻烦。从事党务工作、文秘工作、研究工作、媒体工作的人员，也可以随手查阅。

　　第三，深度挖掘。书中的每个知识点，文字不多，简明扼要，通俗易懂，但都是在深度挖掘的基础上写成的，有一定的学术含量。比如共产国际与中国共产党的关系、工农红军和中革军委创立和发展的过程、民主革命时期党的领导机构和领导人员的变化、20 世纪 50 年代苏联东欧援助中国的工程项目、规模宏大的三线建设、改革开放以来到底制定了多少个"三农"一号文件等，即使专业党史工作者也不一定很清楚，但本书一个个挖掘整理，对其来龙去脉作了简要但完整的介绍，从而使本书也具有了创新性、知识性和新鲜感。

　　第四，成就要览。在基本的知识点之外，本书还编写了各个历史阶段的大事辑要放在各编结尾。这些大事辑要都源于权威的党史大事记，但更加简练。尤其是，本书还花费很大精力，专门梳理和编写了 28 个方面的建设成就要览。它们涉的范围很广，每个方面都比较完整。如新中国铁路建设的每一步突破和成就，神舟、天宫每一次发射的情况等，读者一目了然，稍加浏览，便可以直接感受到中国共产党和中华人民共和国特别是改革开放前进的步伐。

　　第五，配以彩图。设计这个选题时，出版社就希望在文字之外配上手绘的各种彩图。经多方物色，最后请凌晨女士精心绘制了 60 多幅彩图。这些彩图其实都是一幅幅艺术作品，它们与文字内容相配合，增强了全书的艺术性、趣味性和视觉吸引力，起到了红花与绿叶相映衬的作用。全书内容和版式设计富有美感，可以使读者边阅读边品味，产生一种愉悦的感觉。

　　由于上面所说的这些特点，本书也适合作为党员教育培训、入党积极分子培训的参考教材使用。

目 录

Contents

1949

1978

改革开放和社会主义现代化建设新时期

2012

中国特色社会主义新时代

第四编

PART FOUR

2012

建设成就要览目录

有关图表目录

第一编

PART ONE

1921

新民主主义革命时期

1949

1 党在新民主主义革命时期的奋斗历程

从 1921 年到 1949 年，是中国共产党领导的新民主主义革命时期。党团结带领人民，经历了大革命、土地革命战争、全民族抗日战争和全国解放战争四个阶段，终于在 1949 年取得了革命的胜利。

1840 年鸦片战争后，中国逐步成为半殖民地半封建社会。辛亥革命结束了中国几千年的君主专制统治，打开了社会进步的闸门。随着新文化运动兴起，在俄国十月革命的影响下，经过五四运动，马克思主义在中国迅速传播。在共产国际有组织的帮助下，1921 年，中国共产党正式成立，中国共产党的百年征程由此开始。

中国共产党成立后，积极发动工农运动。通过与国民党的合作，广泛开展国民革命。随着五卅运动的爆发，大革命进入高潮。北伐战争的胜利进军和工农运动的蓬勃兴起，基本推翻了北洋政府的统治。由于国民党实行"清共"屠杀政策，大革命最后失败，年幼的中国共产党遭受严重挫折。

从 1927 年到 1937 年，中国共产党独立领导了 10 年土地革命战争。以毛泽东为代表的中国共产党人开辟了一条适合中国国情的农村包围城市、武装夺取政权的新道路。党建立了一系列苏维埃区域，开始局部执政的尝试。但先后三次发生的"左"倾错误，造成重大损失。红军被迫长征。遵义会议实现历史性转折。中国革命的战略重心转移到北方。

九一八事变发生后，中国人民开始艰苦卓绝的局部抗战。党及时提出建立抗日民族统一战线的策略。七七事变后，抗日战争全面爆发。党推动和实现了与国民党的第二次合作，建立起抗日民族统一战线。党制定和实施全面抗战路线，提出持久战的战略总方针，领导人民军队深入敌后发动群众，开展抗日游击战争，建立抗日民主根据地，开辟了广大的敌后战场。党在全民族抗战中发挥了中流砥柱作用，丰富和发展了毛泽东思想，壮大了自身组织、人民军队和根据地的力量，取得了局部执政的经验。

抗日战争胜利后，党提出和平民主团结的方针，争取建立民主联合政府，与国民党政府进行和平谈判。在国民党发动全面内战后，党领导解放区军民奋起自卫，粉碎国民党军队的战略进攻，推动国民党统治区的人民运动。随着战争形势的发展，党指挥人民解放军转入战略进攻。经过战略决战、渡江作战和向全国进军，推翻了国民党在大陆的统治，夺取了新民主主义革命的全国性胜利，完成了争取民族独立和人民解放的历史任务。

在这一时期，中国共产党干成的第一件大事和第一个伟大历史贡献，就是团结带领中国人民进行 28 年浴血奋战，打败日本帝国主义，推翻国民党反动统治，完成新民主主义革命，建立了中华人民共和国。

2 **中国社会的主要矛盾**

中华民族创造了曾在世界上独领风骚的先进文明。但到了近代，清王朝日益衰朽，自我封闭，盲目排外，中国逐渐落后于迅速发展的世界先进文明，被马克思恩格斯称为"活化石"和"木乃伊"。

从 1840 年开始，英等西方列强用鸦片和炮舰打开了中国的大门。中国主权遭受侵蚀，经济利益遭受掠夺。西方资本主义大举进入中国。许多志士仁人睁开眼睛看世界，发展民族资本主义经济。传统的封建经济和社会结构趋于瓦解，君主专制统治步步式微。中国逐渐成为一个半殖民地半封建社会。

这种基本国情，从根本上决定了近代中国的两大主要矛盾：一个是帝国主义和中华民族的矛盾，一个是封建主义和人民大众的矛盾。帝国主义和中华民族的矛盾，则是各种矛盾中最主要的矛盾。

这两大矛盾，就决定了中国的两大历史任务：一是争取民族独立和人民解放，二是实现国家富强和人民富裕（现也称人民幸福）。

更为复杂的是，这两大矛盾，按照马克思恩格斯的分析，处于交错的状态，即一方面是侵略与被侵略的关系，另一方面又是先进文明与落后文明的关系。这种交错给认识和解决这两大矛盾带来了极大的困难，两大矛盾的交错，要求中华民族同时解决救亡与进步两大历史任务。两者缺一不可，两者的关系又必须统筹处理好。

近代中国，首先要救亡。救亡，主要是反对帝国主义，解决民族和国家的生存问题。但救亡是救国家和民族之亡，而不是救腐朽没落制度之亡。反对帝国主义，是反对侵略掠夺，而不是反对现代文明。

进步，则主要是反对封建专制主义，解决业已陈腐的社会如何赶上世界潮流的问题。不反对封建主义，特别是不反对君主专制主义，中国就不能进步，就不能融入世界文明大道。

救亡与进步不可分离，又不可相互替代。不救亡，就没有国家和民族在世界上的立足之地，也就谈不上文明进步；如果不推动文明进步，尽快赶上时代和世界潮流，中国就会依旧处于落后状态，也不可能从根本上解决救亡问题。

近代以来的中国，包括新民主主义革命，始终面临的，都是如何解决这双重矛盾及其交错运动的问题。

3　五四运动的爆发

1919 年 1 月 18 日至 6 月 28 日，第一次世界大战的战胜国在法国巴黎凡尔赛宫举行"和平会议"，商讨战后和平事宜及对战败国德国的和约。中国作为战胜国之一，也派出代表团出席会议，提出废除势力范围，撤退外国军队、巡警，撤销领事裁判权，归还租界等议题，同时以直接归还山东和取消"二十一条"为迫切要求。

但是日本蛮横要求无条件接管德国在胶州湾租借地、胶济铁路以及在山东的其他一切权利。中国代表团据理力争，做了很多努力，但 4 月 30 日，英、法、美三巨头仍作出最后决定，拒绝中国合理要求，同意将战前德国在山东的一切"权益"交给日本。

消息传到国内，群情激愤。5 月 3 日，1000 多名学生代表举行大会，声泪俱下，要求拒签和约。5 月 4 日，北京十几所学校的 3000 余名学生齐集天

中国收回山东权益的要求被巴黎和会拒绝后，北京大中专院校的学生于1919 年 5 月 4 日在天安门前举行示威，要求中国政府拒绝在巴黎和约上签字

安门前举行示威，提出"取消二十一条""还我青岛""外争主权、内惩国贼"等口号。下午 2 时，学生游行队伍从天安门出发，前往各国驻华使馆区东交民巷，向多国使馆递交陈词，遭到拒绝。学生等候无果，乃前往外交部和曹汝霖住宅。随后发生火烧赵家楼事件。警察随即干预，拘捕了 32 名学生。

5 月 5 日，北京各大中专院校开始总罢课，要求政府释放被捕学生。蔡元培等北京大专院校校长也与政府交涉。5 月 7 日，政府被迫释放 32 名被捕学生。随后，蔡元培递交辞呈，离开北京。6 月 3 日起，北京学生重新走上街头。

从 6 月 5 日起，上海工人举行声援学生的罢工。随后，罢工、罢课、罢市的"三罢"高潮，迅速扩展到 20 多个省区、100 多个城市。工人阶级第一次登上政治舞台。6 月 7 日，北洋政府迫于压力，不得不释放被捕学生。

1919 年 6 月 28 日，巴黎和约签字。中国留学生和华工包围中国代表团寓所。作为战胜国的中国代表考虑到国内民意，没有出席签字仪式，拒签了和约，并致书和会，声明中国对中德和约有最后决定权。

1921—1922 年的华盛顿会议再次讨论山东问题。1922 年 2 月 4 日签订了《解决山东问题悬案条约》及其附约，使山东问题得到一定程度的解决。

五四运动是中国近代史上具有划时代意义的事件，是近代中国人民伟大觉醒的标志。五四运动促进了中国共产党的成立，成为中国新民主主义革命的开端。

马克思主义在中国的传播

早在 19 世纪后半叶，中国的国门打开之后，很多知识分子开始接触和关注世界各种思潮。1898 年，上海出版了一部系统介绍社会主义学说的中译本著作《泰西民法志》，称"马克思是社会主义史中最著名和最具势力的人物"。梁启超 1902 年在《新民丛报》上发表文章，介绍马克思。

不少中国革命者如孙中山等不时避难日本，又有很多青年去日本留学，受到日本进步学者的影响，使日本成为马克思主义传入中国的主渠道。湖南的赵必振在 1902 年、1903 年翻译出版了幸德秋水的《廿世纪之怪物帝国主义》、福井准造的《近世社会主义》。

辛亥革命后，封建专制的禁锢被打破，思想文化界空前活跃。马克思主义和社会主义学说进一步在中国传播。1912 年 10 月，孙中山在上海大戏院连续三天演讲社会主义，轰动一时，还出版了《孙中山社会主义谈》一书。

随后的十月革命一声炮响，使中国人看到了一个现实的社会主义。苏俄政府两次发表对华宣言，宣布废除沙皇俄国与中国签订的不平等条约，虽然打了很大折扣，但增加了很多中国人对苏俄的好感。俄国共产党（布）和 1919 年建立的共产国际，有组织地派员来中国，接触知识分子，宣传世界革命。

所以，十月革命之后，尤其是五四运动前后，马克思主义在中国得到更为广泛和深入的传播。中国知识界兴起了一股研究俄国经验和社会主义的热潮。

十月革命后，尤其是五四运动前后，在李大钊、陈独秀等中国先进知识分子的推动下，马克思主义在中国广泛传播

发端于 1915 年、以提倡民主和科学为口号的新文化运动，迅速发展为以传播马克思主义为中心的思想运动。

《晨报》副刊 1919 年 2 月改组后，连续 6 个月刊登研究马克思主义的文章和著作。5 月 1 日还出版"劳动节纪念"专号。此后，又专门开辟了"马克思研究"专栏，几乎每天都刊载介绍马克思主义的翻译文章。

李大钊从 1918 年 7 月至 1919 年 10 月，先后发表多篇文章，全面介绍马克思的学说，认为中国应当走十月革命的道路。1920 年 9 月，陈独秀发表《谈政治》一文，主张用革命的手段建设劳动阶级的国家。

其他一些学者也相继发表文章介绍和研究列宁学说和俄国情况，翻译出版马克思主义著作，建立马克思主义团体。除李大钊、陈独秀外，李达、李汉俊、恽代英、毛泽东、蔡和森、周恩来、董必武、邓中夏、瞿秋白等一批先进分子相继选择了马克思主义。

马克思主义的广泛传播，为中国共产党的创建准备了思想条件和干部条件。

中国共产党早期组织成员名录

姓名	籍贯	年龄（1921年）	教育背景	职业
上海早期党组织				
陈独秀	安徽	42	留日	教授
李汉俊	湖北	31	留日	报人
李达	湖南	31	留日	教授
陈望道	浙江	30	留日	教授
沈玄庐	浙江	38	留日	官员、报人
邵力子	浙江	39	留日	教授、报人
袁振英	广东	27	北大	中学校长
林伯渠	湖南	35	留日	孙中山元帅府参议
沈雁冰	浙江	25	留日	职员
沈泽民	浙江	21	留日	学生
杨明斋	山东	39	莫斯科东方大学	留俄华工
俞秀松	浙江	22	中师	工人
李启汉	湖南	23	中学	工人
李中	湖南	24	中师	工人
北京早期党组织				
李大钊	河北	32	留日	教授
张国焘	江西	24	北大	学生
邓中夏	湖南	27	北大	学生
高君宇	山西	25	北大	学生
何孟雄	湖南	23	北大	学生
罗章龙	湖南	25	北大	学生
刘仁静	湖北	19	北大	学生
范鸿劼	湖北	24	北大	学生
缪伯英（女）	湖南	22	北京女师	学生
张太雷	江苏	22	北洋大学	学生
李梅羹	湖南	20	北大	学生

续表

姓名	籍贯	年龄 （1921年）	教育背景	职业
朱务善	湖南	25	北大	学生
宋介	山东	28	中国大学	报人
江浩	河北	41	留日	国会议员
吴雨铭	湖南	23	北大	学生
陈德荣	广东	19	北大	学生
武汉早期党组织				
董必武	湖北	35	留日	教师
陈潭秋	湖北	25	武昌高师	教师、记者
包惠僧	湖北	27	湖北一师	记者
刘伯垂	湖北	34	留日	官员、律师
张国恩	湖北	41	秀才，留日	律师
赵子健	湖北	26	湖北一师	教师
郑凯卿	湖北	33	识字	工人
赵子俊	湖北	30	高小	工人
长沙早期党组织				
毛泽东	湖南	28	湖南一师	教师
何叔衡	湖南	45	湖南一师	教师
彭璜	湖南	25	湖南商专	学生
贺民范	湖南	55	留日	校长
易礼容	湖南	23	明德大学	教师
陈子博	湖南	29	中学	教师
广州早期党组织				
谭平山	广东	35	北大	教师
陈公博	广东	29	北大	教师
谭植棠	广东	28	北大	教师
李季	湖南	29	北大	翻译

续表

姓名	籍贯	年龄 （1921年）	教育背景	职业
济南早期党组织				
王尽美	山东	23	山东一师	学生
邓恩铭（水族）	贵州	20	中学	学生
王翔千	山东	33	北京译学馆	报人
旅法早期党组织				
张申府	河北	28	北大	教授
周恩来	江苏	23	留日	学生
刘清扬（女）	天津	27	直隶女师	教师
赵世炎	重庆	20	北京高师附中	学生
陈公培	湖南	20	金陵大学	学生
旅日早期党组织				
施存统	浙江	22	留日	学生
周佛海	湖南	24	留日	学生

5　中国共产党的成立

随着马克思主义在中国的传播及其同中国工人运动的初步结合，一批接受了马克思主义的知识分子将建立新型无产阶级政党的任务提上了日程。

1920年年初，李大钊、陈独秀等探讨建党问题。共产国际派维经斯基等来华，先后会见李大钊和陈独秀等，帮助建立中国共产党。1920年8月和10月，上海、北京的共产党早期组织先后成立。武汉、长沙、济南、广州等地，以及欧洲和日本的中国留学生及华侨中也建立了这样的组织。

1921年7月23日晚，中国共产党第一次全国代表大会在上海法租界望志路106号（今兴业路76号）开幕。

出席会议的代表是上海的李达、李汉俊，北京的张国焘、刘仁静，长沙的毛泽东、何叔衡，武汉的董必武、陈潭秋，济南的王尽美、邓恩铭，广州的陈公博，旅日的周佛海，受陈独秀派遣的包惠僧。他们代表着全国 50 多名党员。另有共产国际的代表马林和尼克尔斯基参会。

在第一次会议上，马林作了《第三国际的历史使命与中国共产党》的主题报告，尼克尔斯基介绍了共产国际远东书记处和俄国革命的情况。7 月 24 日的第二次会议由代表报告各地情况，并选出纲领和工作计划的起草委员会。7 月 25、26 日，用两天时间起草文件。其他代表休会。7 月 27、28、29 三天的会议，连续讨论纲领、成立宣言和工作决议，对某些问题也有争论。

7 月 30 日晚上的第六次会议原定通过各项文件并进行选举，然后闭幕。但会议中间突然有人闯进会场，会议立即中止。随后，法国租界巡捕前来搜查。在上海继续开会出现了安全问题，经研究，代表们转移到浙江嘉兴南湖，在一艘租用的游船上召开了最后一天的会议。

经最新考证，这"最后一天"即南湖会议召开的时间，最有可能是 8 月 3 日。

南湖会议继续上海未能完成的议题，讨论通过了《中国共产党第一个纲领》《中国共产党第一个决议》。对《中国共产党成立宣言》有不同意见，决定

中共一大于 1921 年 8 月初在浙江嘉兴南湖的一条游船上召开了最后一天的会议。现在南湖上的红船是根据董必武的回忆设计和复制的

授权仲甫即陈独秀决定是否发布。最后选举三人组成中央局，陈独秀任书记，张国焘为组织主任，李达为宣传主任。

一大在上海和南湖的召开，宣告了中国共产党的正式成立。这一开天辟地的事件，深刻改变了近代以后中华民族发展的方向和进程，深刻改变了中国人民和中华民族的前途和命运，深刻改变了世界发展的趋势和格局。

南湖上的游船，本是一种丝网船，因其比较漂亮精致，被当地文人称为画舫。由于一大的召开，便成了红船。南湖红船作为中国共产党创建的标志被载入史册。

党的诞生地包括上海和嘉兴南湖两个地方，并且与北京紧密相关。所以，这艘红船，如果完整地表达，应该是三句话：北京孕育，上海制造，南湖起航。

1941 年 6 月，中共中央发布《关于中国共产党诞生二十周年抗战四周年纪念指示》，正式将 7 月 1 日作为党诞生的纪念日。

中国共产党早期组织成员籍贯统计

湖南20人	李达、林伯渠、李启汉、李中、邓中夏、何孟雄、罗章龙、缪伯英（女）、李梅羹、朱务善、吴雨铭、毛泽东、何叔衡、彭璜、贺民范、易礼容、陈子博、李季、陈公培、周佛海
湖北11人	李汉俊、刘仁静、范鸿劼、董必武、陈潭秋、包惠僧、刘伯垂、张国恩、赵子健、郑凯卿、赵子俊
浙江7人	陈望道、沈玄庐、邵力子、沈雁冰、沈泽民、俞秀松、施存统
广东5人	袁振英、陈德荣、谭平山、陈公博、谭植棠
山东4人	杨明斋、宋介、王尽美、王翔千
河北3人	李大钊、江浩、张申府
江苏2人	张太雷、周恩来
安徽1人	陈独秀
江西1人	张国焘
山西1人	高君宇
贵州1人	邓恩铭（水族）
天津1人	刘清扬（女）
重庆1人	赵世炎

6　国共合作的大革命

大革命（也称国民革命）运动，是 1924 年至 1927 年以推翻帝国主义在中国的势力和北洋军阀的统治为目标的民族民主革命运动。

中国共产党成立后，逐步认识中国国情，确定了反帝反封建的民主革命纲领，并根据共产国际的指示，确定了建立联合阵线的方针。1923 年 6 月在广州召开的第三次全国代表大会，决定共产党员以个人身份加入国民党，实现国共合作。1924 年 1 月，中国国民党第一次全国代表大会在广州举行。大会阐发了新三民主义的政纲，并在事实上确立了联俄、联共、扶助农工的三大政策。第一次国共合作正式形成，共产党员李大钊、谭平山、毛泽东、林伯渠、瞿秋白等当选为国民党中央执委会委员或候补委员。大多数共产党员和青年团员加入国民党。国民党开始成为工人、农民、城市小资产阶级和民族资产阶级的民主革命联盟。

国共合作实现后，以广州为中心，汇集全国的革命力量，很快开创了一个反对帝国主义和封建军阀的革命新局面。根据共产国际的建议，国民党创办了陆军军官学校，即黄埔军校。1925 年 1 月召开的中国共产党第四次全国代表大会，提出了无产阶级在民主革命中的领导权问题和工农联盟问题。同年 5 月爆发的五卅运动，掀起了全国范围的大革命高潮。同年 7 月，广东国民政府成立。

1926 年 7 月，国民革命军正式出师北伐。北伐战争的直接打击目标，是受帝国主义支持的北洋军阀，主要有吴佩孚、孙传芳和张作霖三派势力。至10 月中旬，国民革命军在两湖战场上全歼吴佩孚部主力。11 月，在江西战场上，又歼灭了孙传芳部主力。北方的冯玉祥部于 9 月挥师南下，控制了陕西、甘肃等省。到 1926 年年底，国民革命军控制了除江苏、浙江、安徽以外的南方各省，北伐战争胜利的大局已定。共产党员和共青团员在北伐作战中舍生忘死，发挥了先锋模范作用。在北伐军经过的湖南、湖北和江西农村，农民建立起自己的政权和武装，造成了一个空前的农村大革命的局面。

在北伐战争胜利进军和工农运动高涨的同时，革命阵营内部的危机也日益凸显。孙中山逝世以后，国民党内新老右派加紧反共分裂活动。蒋介石逐步控制了军队和政权。1927 年 4 月 12 日，蒋介石在上海开始"清党"，大规模捕杀共产党员和革命群众。7 月 15 日，汪精卫在武汉正式同共产党决裂。第一次国共合作全面破裂，持续三年多的轰轰烈烈大革命遭到失败。

7 从三大到六大

中国共产党建立后，基本上每年召开一次党代会。这些党代会，对当时的革命运动和党的自身发展起了重要的指导作用。

中共一大、二大完成了建党任务。随后，中共三大于 1923 年 6 月 12 日至 20 日在广州举行。共产国际代表马林参加了会议。陈独秀主持会议并作报告。大会接受共产国际的指示，决定共产党员以个人身份加入中国国民党，采取党内合作的形式，同国民党建立联合战线，以完成反帝反封建的国民革命任务。大会通过《中国共产党党纲草案》《中国共产党第三次全国大会宣言》《中国共产党第一次修正章程》《中国共产党中央执行委员会组织法》《关于国民运动及国民党问题的议决案》《农民问题决议案》等文件。大会选举了由 9 名委员和 5 名候补委员组成的中央执行委员会，中央执行委员会选举了中央局，选举陈独秀为委员长。

中共四大于 1925 年 1 月 11 日至 22 日在上海举行。共产国际代表维经斯基参加了会议。陈独秀作工作报告。大会明确提出无产阶级在民主革命中的领导权问题和工农联盟问题，对民主革命的内容作了比较完整的规定。大会通过了《中国共产党第四次全国大会宣言》《中国共产党第二次修正章程》和 11 个议决案。大会选举了由 9 名委员和 5 名候补委员组成的中央执行委员会，中央执行委员会选举了中央局，选举陈独秀为总书记。

中共五大于 1927 年 4 月 27 日至 5 月 9 日在武汉举行。以罗易、多里奥、维经斯基组成的共产国际代表团以及鲍罗廷等参加了会议。国民党也派代表团祝贺会议召开，这是历史上的唯一一次。陈独秀向大会作《政治与组织的报告》，罗易作《中国革命问题和无产阶级的作用》等五次讲话。大会对陈独秀的错误进行了批评，通过了《政治形势与党的任务议决案》《中国共产党第五次全国代表大会宣言》等文件。会后由中央政治局制定了《中国共产党第三次修正章程决案》，明确规定实行民主集中制、将中央执行委员会改为中央委员会、设立中央政治局和中央监察委员会。大会选举了由 31 名委员和 14 名候补委员组成的中央委员会，第一次选举产生了中央监察委员会。中央委员会选举了中央政治局及其常务委员会，选举陈独秀为总书记。但到当年 7 月，陈独秀便被解职。

中共六大于 1928 年 6 月 18 日至 7 月 11 日在苏联莫斯科举行。这是中共唯一一次在国外举行的党代会。斯大林会见了中共领导人，并与布哈林一起参加了六大主席团，这也是中共党史上唯一的一次。共产国际代表布哈林作《中国革命与中共的任务》报告，瞿秋白作《中国革命与共产党》政治报告，周恩来作《组织报告》和《军事问题报告》，李立三作《关于农民土地问题的报告》，向忠发作《关于职工运动的报告》。大会明确中国仍是一个半殖民地半封建的国家，现阶段的中国革命仍是资产阶级性质的民主主义革命，党的总路线是争取群众。大会通过了《中国共产党党章》《政治议决案》《土地问题议决案》《农民运动决议案》《苏维埃政权的组织问题决议案》等文件。大会选举了由 23 名委员和 13 名候补委员组成的中央委员会，选举了中央审查委员会。随后召开的六届一中全会根据共产国际的提名，选举了中央政治局及其常务委员会。在政治局会议上，向忠发被推举为中央政治局主席兼中央政治局常委会主席。

8 共产国际与中国共产党

十月革命胜利后，俄共（布）一方面为了推动世界革命，一方面为了寻求外部支持，于 1919 年在莫斯科成立了共产国际。因它是继第一国际、第二国际之后的又一个国际共产主义运动的组织，所以又称第三国际。

共产国际不是一般的国际联合组织，而是如它自己所称，"是一个独一无二的世界性的共产党"；其宗旨和目的，是推动世界革命，保卫俄罗斯的苏维埃共和国；加入共产国际，必须首先接受它的 21 个条件；全世界所有国家的共产党，只要加入共产国际，就只能是它的一个支部，并完全接受它的领导。

1920 年 4 月，俄共（布）中央和共产国际派遣全权代表维经斯基来到中国，帮助建立中国共产党。共产国际还在上海成立了东亚书记处，在若干城市建立起革命局，专事从事建立中国共产党的工作。

1921 年 7 月，共产国际代表马林和尼克尔斯基出席并指导了中共一大。一大决定把"联合第三国际"作为纲领的四条内容之一，并在第一个决议中规定："党中央委员会应每月向第三国际提交报告。"1922 年，党的二大专门通过《中国共产党加入第三国际决议案》，"正式加入第三国际，完全承认第三国际所决议的加入条件二十一条，中国共产党为国际共产党之中国支部"。

此后，中国共产党就处于共产国际的领导之下。按照组织原则，党的重大事务和决定，都必须经共产国际批准。从一大到六大，都是在共产国际指导下举行的。大革命、土地革命战争，都是在共产国际领导下进行的。共产国际和苏联共产党对中国共产党和中国革命给予了大量支援，提出了很多正确的主张和意见。但其脱离中国实际的教条主义，也给中国革命带来了严重危害。三次"左"倾机会主义错误，大革命的失败、第五次反"围剿"的失利，都与共产国际有关。

以毛泽东为代表的中国共产党人，在一定程度上抵制了共产国际的错误领导，走出了一条独特的中国革命道路。著名的遵义会议，就是在共产国际不知晓的情况下召开的。

1935 年共产国际七大决定下放权力，中国共产党的独立自主性进一步加强。共产国际指导中国共产党转变策略方针，与国民党再次合作，建立起抗日民族统一战线；肯定中国共产党的政治路线，支持以毛泽东为首解决党的领导问题，帮助最终确立了毛泽东的领导地位；组织世界各国共产党支持中国的抗日斗争；指导中国共产党正确处理了皖南事变。

1943 年，共产国际解散，中国共产党从此不再受共产国际的组织约束。但与苏联共产党继续保持着紧密的联系和合作，关系错综复杂。

9 土地革命战争

1927 年 8 月至 1937 年 7 月，是中国共产党领导的土地革命战争时期。

大革命失败后，周恩来等领导南昌起义，打响了武装反抗国民党反动派的第一枪。八七会议确定了实行土地革命和武装起义的方针。党随后发动秋收起义、广州起义和其他许多地区的武装起义。毛泽东在井冈山领导建立了第一个农村革命根据地，朱德领导的起义部队不久到井冈山会师。

1928 年的中共六大，制定了反对帝国主义和封建主义、实行土地革命、建立工农民主专政的革命纲领。1928 年下半年至 1930 年年初，党领导创建了

南昌起义打响了武装反抗国民党的第一枪。8 月 1 日后来被定为中国人民解放军建军节

一系列革命根据地，建立起苏维埃政权，统称为"苏区"。建立了中国工农红军。党领导开创了以农村包围城市、武装夺取政权、最后夺取全国胜利的革命道路。

在国民党统治下的白区，党也在艰苦的条件下，发展了党的组织和其他革命组织，展开了不同形式的群众革命斗争。

1931年11月，在瑞金举行中华苏维埃第一次全国代表大会，成立了国家层面的政权架构，开始局部执政的尝试。

土地革命是民主革命最重要的任务。党制定了土地革命的路线：依靠贫雇农，联合中农，限制富农，保护中小工商业者，消灭地主阶级，变封建半封建的土地所有制为农民土地所有制。各根据地开展大规模的分田运动，消灭封建土地所有制，实行"耕者有其田"，给根据地的社会面貌带来了重大影响和变化。

从1930年秋到1933年上半年，国民党军队对各革命根据地发动多次大规模"围剿"，红军相继取得反"围剿"斗争的胜利。1933年下半年，蒋介石先后调集100万军队向各革命根据地发动第五次"围剿"。由于国民党力量的强大并实施新的战略，苏区力量和资源也陷于枯竭，加上当时中央领导实行的"左"倾错误方针，红军反对国民党军队第五次"围剿"的斗争陷于失败。

1934年10月，中央红军即红一方面军被迫实行战略转移，其他根据地红军也相继进行转移。1935年1月，中央政治局在长征途中举行遵义会议。随后战胜张国焘的分裂主义。四路红军先后完成长征。1936年10月，红一、红二、红四方面军在会宁、将台堡地区会师，打开了中国革命的新局面。留在南方的红军部队，坚持了三年艰苦卓绝的游击战争。

到达陕北后，中共中央分析了日本侵略者入侵中国后社会各阶级相互关系的变化，明确提出党的基本策略任务是建立广泛的抗日民族统一战线。党推动西安事变的和平解决，使之成为时局转换的枢纽。1937年卢沟桥事变发生，抗日战争全面爆发，国共两党第二次合作。土地革命战争结束，中国共产党进入全国性抗日战争的历史时期。

10 工农红军的建立和发展

大革命时期，中国共产党与国民党合作创建革命军队，很多共产党员进入黄埔军校。1925年10月，中共中央执行委员会扩大会议决定设立中央军事部，张国焘兼任部长。北伐战争中，中国共产党几乎负责所有国民革命军的政治工作，也掌握了叶挺独立团等一部分军队。在一些城市建立了工人纠察队，在一些农村建立了农民武装。

1927年四一二政变后，中国共产党决定建立自己独立的武装。从1927年秋至1928年春，先后发动了100多次武装起义。起义的部队大都是国民革命军中受共产党控制和影响的部队，也有一部分工人纠察队、农民起义军等。为争取国民党左派和社会同情，最初仍叫国民革命军。

1927年8月下旬，中共中央正式提出在武装暴动中建立工农革命军。1928年5月，中共中央颁发《军事工作大纲》，仿照苏联，将革命军队正式定名为红军。各地革命武装相继改称红军。继而又称中国工农红军，简称红军。通过三湾改编和古田会议，确立了军队建设的一系列重要原则。

1930年，中央军事部改称中央军事委员会，周恩来任书记。1930年夏，红军开始组建正规兵团。10月，中共中央颁布《中国工农红军编制草案》，按

在八七会议上，毛泽东第一次提出"政权是由枪杆子中取得的"重要论断，强调革命武装的重要性

"三三制"原则，规定了红军自军团到班各级的编制配备。

1931 年 11 月，成立中央革命军事委员会（简称中革军委），它既是中共中央、也是中华苏维埃共和国临时中央政府的军事领导机构，是中国工农红军的最高军事指挥机关。朱德为主席，王稼祥、彭德怀为副主席。1933 年 1 月，在前方成立中国工农红军总部。

1933 年 7 月 11 日，中华苏维埃共和国临时中央政府决定，以南昌起义的 8 月 1 日为中国工农红军成立纪念日。从此，每年 8 月 1 日便成为人民武装和后来的中国人民解放军的建军节。

红军在发展过程中，形成了三大方面军。红一方面军 1930 年 8 月在湖南浏阳组成。红二方面军 1936 年 7 月在今四川甘孜组成。红四方面军 1931 年 11 月在湖北黄安（今红安）成立。三大方面军的编制序列先后有过很多变化。

主力红军长征后，留在南方 8 省 15 个地区的红军和游击队，同国民党军队进行了艰苦卓绝的三年游击战争。

在东北，九一八事变后，中国共产党领导建立了多支抗日游击队，1934 年 11 月，建立东北人民革命军。从 1936 年起，改编为东北抗日联军，共 11 个军，3 万余人。

全国其他很多地区也建立了红军部队或各种形式的游击队，进行了艰苦卓绝的斗争。

1936 年 12 月，中央革命军事委员会扩大组织，毛泽东任主席，周恩来、张国焘任副主席；朱德任中国工农红军总司令，张国焘任总政治委员。

抗日战争全面爆发后，红军部队和游击队先后改编为八路军、新四军。中共中央成立新的革命军事委员会。

11 革命根据地的建立和发展

在 1927 年到 1937 年的土地革命战争中，党领导进行了建立红色政权、在局部地区执政的尝试。

从 1928 年下半年至 1930 年年初，中国共产党通过武装斗争，领导创建了以赣南、闽西为中心地域的中央革命根据地和湘鄂西、海陆丰、鄂豫皖、琼崖、闽浙赣、湘鄂赣、湘赣、左右江、川陕、陕甘、湘鄂川黔等革命根据地。

1931 年 11 月，在瑞金举行中华苏维埃第一次全国代表大会，宣告成立中华苏维埃共和国，通过了《中华苏维埃共和国宪法大纲》等法律文件。毛泽东任中华苏维埃共和国中央执行委员会主席和中央执行委员会人民委员会主席。这是中国共产党在革命根据地建立国家一级政权的探索和尝试。1934 年 1 月 22 日至 2 月 1 日，在瑞金又召开了中华苏维埃第二次全国代表大会。

在各革命根据地，党通过苏维埃共和国政权机构，进行了政治、经济、军事、教育、文化等方面的建设。各级苏维埃干部，树立了扎扎实实、任劳任怨、清正廉洁、精简高效的榜样，形成了宝贵的"苏区精神"。中央革命根据地和其他根据地，成为新中国政权机构的雏形，是党在全国执政和建设新中国的预演。

谢子长、刘志丹、习仲勋等创建了陕甘边根据地，后与陕北根据地连接发展为陕甘根据地（西北根据地）。这一根据地成为后来全国仅存的根据地、红军长征的落脚点、八路军奔赴抗日前线的出发点。习近平总书记将其概括为"两点一存"。

各革命根据地都进行了艰苦的反"围剿"斗争。1933 年中央红军取得第四次反"围剿"胜利后，中央革命根据地扩大到地跨江西、福建、广东三省的广大地区，建立起数个省级和一大批县级苏维埃政权，红军发展到 12 万余人，党员人数达到 13 万以上。

到 1933 年，全国的革命根据地形成了以中央根据地为中心，周围的湘赣、赣东北、湘鄂赣、东江等根据地密切配合，中央、鄂豫皖、湘鄂西三大根据地互为犄角、相互策应的战略格局。

1934 年 10 月中央红军开始长征后，中央革命根据地和其他根据地相继丢失。

中央红军主力撤出根据地时，中共中央决定成立苏区中央分局和中央军区，以项英为分局书记兼军区司令员和政治委员。同时，成立中华苏维埃共和国中央政府办事处，以陈毅为主任。此后，留在长江南北的红军部队和游击队及部分党政工作人员，在人民群众支持下，保存或新建了一些根据地、游击区。

党中央长征到达西北后，领导建立起新的陕甘宁根据地。

12　红军长征的历史壮举

长征，完整和准确的定义为：1934 年 10 月至 1936 年 10 月，中国共产党领导的中国工农红军第一、第二、第四方面军和第二十五军陆续从长江南北各革命根据地向陕甘地区进行的战略大转移。

由于第五次反"围剿"斗争失败，经共产国际批准，中共中央和中革军委决定实施战略转移。1934 年 7 月派出两支部队北上和西进，进行牵制准备。1934 年 10 月，中央红军即红一方面军主力 8 万多人，从瑞金一带出发西进，开始战略转移。初期顺利突破三道封锁线，但在突破第四道封锁线的湘江战役中遭受严重损失。

围绕进军方向问题，高层意见不一。通过多次会议，特别是 1935 年 1 月的遵义会议，才基本上解决了这一问题。会议之后，中央红军转战贵州、四川、云南边界地区，四渡赤水，抢渡金沙江，强渡大渡河，摆脱了国民党军队的围追堵截。

根据中共中央指示，1934 年 11 月 16 日，红二十五军从河南罗山县出发开始长征。1935 年 9 月 15 日，到达陕西延川永平镇（今永坪）。

为配合中央红军作战，红四方面军于 1935 年 3 月下旬发起强渡嘉陵江战役，实际上开始了长征。

6 月，中央红军到达懋功地区，同红四方面军会合，后混合编为左路军、右路军。张国焘反对北上方针，中共中央与其分裂行为进行了坚决斗争。10月 19 日，中央红军到达陕北吴起镇，完成了战略大转移。

红二、红六军团于 1935 年 11 月 19 日从湖南桑植刘家坪等地出发开始长征。1936 年 7 月 2 日到达川西北的甘孜，与红四方面军会师。7 月 5 日，红

红军长征被喻为地球上的红飘带。庆祝中华人民共和国成立 70 周年大
会当天，天安门广场布置的主要场景就是两条对称的红飘带

二、红六军团与红三十二军编成红二方面军。

1936 年 10 月 9 日和 22 日，共同北上的红四、红二方面军分别同红一方
面军在甘肃会宁、静宁将台堡（今属宁夏回族自治区）会师，胜利结束了长征。

红军长征的时间，按四路红军计算，从 1934 年 10 月至 1936 年 10 月，
整整两年。

按各路红军所走最远的路程计算，红一方面军长征 2.5 万里，红二方面军
长征 2 万余里，红四方面军长征 1 万余里，红二十五军长征近 1 万里。各路红
军长征的总里程约为 6.5 万余里。

经过的省份，按长征时的行政区划和习惯称谓，有 14 个。按现在的行政
区划，为 15 个。

长征途中，红军共进行了师以上规模的战役战斗 120 多次。红一、红二、
红四方面军和红二十五军四路红军出发长征时，总人数为 20.6 万，沿途补充

了 1.7 万，到结束时共保留下来 5.7 万。这就是说，在长征途中，红军一共损失了 16 万人。其中牺牲营以上干部达 432 人。

红军长征，按毛泽东的说法，既是失败，也是胜利。失败，是因为丢掉了大部分根据地；胜利，是因为国民党没有能消灭我们。

长征的胜利，宣传了党的主张，播下了革命的火种，扩大了党和红军的影响，实现了北上抗日的战略方针，使中国革命转危为安，成为中国共产党和中国革命从挫折走向胜利的历史转折点。伟大的长征精神，成为激励共产党人和人民军队的强大力量。

13 遵义会议的历史转折

中央红军出发长征后，中央政治局先后召开通道、黎平、猴场等会议，研究进军方向和路线等问题。1935 年 1 月 15 日至 17 日，中共中央政治局在遵义召开扩大会议，研究解决当时具有决定意义的军事和组织问题。

会上，由博古作关于第五次反"围剿"总结的主报告，周恩来作副报告。张闻天作反报告，毛泽东、王稼祥作了重要发言。他们尖锐批评博古、李德在第五次反"围剿"和战略转移中的错误。经过激烈争辩，多数人同意张闻天、毛泽东、王稼祥的报告和意见，认为博古的总结报告是不正确的。

会议增选毛泽东为中央政治局常委，并委托张闻天起草决议。会议还决定取消博古、李德的最高军事指挥权，取消长征前成立的"三人团"，仍由最高军事首长朱德、周恩来为军事指挥者，周恩来是党内委托的对于军事指挥下最后决心的负责者。会后，3 月中旬，在遵义的鸭溪、苟坝一带，又成立由毛泽东、周恩来、王稼祥组成的新的"三人团"，以周恩来为团长，负责指挥全军的军事行动。

1935 年 2 月 5 日，中央红军转战到川滇黔交界一个叫鸡鸣三省的地方，中共中央政治局常委分工，决定由张闻天接替博古负总的责任（习惯上也称之为总书记）；决定以毛泽东为周恩来在军事指挥上的帮助者，博古任总政治部

遵义会议会址，位于贵州省遵义市红花岗区老城红旗路（原子尹路）80 号，是一座砖木结构、中西合璧的两层楼房。1961 年被列为第一批全国重点文物保护单位

代理主任。

随后，中共中央政治局在扎西（今云南威信）地区又连续召开几次会议，讨论通过了由张闻天起草的《中共中央关于反对敌人五次"围剿"的总结的决议》，即遵义会议决议。还讨论了中央红军的进军方向、部队缩编、苏区中央分局和红二、红六军团的战略方针及组织等重要问题。扎西会议是继遵义会议后的一次重要会议。遵义会议不是一次孤立的会议，而是以遵义会议为主、包括前后多次会议在内的系列会议。

遵义会议结束了"左"倾教条主义在中央的统治，确立了以毛泽东为代表的正确路线在红军和党中央的领导地位。按照组织原则，决定这样一些重大问题，必须事先报共产国际批准。但由于大功率电台被破坏，遵义会议的一系列重大决策，是中国共产党在同共产国际联系中断的情况下独立自主作出的。这次会议在极端危急的历史关头，挽救了党中央，挽救了红军，挽救了中国革命。遵义会议是党的历史上一个生死攸关的转折点。

14 抗日民族统一战线的建立

1931年九一八事变后，中日民族矛盾逐渐上升为主要矛盾。1933年1月，中华苏维埃临时中央政府、工农红军革命军事委员会发出宣言，表示愿意在三个条件下同任何武装部队订立共同对日作战的协定。

1935年8月1日，中共驻共产国际代表团以中国苏维埃中央政府和中共中央的名义草拟"八一宣言"，号召全国人民团结起来，停止内战，抗日救国。

中央红军长征到达陕北后，中共中央于12月17日至25日召开瓦窑堡会议，明确提出党的基本策略任务是建立广泛的抗日民族统一战线。

随后，党采取切实措施，推进日益高涨的抗日救亡运动。到1936年上半年，红军和东北军、第十七路军之间，实际上已停止敌对行动。中共中央通过多种渠道向国民党方面提出停止内战、一致抗日的主张，并公开放弃反蒋口号，

中国共产党努力建立抗日民族统一战线，构筑抗日救亡的万里长城

倡导国共两党重新合作。

西安事变发生后，中共中央派遣周恩来等到达西安，以中华民族的大局为重，确定了用和平方式解决西安事变的方针，迫使蒋介石作出了"停止剿共，联红抗日"等六项承诺。国共两党关系开始改善。

1937 年 2 月 10 日，中共中央致电国民党五届三中全会，提出五项要求和四项保证，引起巨大反响。中国共产党先后派周恩来、叶剑英、林伯渠等，同国民党领导人在西安、杭州、庐山、南京举行多次谈判。

1937 年 7 月 7 日夜，日军向卢沟桥一带的中国驻军发动攻击，并炮轰宛平县城。中国驻军第 29 军一部奋起抵抗。卢沟桥抗战标志着中国人民抗日战争的全面爆发，也标志着全国性或全民族抗战的开始。

中国共产党通电全国，并派周恩来等再上庐山与国民党谈判，向蒋介石送交《中共中央为公布国共合作宣言》。

7 月 17 日，蒋介石在庐山发表谈话，表示了准备抗战的决心。8 月 13 日，中国军队在上海奋起抗战。

中国共产党根据同国民党谈判达成的口头协议，将陕甘宁根据地改名为陕甘宁边区。9 月下旬至 12 月，国民政府行政院先后划定 23 个县归边区政府直接管辖，并作为八路军的募补区。

9 月 22 日，国民党中央通讯社发表《中共中央为公布国共合作宣言》。23 日，蒋介石发表谈话，指出团结御侮的必要，实际上承认了中国共产党的合法地位。以国共两党第二次合作为基础的抗日民族统一战线正式形成。

15 **抗战时期的中国人口伤亡和财产损失**

1931 年，日本军国主义发动侵华战争，将中国置于亡国灭种的边缘。中国人民奋起反抗，进行了为期 14 年的抗日战争，并成为世界反法西斯战争的重要组成部分和东方主战场。

这场战争，是正义和邪恶、光明和黑暗、进步和反动的大决战。在这场战

九一八事变后，东北地区不到半年全部沦陷。几十万东北军和东北人民流亡全国各地。创作于1936年的抗日歌曲《松花江上》唱出了东北民众乃至全国人民的悲愤情怀

争中，日本侵略者犯下了种种令人发指的罪行，使中国陷入了前所未有的民族灾难。据不完全统计，战争期间，中国军民伤亡 3500 多万人。按 1937 年的比值计算，中国直接经济损失 1000 亿美元，间接经济损失 5000 亿美元。

从 2004 年 10 月开始，中共中央党史研究室组织全国党史部门和其他有关人员，围绕"抗日战争时期中国人口伤亡和财产损失"问题进行大规模的调研。先后共有 60 多万人参与，持续了十多年的时间。

调研工作全部是用事实说话，用档案资料说话，用证人证言说话。这些调研成果，更加详尽和具体地还原了历史，揭露了日本侵略者在整个侵华战争期间的罪行：

——到处屠杀、焚烧、抢掠、奸淫，制造了一系列触目惊心的大惨案，使中国人民的生命财产惨遭蹂躏。

日军占领南京后，大规模烧杀淫掠达 6 周之久。集体枪杀、焚烧、活埋以及用其他方法处死中国平民和被俘士兵达 30 万人以上。南京市 1/3 的房屋被烧毁，几乎所有商店被抢劫一空。

南京大屠杀并不是孤立的个案。根据调查，日军制造的一次性伤亡平民 800 人以上的重大惨案就有 170 多个。

——大量使用生化武器，进行残酷的细菌战和化学战，把大批中国平民和俘虏当作细菌和毒气的试验品，对无辜的中国平民施放毒气，或在河流、湖泊、水井中投毒。据不完全统计，日军使用化学武器多达 2000 余次。

——掠走大批中国劳工。从 1931 年至 1945 年，共强制役使中国劳工 2000 余万人，强迫他们筑路、开矿、拓荒，从事大型军事工程，使其大批冻、饿、病、累而死。

——强征中国妇女作为慰安妇，并到处奸淫、残杀妇女，严重残害妇女的身心健康。

——对抗日根据地实行"烧光、杀光、抢光"政策，企图摧毁抗战军民起码的生存条件。

——大量掠夺中国战略物资，轰炸或焚烧医院、学校、公共设施，通过发行货币掠夺中国人民财富，毁坏和窃取大批文物。

日本侵略者犯下的罪行，违背了起码的人类良知和国际公法，不仅是对人权和人道主义的践踏，而且是对人类文明的挑战。

16　全民族抗日战争

中国人民抗日战争，是 20 世纪三四十年代在中国共产党主张建立的抗日民族统一战线旗帜下，以国共合作为基础，全国各族人民包括港澳台同胞、海外侨胞共同进行的抵抗日本帝国主义侵略的正义战争。

中国人民抗日战争是世界反法西斯战争的重要组成部分和东方主战场，为世界反法西斯战争的胜利作出了巨大贡献和民族牺牲。

抗日战争经历了由局部抗战到全国性抗战的过程。1931 年的九一八事变，标志着日本帝国主义侵华战争的开始，也标志着中国局部抗战的开始。1937 年的卢沟桥事变，标志着抗日战争的全面爆发，或全国性抗战的开始。八年抗战是指从 1937 年开始的全国性抗战，14 年抗战是包含从 1931 年开始的局部抗战在内的整个反抗日本帝国主义侵略的斗争。

中华儿女万众一心、众志成城，各党派、各民族、各阶级、各阶层、各团体同仇敌忾，共赴国难。长城内外，大江南北，到处燃起抗日的烽火。广大港澳同胞、台湾同胞和海外侨胞，与祖国同呼吸、共命运，以各种方式参加和支援祖国人民抗战。

全国性抗战经过了战略防御、战略相持、战略反攻三个阶段。抗战爆发后处于战略防御阶段。1938 年 10 月日本侵略军占领广州、武汉以后，进入战略相持阶段。1943 年下半年以后，逐渐转入局部反攻。

中国国民党和中国共产党领导的抗日部队，分别担负着正面战场和敌后战场的作战任务，形成了共同抗击日本侵略者的战略态势。以国民党军队为主体的正面战场，组织了一系列战役，特别是全国抗战初期的淞沪、忻口、徐州、武汉等战役，给日军以沉重打击。

中国共产党是引导全民族抗战走向胜利的旗帜。在中国共产党倡导下形成的抗日民族统一战线，最大限度地动员了全国的军队和老百姓，是打败日本侵略者的决定因素。中国共产党制定全面抗战路线，提出抗日救国十大纲领，坚持持久战和实行人民战争，紧密依靠广大人民群众，开展敌后游击战争，建立抗日民主根据地，成为坚持团结、坚持抗战、坚持进步的中流砥柱。敌后战场钳制和歼灭日军大量兵力，歼灭大部分伪军，逐渐成为抗日战争的主战场。

中国人民抗日战争是近代以来中国反对外敌入侵第一次取得完全胜利的民族解放战争。抗日战争的胜利，成为中华民族由衰败走向振兴的重大转折点，为实现民族独立和人民解放奠定了重要基础，也为世界反法西斯战争的胜利和战后和平格局的形成作出了重大贡献。

17 英勇的人民抗日武装

九一八事变后，东北人民自发建立起东北义勇军、东北抗日游击队、东北人民革命军等抗日武装。1936 年，在中国共产党领导下，东北人民革命军等改编为东北抗日联军，共 11 个军，3 万余人。

东北抗日联军与日本侵略者进行了英勇顽强、艰苦卓绝的斗争，牵制了大量日军，有力地支援了全国的抗日战争，涌现出杨靖宇、赵尚志、李兆麟、周保中等一批著名的抗日将领和英雄，建立了不可磨灭的功绩。

1937 年 8 月，国共两党达成军队改编的协议。8 月 22 日、25 日，国民政府军事委员会和中共中央军委先后发布命令，将在陕北的红军主力改编为国民革命军第八路军（简称八路军），9 月改称第十八集团军，但仍习称八路军。朱德任总指挥，彭德怀任副总指挥，叶剑英任参谋长。下辖第 115 师、120 师、129 师。最初 4 万多人，1945 年年底发展到 102 万人。

八路军是坚持华北等地区敌后抗战的主力军。1937 年 9 月，八路军 115 师主力取得平型关大捷，打破了"日军不可战胜"的神话。随后，八路军深入敌后，创建了拥有 7000 多万人口的广大敌后抗日根据地。

1937 年 10 月 12 日，国民政府军事委员会发布命令，将南方红军游击队改编为国民革命军陆军新编第四军（简称新四军）。中共中央经与国民党协商，任命叶挺为军长。新四军包括在南方八省边界 14 个地区（除琼崖红军游击队外）的红军和游击队。项英任副军长，下辖四个支队，共 1.03 万人。为加强党的领导，中共中央决定成立中共中央东南分局和中央军委新四军分会，项英为分局和军分会书记，陈毅为军分会副书记。12 月 25 日，新四军军部在汉口成立，1938 年 1 月 6 日移至南昌，随后又移至皖南泾县。

1941 年 1 月，发生皖南事变，蒋介石取消新四军番号。中共中央军委针锋相对，发布命令重建新四军军部，陈毅任代军长，刘少奇任政委，继续坚持华中敌后抗战。到抗战胜利时，新四军主力部队发展到 7 个师，21 万多人。

在中国共产党领导下，华南各地先后成立了东江纵队、琼崖纵队、珠江纵队等抗日武装，广泛开展游击战争，创建了东江、琼崖等抗日根据地，多次粉碎日伪军"扫荡"，成为坚持华南抗战的中坚力量。

中国共产党领导的八路军、新四军和华南人民抗日武装等，共对敌作战 12.5 万次，消灭日伪军 171.4 万人，其中日军 52.7 万人，缴获各种枪支 69.4 万余支，火炮 1800 余门。

18　抗日民主根据地的建设

抗日战争中，中国共产党领导的八路军和新四军深入敌后，发动和组织人民群众进行抗日斗争，领导建立了陕甘宁、晋察冀、晋冀豫、冀鲁豫、晋绥、山东、冀热辽、苏北、苏中、苏浙皖、淮北、淮南、皖江、浙东、河南、鄂豫皖、湘鄂、东江、琼崖等 19 块抗日民主根据地，总面积约 95 万平方公里，人口 9550 余万。

由于实行抗日民族统一战线，共同抵抗日本帝国主义的侵略。所以，抗日战争时期的根据地，不再叫革命根据地，更不叫苏区，而叫抗日民主根据地。

1937 年 8 月下旬，中共中央洛川会议制定了抗日救国十大纲领。各抗日根据地在执政、建设过程中，也先后颁布了一系列施政纲领。陕甘宁边区从1937年到1941年，共制定过三个施政纲领。其他有《晋察冀边区目前施政纲领》《晋冀鲁豫边区政府施政纲领》《对于巩固与建设晋西北的施政纲领》《山东省战时施政纲领》等。

按照这些纲领，根据地在坚持抗战的同时，加强了各方面的建设，努力把抗日民主根据地建设成为政治民主、民族团结、经济发展、政府廉洁的区域。

根据地的政权结构包括立法、行政和司法机关。边区（省）、县的参议会既是民意机关，也是最高的权力机关。政府机关设边区、县、乡三级。司法机关在边区设高等法院，专区设高等法院的分院，县一级设县法院。

根据地十分重视人权建设，在施政纲领和有关条例中明确规定：一切抗日人民，不分种族、阶级、党派、性别、职业与宗教，在政治法律上一律平等；一切抗日人民都有言论、出版、集会、结社、居住、迁移、信仰及抗日自卫之自由；一切抗日人民都有人身不受侵犯之权利。

在经济建设方面，党号召大力发展农业生产，动员农民开垦荒地，兴修水利，组织劳动互助，提高耕作技术，推广良种，特别是把减租减息作为抗战时期解决农民问题的基本政策，一般将原租额减少25%，规定年利息率一般为10%，其他杂租、劳役和各种形式的高利贷一律取缔。

1939年2月，中共中央在延安召开生产动员大会，毛泽东提出"自己动手"的口号，延安的党政军学各界数万人投入生产运动。1940年12月，王震率八路军三五九旅开赴南泥湾军垦屯田，南泥湾由此名扬天下。

根据地还开展文化教育建设，发展先进文化事业。

陕甘宁边区是中共中央的所在地、人民抗日战争的政治指导中心、八路军新四军和其他人民抗日武装的指挥中心和战略总后方，后来还是中国人民解放斗争的指挥中心。在中国共产党的领导下，陕甘宁边区成为新民主主义建设的实验区，对各根据地的政权建设起到了示范和推动作用。

19 整风运动

1941年年初，中共中央组织高级干部120余人在延安学习马列主义著作和党的历史文件。5月，毛泽东在延安干部会上作《改造我们的学习》的报告。9月10日至10月22日，中共中央召开政治局扩大会议，检讨党在土地革命战争时期的政治路线，决定在高级干部中开展整风。

1942年2月，毛泽东连续发表《整顿党的作风》《反对党八股》两篇演说，标志着全党普遍整风的开始。4月3日，中共中央宣传部作出《关于在延安讨论中央决定及毛泽东同志整顿三风报告的决定》。5月下旬，中央政治局决定成立中央总学习委员会，领导整风运动。总学委由毛泽东、凯丰、康生、李富春、陈云组成，毛泽东任主任，康生任副主任。6月8日，中宣部发出《关于在全党进行整顿三风学习运动的指示》。军委总政治部也发出全军进行整风学习的指示，从此整风运动在各抗日民主根据地陆续展开。

从1942年2月开始至1945年春季结束，全党的普遍整风共计3年多时间。1942年2月至4月，是思想动员阶段；1942年4月至1943年9月，是整顿三风阶段。其中1942年4月至8月初，重点反对主观主义以整顿学风。1942年8月至12月中旬，重点反对宗派主义以整顿党风。1942年12月中旬到1943年3月中旬，重点反对党八股以整顿文风。1943年3月中旬至9月，各单位进行总结。

在整顿三风阶段，召开了两个重要的会议，一个是1942年5月2日至23日，毛泽东主持召开的延安文艺座谈会，主要解决文艺界的问题。一个是1942年10月至1943年1月的中共中央西北局高干会议，主要解决西北根据地的历史问题。

1942年12月，整风运动转入肃清内奸、审查干部。1943年7月，开展"抢救失足者运动"，造成很多冤假错案。1944年春进行了甄别平反。

1943年3月16日至20日，中央政治局会议推选毛泽东为中央政治局主席、中央书记处主席。书记处会议由主席召集，会议中所讨论的问题，主席有最后决定之权（处理日常工作决定之权）。毛泽东的领导地位正式确立。

1943 年 10 月至 1945 年 4 月，是总结经验阶段。主要任务是在整顿三风基础上，对党的历史经验特别是党史上几次大的路线错误进行全面、系统的总结，对以王明为代表的"左"倾错误进行全面、系统的清算、批判。

1944 年 5 月 21 日，六届七中全会开始，至 1945 年 4 月，历时 11 个月，创造了中央全会时间最长的纪录。1945 年 4 月 20 日，全会通过《关于若干历史问题的决议》。至此，整风运动结束。

整风运动既是一次马克思主义的思想教育运动，也是破除党内把马克思主义教条化、把共产国际决议和苏联经验神圣化错误倾向的思想解放运动。整风运动为党的七大的顺利召开奠定了思想政治基础。

20 南方局的活动与贡献

第二次国共合作实现后，党以很大力量加强在国民党统治区的工作，以推动国民党实行全面抗战路线，扩大和巩固抗日民族统一战线。

1937 年 12 月，中共中央于前期筹建的长江沿岸委员会基础上，在武汉成立了中共中央长江局和中共代表团，统一领导南方各省党的工作，发展长江流域和南方各省的抗日运动。

1938 年年底，六届六中全会根据抗战相持阶段到来后的形势，决定撤销长江局，成立中共中央南方局。1939 年 1 月 16 日，南方局在国民政府的陪都重庆正式成立，周恩来为书记，博古、凯丰、吴克坚、叶剑英、董必武为常委。

南方局是抗日战争时期和解放战争初期中共中央派驻国民政府所在地重庆的秘密机关，是负责领导南方国民党统治区和部分沦陷区党的工作的机构。南方局直接领导四川、重庆、云南、贵州、湖北、湖南、广东、广西、江苏、江西、福建以及香港、澳门 13 个省市和地区的党组织，10 万多名党员，以及在此范围内设立的八路军（新四军）办事处、《新华日报》《群众》周刊等公开

重庆的红岩、曾家岩、虎头岩被称为"红色三岩",是中共中央南方局和八路军驻重庆办事处的三个主要办公场地

机构。

由于国民党不允许共产党组织在其统治区内公开活动,因而南方局处于秘密状态,其领导人对外以中共代表或国民参政员的身份出面活动。依托在八路军驻重庆办事处内办公。对外就是重庆八办。

重庆的红岩、曾家岩、虎头岩合称"三岩",是当时中国共产党在重庆的三个主要的办公场地。对外是公开的,内部都是南方局的秘密机构。

从1939年1月到1946年5月东迁改称南京局,南方局实际存在约8年之久,先后由周恩来、博古、董必武、王若飞等担任书记或代理书记。南方局的活动基本上跨越了抗日战争和解放战争,涵盖了第二次国共合作的整个历史过程。

在这一时期内,南方局在中共中央正确领导下,高举抗日、民主两大旗帜,坚定贯彻中共中央的路线、方针、政策,在险恶的政治环境下坚持了长期艰苦卓绝的斗争,与国民党进行艰难复杂的谈判和合作,团结广大爱国民主人士，推进进步文化运动，指导南方武装斗争，积极开展国际交往，坚持加强党的建设，为民族独立和人民解放事业建立了不朽功勋。它的光辉历史和卓著功绩是中国共产党历史极其重要的组成部分。

南方局还培育形成了红岩精神，充分体现了老一辈无产阶级革命家、共产党人和革命志士的崇高思想境界、坚定理想信念、巨大人格力量和浩然革命正气。

21 党的七大的胜利召开

1945 年 4 月 23 日至 6 月 11 日，中国共产党第七次全国代表大会在延安举行。出席大会的正式代表 547 人，候补代表 208 人，代表全国 121 万名党员。

从一大到六大，都是规定党代会每年举行一次。但是从 1928 年开了六大之后，应开的七大长期没有开成，一共拖了 17 年，成为中共党史上间隔时间最长的一次党代会。为召开这次大会，做了长时间的准备。

与以往党代会特别是在莫斯科召开六大时完全不同，七大是中国共产党完全独立自主举行的一次大会。大会的文件也不再是由共产国际提供指导帮助甚至全部包办，而是由中国共产党发挥集体的力量自己起草。

4 月 21 日，召开第七次全国代表大会的预备会。毛泽东讲话，阐明了大会的工作方针。

大会上，毛泽东提交《论联合政府》的书面政治报告，另作口头政治报告和多次讲话。朱德作《论解放区战场》的军事报告，刘少奇作《关于修改党章的报告》，周恩来作《论统一战线》的讲话。任弼时、陈云、彭德怀、张闻天、陈毅、叶剑英、杨尚昆、彭真、聂荣臻等也在大会上作了发言。大会通过了《关于政治报告的决议案》《关于军事问题的决议（草案）》。

七大制定了"放手发动群众，壮大人民力量，在我党的领导下，打败日本侵略者，解放全国人民，建立一个新民主主义的中国"的政治路线，确立了毛

1945 年 4 月 23 日—6 月 11 日，中共七大在延安新建的礼堂举行

泽东思想在全党的指导地位，概括了理论和实践相结合、和人民群众紧密联系在一起、自我批评三大作风。

　　大会通过的《中国共产党党章》，是中国共产党完全独立自主制定的第一部党章。党章增加了"总纲"部分，规定"中国共产党，以马克思列宁主义的理论与中国革命的实践之统一的思想——毛泽东思想，作为自己一切工作的指针，反对任何教条主义的或经验主义的偏向"。

　　大会选举了由 44 名委员和 33 名候补委员组成的中央委员会。随后召开的七届一中全会，选举了中央政治局；选举毛泽东为中央委员会主席、中央政治局主席和中央书记处主席；选举毛泽东、朱德、刘少奇、周恩来、任弼时为中央书记处书记。

　　七大是中国共产党在新民主主义革命时期极为重要的一次、也是最后一次代表大会。它为党领导人民争取抗日战争的胜利和新民主主义革命在全国的胜利，奠定了政治上、思想上和组织上的基础。

中国共产党党代会一览表（一大至七大）

届次	举行时间	会议地点
一大	1921年7月23日—8月3日	上海、浙江嘉兴南湖
二大	1922年7月16日—23日	上海
三大	1923年6月12日—20日	广州
四大	1925年1月11日—22日	上海
五大	1927年4月27日—5月9日	武汉
六大	1928年6月18日—7月11日	莫斯科郊外五一村
七大	1945年4月23日—6月11日	延安

22 抗日战争的伟大胜利

经过艰苦卓绝的长期抗战，中国的国际地位逐步提高，成为世界"四强"之一。1943年，通过与美、英等国的谈判，废除了与西方各国的不平等条约。1945年，参加筹建联合国、制定宪章，成为安理会五大常任理事国之一。6月26日，包括董必武在内的中国代表团在联合国宪章上签字。

1945年7月26日，美、中、英三国发表敦促日本无条件投降的《波茨坦公告》。8月6日、9日，美国先后在日本广岛、长崎各投下一枚原子弹。8月8日，苏联发表对日作战宣言。9日，苏军进入中国东北，向日本关东军大举进攻。中国抗日战争进入全面反攻阶段。

8月9日，毛泽东发表《对日寇的最后一战》的声明。各抗日根据地军民向日伪军发起猛烈的全面反攻，很快解放县以上城市150余座。

1945年8月15日正午，日本天皇裕仁以广播《终战诏书》的形式，宣布接受《波茨坦公告》。日本无条件投降。

9月2日上午，在东京湾的美国"密苏里"号巡洋舰上，举行了日本正式

1945 年 9 月 9 日，中国战区日军投降签字仪式在南京举行。侵略者终于低下了曾经高傲的头颅

投降的签字仪式。9 月 9 日，中国战区日军投降签字仪式在南京举行。1945 年 10 月 25 日，台湾地区日军投降仪式在台北举行。

1945 年 12 月 19 日至 26 日，经中共中央军委批准，新四军部队在江苏高邮，对拒绝向我军投降的日军发起高邮战役，攻占日伪军据守的高邮城，歼灭日军 1200 人左右，伪军 10000 人左右，并举行了日军投降仪式。

以 1945 年 9 月 2 日日本政府正式签署投降书为标志，中国抗日战争胜利结束，世界反法西斯战争也胜利结束。9 月 3 日成为中国抗日战争胜利纪念日。

中华民族为赢得抗日战争的胜利作出了巨大的牺牲。中国抗日战争是反侵略的正义战争，得到了世界各国人民和反法西斯同盟国家的支援。

中国战场开始最早、持续时间最长，长期抗击和牵制了日军主要兵力；中国战场策应和支持了盟军的作战，给盟国以战略上和资源、情报上的巨大支持；中国积极倡导建立世界反法西斯同盟，实际参与了世界反法西斯战争的谋划和指挥；中国参与了联合国的创建和战后国际秩序的安排。中国还在全世界人民面前树立了一个以弱胜强的光辉范例，鼓舞了被压迫、遭侵略的民族进行解放战争的信心和勇气。

23 重庆谈判的努力和较量

抗日战争胜利后，中国面临着向何处去的问题。在美国驻华大使赫尔利建议下，蒋介石于 1945 年 8 月连发三封电报，邀请毛泽东到重庆进行和平谈判。中国战区盟军参谋长魏德迈也两次电邀毛泽东。斯大林两次致电中共中央，建议中共同国民党进行和平谈判。美苏两国和蒋介石都明确表示保证毛泽东的安全。

8 月 23 日下午，中共中央政治局召开扩大会议，决定与蒋介石举行直接谈判。8 月 25 日，中共中央发表《对目前时局的宣言》，明确提出"和平、民主、团结"三大口号和六项紧急措施。8 月 28 日，毛泽东、周恩来、王若飞在张治中、赫尔利陪同下乘专机抵达重庆。毛泽东在机场发表书面谈话。

重庆谈判从 8 月 29 日开始，到 10 月 10 日期间，毛泽东与蒋介石就国共两党关系的重大问题进行了多次商谈。有关国内和平问题的具体谈判，由中共代表周恩来、王若飞同国民党政府代表王世杰、张群、张治中、邵力子进行。

双方在和平建国方针等多个问题上取得一致，但国民党方面坚持军令政令必须统一，军队必须国家化。周恩来、王若飞给予坚决驳斥。

在谈判桌外，两党进行着争分夺秒的较量。1945 年 9 月，中共中央提出"向北发展，向南防御"的战略方针，先后派出 2 万名干部和 11 万部队挺进东北。

国民党重新秘密印发反共的《剿匪手本》，阎锡山出兵攻打山西上党地区的人民军队。解放区军民给予坚决反击，取得上党战役的胜利，加强了中共在谈判中的地位。

10 月 10 日，双方正式签署《政府与中共代表会谈纪要》，即"双十协定"。国民党当局表示承认"和平建国的基本方针"；双方确定召开各党派代表及无党派人士参加的政治协商会议，共商和平建国大计；迅速结束国民党的"训政"，实现政治民主化，承认人民享有一切民主国家人民应享有的民主自由权利；党派平等合法；取消特务机关；释放政治犯；等等。但双方在人民军队和解放区

艰难的重庆谈判

政权两个根本问题上未能达成协议，将"继续协商"或提交政协会议解决。

但"双十协定"刚签订，国民党军队就分三路向华北解放区进攻。解放区军民对国民党的军事进犯给予坚决反击。

在中国共产党的争取和美国总统特使马歇尔的调停下，1946 年 1 月 10 日，中共代表同国民党政府代表正式签订停战协定。同日，国共双方下达停战令。

1 月 10 日至 31 日，政治协商会议在重庆召开，经过激烈斗争，通过政府组织案、国民大会案、和平建国纲领、军事问题案、宪法草案案等五项协议。

1946 年 5 月初，国民党政府宣布还都南京，国共谈判的中心也从重庆移到南京。6 月 26 日，国民党军队 30 万人进攻中原解放区，全面内战爆发。

24 人民解放战争的进程

1946 年 6 月 26 日，国民党撕毁停战协定和政协协议，以约 30 万军队大举围攻中原解放区。接着，国民党军在晋南、苏皖边、鲁西南、胶济线及其两侧、冀东、绥东、察南、热河、辽南等地，向解放区展开大规模进攻，新的全面内战爆发。

自此，全国解放战争正式开始。中共中央发出《以自卫战争粉碎蒋介石的进攻》的党内指示。随后，决定用"打倒蒋介石"作为最后解决国内问题的方针。解放区各部队陆续改称人民解放军，编成了五大野战军。

1947 年，国民党军在全面进攻失败后，改为向陕北、山东解放区发动重点进攻。3 月 13 日，蒋介石令胡宗南率 25 万军队进攻陕北解放区。3 月 18 日、19 日，中共中央机关和陕甘宁边区部队撤出延安，开始转战陕北。

1947 年 6 月 30 日夜，刘伯承、邓小平指挥晋冀鲁豫野战军 12 万余人强渡黄河，揭开人民解放战争战略进攻的序幕。刘邓大军千里跃进大别山，与另外两路大军一起，由内线打到外线，对南京、武汉形成直接威胁。

1947 年 7 月，毛泽东提出计划用 5 年时间（从 1946 年 7 月算起）解决同蒋介石斗争的问题。

1948 年 4 月 1 日，毛泽东在晋绥干部会议上讲话，指出中国共产党在当前历史阶段的总路线和总政策是"无产阶级领导的，人民大众的，反对帝国主义、封建主义和官僚资本主义的革命"。即在原反帝反封建之外，增加了反对官僚资本主义，将两座大山改为了三座大山。

1948 年秋，由于敌我力量对比发生根本变化，人民解放战争进入夺取全国胜利的战略决战阶段。1948 年 9 月，华东野战军发动济南战役，拉开战略决战的序幕。

1948 年 9 月至 1949 年 1 月，人民解放军在党中央统一指挥下，同国民党军队进行了大规模的战略决战，先后发起辽沈、淮海、平津三大战役，共歼敌 150 多万人，使国民党的主要军事力量基本上被摧毁。

百万雄师强渡长江

1948 年 11 月 1 日，根据中共中央政治局九月会议的精神，中央军委发出通令，对全军的组织编制、番号作了统一规定。人民解放军分为野战部队、地方部队和游击部队三类。野战部队的野战军现时分为四个，以地名区分，即中国人民解放军西北野战军（第一野战军）、中原野战军（第二野战军）、华东野战军（第三野战军）、东北野战军（第四野战军）；各步兵兵团、军、师、团，各骑兵师、团，各炮兵师、团等，一律冠以中国人民解放军的称谓。

1949 年 4 月 1 日，以周恩来为首的中共代表团同国民党政府代表团在北平进行和平谈判。21 日，谈判破裂，毛泽东、朱德发布《向全国进军的命令》。4 月 20 日夜至 21 日，人民解放军在西起九江东北的湖口、东至江阴的千里战线上，发起渡江战役，百万雄师分三路强渡长江。4 月 23 日，人民解放军占领南京，延续 22 年的国民党统治宣告覆灭。

此后，解放军各路大军向华东、中南、东南、西北、西南各省进军，中国大陆大部分国土获得解放。1950 年 6 月，解放战争结束。

25 第二条战线的斗争

1946 年 12 月 24 日，北平发生驻华美军士兵强暴北京大学女学生事件，引发大规模的群众抗议。中共中央指示以"美军退出中国"为口号把运动引向深入。在党组织领导下，全国各地学生响应北平学生斗争，形成席卷全国的反对驻华美军暴行和"要吃饭，要和平，要自由"的大规模群众运动。

从 1946 年 12 月底到 1947 年 1 月初，天津、上海、南京、台北等几十个大中城市的 50 多万名学生相继举行示威活动，并得到全国各阶层人民和海外爱国华侨的广泛声援。1947 年 2 月 28 日，台湾人民发动了反对国民党当局暴政的起义。

这场以学生运动为先导的人民运动，很快发展成为党领导的配合武装斗争的反抗国民党独裁统治的第二条战线。党适时地提出，在国民党统治区人民争生存斗争的基础上，建立反卖国、反内战、反独裁的广大阵线，使第二条战线的斗争更加广泛、深入地发展起来。

1947 年 5 月 4 日，上海各校学生进行反内战宣传示威。5 日，中共中央发出指示，提出放手动员群众反美反蒋的方针。反内战示威运动迅速扩大到国民党统治区其他大中城市。

1947 年 5 月 20 日，南京、上海、苏州、杭州四个城市的 5000 多名学生会合在南京，举行"反饥饿、反内战、反迫害"的大规模游行请愿活动，遭到国民党当局的镇压。同一天，北平学生举行反饥饿反内战大游行。上海、天津、重庆、福州、桂林、济南、长沙、昆明等地的爱国学生也通过罢课、游行等方式参加斗争，史称五二〇运动。

23 日，中共中央又发出指示，提出要灵活地运用斗争策略，将公开工作与秘密工作，合法斗争与非法斗争，既区别又结合，使群众斗争沿着开辟蒋管区第二战场的方向前进。

同五二〇学生运动相呼应，国民党统治区工人、农民、市民斗争也风起云涌。1947 年，在上海、天津、广州、武汉等主要工业城市，有 320 万名工人参加反对内战、反对美帝国主义暴行的罢工和示威游行。在农村，广大农民反抗抓丁、征粮和征税。

人民解放军的军事斗争和国民党统治区的人民运动相互结合，推动着中国革命走向新高潮。国民党政府日益陷入孤立的困境。

26　党的地下工作及其贡献

中国共产党从诞生之日起，就把推翻现存的政权和制度作为自己的目标，所以，必然地与现存的政权、秩序和法律发生尖锐的矛盾冲突，也就不得不采取秘密与公开、合法活动与非法斗争相结合的方式。作为一种政党，多数情况下都存在于"地下"。

在长期的革命斗争过程中，中国共产党逐渐形成了两大基本的斗争形式：一是在农村，建立根据地，从事武装斗争；二是在城市，主要从事秘密的地下活动。"地下党""地下组织"一般就特指国民党统治区或日伪统治区的党组织。在土地革命战争时期，"红""白"尖锐对立，国民党统治区又称为"白区"。

"白区"的党组织均是"地下党""地下组织"。刘少奇曾经是白区工作的代表。而周恩来在领导"地下党""地下组织"问题上，资历、经历和经验同样非常丰富。

地下党和地下组织的工作有不同类型，大致上有群众工作和隐蔽战线两个方面。

由于城市环境非常严酷，在城市开展地下活动非常艰难，也具有很多的特殊性。但在党中央领导下，各个地区、各个系统的地下党组织，积极领导城市工作、开展地下活动，包括开展隐蔽战线的斗争，获取情报、输送物资、争取人心，动员和组织人民群众，极大地支持了农村的武装斗争，对中国革命的胜利作出了巨大的贡献。

地下党的成员，有久经考验的革命家，有在不同领域工作的党员骨干，也有满腔热血投身抗日和革命的青年学生。他们来自于不同的区域、战线，从事或表面从事着不同的职业，从履历来看似乎是三教九流。但这恰恰是党的地下工作、秘密斗争的需要。虽然其中也出现过变节者、动摇者，但他们多数人都经受住了严峻斗争的考验，展示出崇高的革命品质。

赫赫有名的"中央特科"，就是开展秘密工作的重要组织。它于1927年11月在上海建立，比国民党的"中统"早期组织还早了3个月。

解放战争时期，以陈修良为书记的南京市地下党组织，在国民党核心区展开斗争，积极发动各种形式的人民运动，反对国民党反动统治，取得了显著的成绩。

地下党在北平建立了错综复杂的地下情报网，对争取北平和平解放发挥了特殊作用。

由于工作的特殊性，许许多多的地下党员都是无名英雄。他们所做的工作大多不为人知，贡献也不便公开，有的还受过很多误解和不适当对待。他们的事迹和精神永远值得我们尊敬！

27 国民党在大陆的统治及其终结

1911年10月10日，辛亥革命爆发。1912年2月12日，中国历史上最后一个皇帝宣布退位，延续2000多年的君主专制制度终于结束。

1912年1月1日，孙中山宣誓就任中华民国临时大总统。3日，中华民国临时政府在南京成立。

1912年2月15日，孙中山让位于袁世凯。1915年12月12日，袁世凯废除共和，复辟帝制。1916年袁世凯死后，政权先后落入各派北洋军阀手中，历史进入北洋军阀统治时期。

1917年，孙中山发起护法运动。9月，在广州召开非常国会，成立中华民国军政府，孙中山就任海陆军大元帅，从而形成北京和广州南北两个政府对峙的局面。

1924 年 1 月，孙中山接受共产国际和中国共产党的建议，在广州召开国民党第一次全国代表大会，实行国共合作，改组国民党。1925 年 7 月 1 日，改组广州军政府，成立委员制的国民政府。

1926 年 7 月，国民革命军正式出师北伐。1926 年 12 月，广州国民政府迁都武汉。1927 年，蒋介石发动四一二政变。4 月 18 日在南京成立与武汉国民政府对立的国民政府。7 月，汪精卫公开反共。9 月 20 日，国民政府在南京改组，宁汉两个国民政府合二为一。

1928 年 4 月，国民革命军二次北伐。6 月进入北京。张作霖在撤往东北途中被日本炸死。6 月 15 日，国民政府宣告北伐结束。10 月，宣布"军政时期"结束，开始"训政时期"，成立了以蒋介石为主席的"五院制"国民政府。12 月，张学良宣布东北易帜，中国实现了形式上的统一。

1933 年，国民政府开始起草宪法。1934 年 10 月，立法院三读通过宪法草案。1936 年 5 月 5 日，国民政府公布《宪法草案》，所以又称《五五宪草》。《宪草》规定国家政权结构实行"五院制"，以国民大会执掌中央政权，以总统及行政、立法、司法、考试及监察五院执掌政权。行政院对总统负责，总统对国民大会负责。

《五五宪草》本应交国民大会审议，但抗战爆发后，国民大会一直延期未开。1946 年 11 月 15 日，国民大会第一届会议在南京召开。12 月 15 日，大会三读通过《中华民国宪法》，并于 1947 年元月公布，同年 12 月 25 日生效实行，从而开始了所谓的宪政时期。

但实际上国民党政权实行的一直是一党专制独裁统治。特别是抗战结束后发动内战，尽失人心。1949 年 4 月 23 日，人民解放军占领国民党统治中心南京。国民党政府各机关迁往广州，10 月迁往重庆，11 月又迁往成都。12 月 7 日夜，决定迁往台北。12 月 10 日，蒋介石带着蒋经国等人，离开成都逃往台北。国民党在大陆的统治彻底结束。

28 从农村向城市的转变

在中国革命取得胜利的前夜，1949年3月5日至13日，中共七届二中全会在河北省西柏坡举行。

全会听取了毛泽东的报告，并通过相应的决议：批准了召开新政治协商会议，成立联合政府的建议；提出了促进革命取得全国胜利的方针和方式；规定中国从农业国转变为工业国、由新民主主义社会转变为社会主义社会的总任务和主要途径；确定了党在政治、经济、文化、外交方面的基本政策。

全会着重强调党的工作重心的战略转移，指出：党着重在乡村聚集力量，用乡村包围城市这样一种时期已经完结，从现在起，开始了由城市到乡村并由城市领导乡村的时期。党要立即开始着手建设事业，一步一步地学会管理城市，并将恢复和发展城市中的生产作为中心任务。城市中的其他工作，都必须围绕着生产建设这个中心工作并为这个中心工作服务。

全会指出新中国的经济将由五种成分构成，即社会主义的国营经济、半社会主义性质的合作社经济、私人资本主义经济、个体经济、国家和私人合作

七届二中全会决定，党的工作重心实行战略转移，从乡村转移到城市，由城市领导乡村

的国家资本主义经济，其中国营经济是领导成分。在革命胜利后一个相当长的时期内，还要尽可能地利用城乡私人资本主义的积极性，以利于国民经济的发展；同时要对它不利于国计民生的消极作用进行限制。

全会高度重视党在全国范围执政后的自身建设问题，提醒全党同志进一步加强思想建设和作风建设，务必继续保持谦虚、谨慎、不骄、不躁的作风，务必继续保持艰苦奋斗的作风，警惕资产阶级"糖衣炮弹"的攻击。会议还作出禁止给党的领导者祝寿和用党的领导者的名字作地名等规定。

在历史的转折关头，七届二中全会筹划了革命胜利后建设新民主主义国家和社会的蓝图。会议所作出的各项政策规定，不仅对迎接中国革命在全国的胜利，而且对新中国的建设事业，都具有巨大的指导作用。

中国共产党工作重心的战略转移，实质上意味着从农业文明向工业文明、从乡村文明向城市文明的转变。能不能适应这种转变？怎样实现这种转变？一直是对党和人民军队的重大挑战和考验。

29　党的建设伟大工程

中国共产党在民主革命进程中进行奋斗和探索的同时，一直努力加强自身建设。

中共一大建立了党的组织。随后，党提出建设先锋队和到群众中去的口号，大力发展党的组织，并使党的组织和机构逐步成型。在工农运动和大革命中，党经受各种考验，发挥了重要作用。

土地革命战争时期，中国共产党适应党的工作重点转向农村的历史性变化，探索从思想上建党的路子，努力加强思想教育和党员的先进性。遵义会议实现了党的一次历史性转折。

抗日战争时期，毛泽东把党的建设作为中国革命的三大法宝之一，号召建设一个全国范围的、广大群众性的、思想上政治上组织上完全巩固的布尔什维克化的中国共产党，并将其称为"伟大的工程"。

1938 年的六届六中全会提出马克思主义中国化的任务，要求共产党员成为英勇作战的模范、执行命令的模范、遵守纪律的模范、政治工作的模范、内部团结统一的模范、多做工作少取报酬的模范、实事求是的模范、远见卓识的模范以及学习的模范。

1942 年至 1945 年，全党整风提高了马克思主义水平。1945 年的七大制定了正确的路线、方针和政策，确立毛泽东思想为党的指导思想。

人民解放战争时期，党的建设进一步发展，党的队伍迅速扩大。党培养、训练和提拔了大批干部，建立健全了地方组织，加强了党的集中统一领导。

1921 年 7 月，一大时党员 50 多人。此后，虽然经历两次大的挫折，但党的队伍在曲折中不断发展壮大。1922 年 6 月二大时 195 人；1923 年 6 月三大时 432 人；1925 年 1 月四大时 994 人；1927 年 4 月五大时 5.7 万人；1927 年大革命失败后 1 万多人；1928 年 6 月六大时 4 万多人；1934 年 30 多万人；1937 年年初 4 万多人；1940 年 80 多万人；1945 年 4 月七大时 121 万人；1947 年 12 月 270 多万人；1948 年年底 306.5 万人；1949 年 10 月 448 万人。

到 1949 年 9 月，除中央领导机构外，计有中央派出机构 5 个中央局和 3 个中央分局，省委 21 个、省（区）工委 3 个、区委 16 个、直辖市委 10 个及特委或工委 6 个。脱产干部已近 100 万名。

党的建设伟大工程的推进，不仅保证了新民主主义革命的胜利，而且为夺取全国胜利后的政权建设和党的建设奠定了基础。

中国共产党党员数量增长情况（1921—1949 年）

时间	数量
1921年7月一大时	50多名
1922年7月二大时	195名
1923年6月三大时	420名
1925年1月四大时	994名
1927年4月五大时	5.7万名

续表

时间	数量
1927年大革命失败后	1万多名
1928年6月六大时	4万多名
1934年	30多万名
1937年年初	4万多名
1940年	80多万名
1945年4月七大时	121万名
1947年12月	270多万名
1948年年底	306.5万名
1949年10月	448万名

30 党的思想理论的发展

中国共产党成立时，就接受了马克思主义理论，并受共产国际和苏俄共产党指导。但如何把马克思主义与中国实际结合起来，始终是党不断探索的问题。

1921年的一大，以《共产党宣言》的思想为指导，制定了党的纲领。1922年的二大，从中国半殖民地半封建的社会性质出发，区分最高纲领和最低纲领，第一次提出了明确的反帝反封建的民主革命纲领。二大和三大提出了联合阵线的思想。

1925年的四大，提出中国无产阶级在民主革命中的领导权问题和工农联盟问题，对中国民主革命的内容作了更加完整的规定，初步形成了新民主主义革命基本思想的要点。

大革命失败后，中国共产党人开辟了一条农村包围城市、武装夺取政权的革命道路，这是理论和实践的重大创造。在领导土地革命和武装斗争过程中，党还形成了土地革命理论和军事斗争的一系列战略策略。通过调查研究和反对

"左"倾教条主义，形成了马克思主义的思想路线。通过苏维埃政权建设，获得了局部执政的初步经验。

在面临日本侵略的情况下，中国共产党分析阶级矛盾和民族矛盾的变化，确立了抗日民族统一战线的策略方针和思想理论。1938 年的六届六中全会要求把党建设成为一个伟大的群众性的党，号召学习和研究马克思主义，研究中华民族的历史和中国革命的实际，把马列主义与中国革命实际相结合，使马列主义中国化。

抗日战争期间，中国共产党进一步深化对中国国情的认识，形成了完整的新民主主义革命的理论和路线。在抵抗日本侵略的斗争中，形成了人民战争的理论和策略。整风运动对全党进行了一次普遍的马克思主义教育，端正了思想政治路线，破除了把马克思主义教条化、把苏联经验和共产国际指示神圣化的教条主义，概括形成了党的三大法宝、三大作风。六届七中全会对党的历史进行了系统的总结。

1945 年的七大，确立毛泽东思想在全党的指导地位，概括了毛泽东思想九个方面的内容，从而实现了马克思主义与中国实际相结合的第一次历史飞跃。

解放战争时期，特别是在筹建新中国过程中，中国共产党对如何治国理政、如何领导国家建设、如何加强执政党建设，取得了新的认识和新的成果。

党的思想理论在实践中产生，又指导了实践的发展。

31 民主革命时期党章的沿革

1921 年中国共产党成立时，制定了第一个纲领，其中包含党章的内容。1922 年的二大制定了第一部独立的《中国共产党章程》，初步构建了党的组织体系。

1923 年的三大，通过《中国共产党第一次修正章程》，对入党规定了比较严格的程序。1925 年的四大，通过了《中国共产党第二次修正章程》，首次规定了支部成立的条件，将原来的中央执行委员会"委员长"改称为"总书记"。

1927 年五大后由中央政治局制定的《中国共产党第三次修正章程决案》，成为唯一不是由党代会通过的党章。但这一党章包含了许多十分重要的内容，第一次明确规定"党部的指导原则为民主集中制"；第一次规定"党员年龄须在十八岁以上"；第一次将中央执行委员会改为中央委员会；第一次设立中央政治局和中央政治局常务委员会；第一次设立中央和省的监察委员会。这些内容在党章发展史上具有里程碑的意义。

1928 年的六大在苏联莫斯科举行。共产国际和联共（布）中央直接指导了大会的召开和党章的修改。六大通过的《中国共产党党章》，成为唯一一个在国外修改和通过的党章。党章规定"定名：中国共产党为共产国际之一部分，命名为中国共产党，共产国际支部"。内容上，突出加强了共产国际的领导。

1945 年，七大在延安举行。大会通过的《中国共产党党章》，是第一部完全由中国共产党独立自主修改制定的党章。刘少奇在历史上第一次专门作了《关于修改党章的报告》。七大党章的体例作了很大的变动，增加了"总纲"部分。刘少奇说，这就是我们党的基本纲领，也是党章的组成部分，是党章的前提和总则。

七大党章把毛泽东思想作为指导思想，刘少奇在《关于修改党章的报告》中说："这是我们这次修改的党章一个最大的历史特点。"

七大党章第一次设置了中央委员会主席的职务，标志着正式实行了党的主席制。同时第一次规定设立中央书记处，第一次对民主集中制原则的内容作出明确的界定，第一次写进群众路线的要求，第一次规定了党员的 4 项义务和 4 项权利，第一次规定党代会每 3 年召开一次。

32　中国共产党的优良作风

在新民主主义革命时期，中国共产党培育和形成了许多优良的传统作风。这是中国共产党区别于其他政党的显著标志，也是党取得革命成功的重要原因。

中国共产党自成立起，就表现出以天下为己任，深入基层、组织群众，英勇奋斗、不怕牺牲的精神和作风。

土地革命战争时期，党探索在农民占多数的情况下如何保持先锋队性质的问题，突出加强党的思想建设和作风建设。1929 年 12 月的古田会议决议，提出了党的思想教育和作风建设的一系列原则、要求和方法。1930 年 5 月，毛泽东在《反对本本主义》一文中，提出了"没有调查，没有发言权"的著名论断，并第一次明确提出了思想路线问题。1934 年 1 月，毛泽东发表《关心群众生活，注意工作方法》。苏区干部在实践中形成了优良的工作作风。

1937 年，毛泽东发表《实践论》《矛盾论》，奠定了党的实事求是思想路线和党的作风建设的哲学基础。1942 年，毛泽东在党的历史上第一次提出"党风"的概念。整风运动系统地学习理论，总结经验，把党的作风建设提高到了一个新的水平。毛泽东相继发表《改造我们的学习》《整顿党的作风》《反对党八股》等重要文章，对党的作风建设的内容、途径、目标作了深刻论述，为党的作风建设提供了理论指导。

1945 年 4 月，党的七大把党在长期奋斗中形成的优良传统和作风概括为

古田会议会址，位于福建省龙岩市上杭县古田镇采眉岭笔架山下。1961 年被列为第一批全国重点文物保护单位

三大作风，即理论和实践相结合的作风、和人民群众紧密地联系在一起的作风以及自我批评的作风。

全国解放战争时期，在革命节节胜利的形势下，党要求全体党员和干部注意保持清醒头脑，发扬不怕困难、不怕牺牲、艰苦奋斗的优良传统。

1949 年 3 月召开的七届二中全会，告诫全党进一步加强思想建设和作风建设，"务必使同志们继续地保持谦虚、谨慎、不骄、不躁的作风，务必使同志们继续地保持艰苦奋斗的作风"，为党经受执政考验及时敲响了警钟，把执政党的作风建设问题摆上了重要位置。

33 中国共产党的革命精神

党史上所说的精神，主要指党在实践活动中表现出的观念、气质、信念、意志、风范等非物质现象；也特指各种精神类型，即在一定时期、一定环境下形成的，具有特定内涵和外延以及种种特点的某种精神类型。

在 28 年新民主主义革命中，中国共产党培育了许多富有特色的革命精神，突出的有：

伟大建党精神，内容为：坚持真理、坚守理想，践行初心、担当使命，不怕牺牲、英勇斗争，对党忠诚、不负人民。这是中国共产党的精神之源。

红船精神，内容为：开天辟地、敢为人先的首创精神，坚定理想、百折不挠的奋斗精神，立党为公、忠诚为民的奉献精神。

井冈山精神，内容为：坚定执着追理想，实事求是闯新路，艰苦奋斗攻难关，依靠群众求胜利。

苏区精神，内容为：坚定信念、求真务实、一心为民、清正廉洁、艰苦奋斗、争创一流、无私奉献。

长征精神，内容为：把全国人民和中华民族的根本利益看得高于一切，坚定革命的理想和信念，坚信正义事业必然胜利；为了救国救民，不怕任何艰难险阻，不惜付出一切牺牲；坚持独立自主、实事求是，一切从实际出发；顾全大局、严守纪律、紧密团结；紧紧依靠人民群众，同人民群众生死相依、患难与共、艰苦奋斗。

抗战精神，内容为：天下兴亡、匹夫有责的爱国情怀，视死如归、宁死不屈的民族气节，不畏强暴、血战到底的英雄气概，百折不挠、坚忍不拔的必胜信念。

延安精神，内容为：坚定正确的政治方向，解放思想、实事求是的思想路线，全心全意为人民服务的根本宗旨，自力更生、艰苦奋斗的创业精神。

红岩精神，指中共中央南方局在重庆领导南方党的工作、统一战线等工作中体现出的一种特殊的革命精神，并不是指小说《红岩》的精神。小说表现的革命英烈的精神，是南方局所代表的红岩精神的一部分内容的艺术化反映。红岩精神的内容为：崇高思想境界、坚定理想信念、巨大人格力量和浩然革命正气。

西柏坡精神，内容为：敢于斗争、敢于胜利的精神；一切为了人民、一切依靠人民的精神；善于破坏旧世界、善于建设新世界的精神；务必谦虚谨慎、不骄不躁，务必艰苦奋斗的精神。

除此之外，还有其他很多精神，如古田会议精神、六盘山精神、大别山精神、太行精神、南泥湾精神、整风精神、雨花台精神、沂蒙精神、琼崖纵队精神等等。

这些革命精神的基本内容，从总体上可以归纳为：坚定信念、救国救民、敢于斗争、勇于探索、实事求是、艰苦奋斗、严守纪律、维护团结等。

34 党的领导机构和领导人员的变化

新民主主义革命时期，中国共产党的领导机构和领导人员经历了非常复杂的演化过程。

从 1922 年的二大开始，党章规定：党的最高领导机关是全国大会（后为全国代表大会），大会闭会期间，是大会选出的中央委员会（开始曾称作中央执行委员会）。从 1969 年九大通过的党章开始，又规定：党的最高领导机关，是全国代表大会和它产生的中央委员会。

一大规定设立中央执行委员会，选举陈独秀、张国焘、李达 3 人组成中央局，陈独秀任书记。从二大开始，执行委员会互推产生委员长一人"总理党务及会计"，陈独秀为委员长。到四大，改称总书记。

1927 年的五大时，中央执行委员会改称中央委员会，设立中央政治局和中央政治局常务委员会，同时设立中央监察委员会，党的最高领导人仍称总书记。

1927 年 7 月 12 日，中共中央进行改组，由张国焘、李维汉、周恩来、李立三、张太雷组成中央临时常务委员会，陈独秀离开中央最高领导岗位。此后到六大，中央委员会总书记一职一直空缺。

八七会议选举了中央临时政治局，瞿秋白为中央临时政治局主席，但党章上并无这个职务。

到六大的党章，取消了总书记的规定。党的最高领导人到底是什么职务，没有明确。六届一中全会后的中央政治局第一次会议决定常委分工，由向忠发任中央政治局主席和中央政治局常委会主席，周恩来为常务委员兼秘书长。

1931 年向忠发被捕叛变、被杀，主席（中央主要负责人）一职便一直空缺。9 月，在上海成立中共临时中央政治局，由秦邦宪（博古）负总责。

1934 年 1 月，六届五中全会改选中央政治局，第一次设立中央书记处，也称中央政治局常委会，但没有设总书记，博古仍是负总责。

1935 年 1 月，中央政治局在遵义召开扩大会议，增选毛泽东为政治局常委。在随后的会议上，决定以张闻天代替博古负中央总的责任（习惯上也称总书记）。

1938 年 9 月，在扩大的六届六中全会上，从莫斯科回到延安的王稼祥，传达了共产国际总书记季米特洛夫的口信，其中最重要的是：在中共中央领导机关中，要以毛泽东为首解决统一领导问题，中央领导机关要有亲密团结的空气。六中全会后，张闻天主动将党内负总责的工作逐渐移交给毛泽东。

1943 年 3 月 20 日，中央政治局会议通过《关于中央机构调整及精简的决定》，推选毛泽东为政治局主席、书记处主席。书记处会议由主席召集，会议中所讨论的问题，主席有最后决定之权（处理日常工作决定之权）。

1944年5月21日，六届七中全会第一次会议作出一个重要的决定，通过了刘少奇关于以原政治局主席毛泽东为中央委员会主席的提议。至此，毛泽东不仅担任中央政治局、中央书记处主席，而且正式担任了中央委员会主席。

1945年的七大党章第一次规定中央委员会实行主席制，明确规定设立中央书记处。七届一中全会选举毛泽东等13人组成中央政治局，选举毛泽东、朱德、刘少奇、周恩来、任弼时为中央书记处书记，毛泽东为中央委员会主席、中央政治局主席和中央书记处主席。

★★　　大事辑要之一　　★★

1921年 ▶ 7月23日—8月初　中共一大在上海和嘉兴南湖举行，中国共产党宣告成立。

1922年 ▶ 7月16日—23日　中共二大在上海举行，制定第一个党章，决定参加共产国际。

1923年 ▶ 6月12日—20日　中共三大在广州举行，决定共产党员以个人身份加入国民党。

1924年 ▶ 1月20日—30日　国民党一大在广州举行，国民党全面改组，国共合作正式形成。

1925年 ▶ 1月11日—22日　中共四大在上海举行。
5月30日　五卅运动爆发。

1926年 ▶ 7月9日　国民革命军在广州誓师北伐。

1927年 ▶ 4月27日—5月9日　中共五大在武汉举行。
7月15日　第一次国共合作破裂，大革命失败。
8月1日　南昌起义，打响武装反抗国民党反动派的第一枪。
8月7日　八七会议，确立土地革命和武装起义的方针。
8月—翌年初　发动秋收起义、广州起义等100多次武装起义。

1928 年 ▶ **6 月 18 日—7 月 11 日**　中共六大在莫斯科郊外五一村举行。

1929 年 ▶ **12 月 28 日—29 日**　古田会议召开。

1931 年 ▶ **1 月 7 日**　六届四中全会在上海召开，开始王明"左"倾教条主义的统治。

9 月 18 日　九一八事变，日本侵华。局部抗战开始。

11 月 7 日—20 日　中华苏维埃共和国在江西瑞金成立。

1934 年 ▶ **10 月中旬**　第五次反"围剿"失败，中央红军主力开始长征。留在南方的红军和游击队开始历时三年的游击战争。

1935 年 ▶ **1 月 15 日—17 日**　遵义会议召开。连同此前的黎平会议、此后的扎西会议等，实现历史转折。

8 月 1 日　中共驻共产国际代表团起草并发表"八一宣言"。

12 月　瓦窑堡会议，确定抗日民族统一战线的策略方针。

1936 年 ▶ **2 月**　东北抗日武装统编为东北抗日联军。

10 月　红军三大主力在会宁、将台堡会师，长征全部结束。

12 月 12 日　西安事变。

1937 年 ▶ **7 月 7 日**　卢沟桥事变，全国性抗日战争爆发。

8 月—10 月　红军部队先后改编为八路军、新四军。

9 月 23 日　国共两党实现第二次合作。

9 月 25 日　平型关大捷。

1938 年 ▶ **9 月 29 日—11 月 6 日**　六届六中全会在延安召开。

1939 年 ▶ **1 月 16 日**　中共中央南方局在重庆成立。

1940 年 ▶ **8 月下旬—翌年 1 月下旬**　百团大战。

1941 年 ▶ **1 月上旬**　皖南事变。

1942 年 ▶ **1 月 1 日**　国际反法西斯统一战线正式形成。

2 月　整风运动在全党普遍展开，至 1945 年 4 月结束。

1943 年 ▶ **6 月 10 日**　共产国际解散，中国共产党解除对共产国际的义务。

1944 年 ▶ **5 月 21 日—翌年 4 月 20 日**　六届七中全会在延安召开。

1945 年 ▶ **4 月 20 日**　六届七中全会原则通过《关于若干历史问题的决议》。

4 月 23 日—6 月 11 日　中共七大在延安举行。

4月25日—6月26日　联合国制宪会议在美国旧金山召开，董必武作为中国代表团成员参加会议，并在《联合国宪章》上签字。

8月15日　日本无条件投降。

8月下旬　毛泽东等赴重庆与国民党进行和平谈判。

9月2日　中国人民抗日战争和世界反法西斯战争胜利结束。

9月9日　中国战区日军投降签字仪式在南京举行。

1946年 ▶　6月26日　新的内战爆发。全国解放战争开始。

1947年 ▶　3月13日　国民党军由全面进攻改为向陕北、山东重点进攻。

5月20日　五二〇运动爆发，席卷60多个大中城市。

8月底　刘邓大军千里跃进到大别山地区。

1948年 ▶　3月23日　中共中央机关东渡黄河，4月到达西柏坡。

4月30日　中共中央发布纪念五一劳动节口号。

9月—翌年1月　辽沈战役，淮海战役，平津战役。

1949年 ▶　3月5日—13日　七届二中全会在西柏坡召开。

3月23日　中共中央离开西柏坡。25日到达北平，进驻香山。

4月1日—20日　国共和平谈判。

4月20日夜—21日　渡江战役。23日解放南京。

6月15日　新政协筹备会在北平开幕。

6月—8月　刘少奇率中共代表团秘密访问苏联。

9月21日—30日　中国人民政治协商会议第一届全体会议在北平举行。

10月1日　中华人民共和国中央人民政府成立。下午举行开国大典。

第 二 编

1949

社会主义革命和建设时期

1978

党在社会主义革命和建设时期的奋斗和探索历程

从 1949 年新中国成立到 1978 年十一届三中全会召开，是中国共产党的社会主义革命和建设时期。按照《关于建国以来党的若干历史问题的决议》的划分，这一时期先后经历了基本完成社会主义改造的 7 年、开始全面建设社会主义的 10 年、"文化大革命"的 10 年、在徘徊中前进的两年共 4 个阶段。

中华人民共和国成立后，中国共产党成为掌握全国政权的党，担负起领导全国各族人民建设新国家的重任，党的历史揭开了新的篇章。

新中国成立的前 3 年，根据七届二中全会确定的方针和《共同纲领》的规定，党和国家采取一系列措施，建立和巩固新生政权，对社会各方面进行民主改造，开展了大规模的土地改革和抗美援朝运动，努力恢复国民经济，建立起新民主主义的社会。

在此基础上，1953 年，党提出过渡时期的总路线，领导全国各族人民有步骤地从新民主主义向社会主义转变。尽管也有一些问题和不足，但通过创造性探索，到 1956 年，在全国绝大部分地区基本完成对生产资料私有制的社会主义改造，建立起社会主义基本制度，实现了历史性的变革。

与此同时，开始实施第一个五年计划，依靠自己的努力，加上苏联和其他友好国家的支援，初步建立起比较完整的国民经济体系和工业体系。

1954 年 9 月，第一届全国人民代表大会第一次会议召开，通过了《中华人民共和国宪法》，确立人民代表大会制度为我国的根本政治制度。共产党领导的多党合作和政治协商制度得到加强，民族区域自治制度进一步发展。

从 1956 年开始，党领导全国各族人民转入全面的大规模的社会主义建设，并开始探索中国自己的建设社会主义道路。在这 10 年里，党领导人民打下了社会主义现代化建设的重要物质技术基础，培养了一大批现代化建设的骨干力量和专业人才，积累了丰富的建设经验。但由于"左"倾错误的发展，改变了八大对我国社会主要矛盾的正确判断，先后发生了反右派斗争扩大化、"大跃进"、人民公社化等重大错误，提出有关阶级斗争的一系列错误判断和错误理论，直接导致了"文化大革命"的发生。

1966 年 5 月至 1976 年 10 月的"文化大革命"，先后经历了三个阶段。从"文化大革命"的发动到 1969 年 4 月党的九大是第一阶段；从党的九大到 1973 年 8 月党的十大是第二阶段；从党的十大到 1976 年 10 月粉碎"四人帮"是第三阶段。"文化大革命"使党、国家和人民遭到新中国成立以来最严重的挫折和损失，是一场由领导者错误发动，被反革命集团利用，给党、国家和各族人民带来严重灾难的内乱。

1976 年 10 月 6 日，中央政治局执行党和人民的意志，一举粉碎"四人帮"，结束"文化大革命"，从危难中挽救了党和社会主义事业。

此后，党开始调整各方面的政策，逐步平反冤假错案，消除"文化大革命"的严重后果，加强社会主义现代化建设。为冲破"两个凡是"的限制，开始了真理标准问题的大讨论，一场历史大转折即将到来。

建设成就要览之一：水利工程（一）

1950 年 8 月，召开第一次治淮会议。10 月 14 日，政务院作出《关于治理淮河的决定》。1951 年 7 月下旬第一期工程完工。1951 年冬—1952 年 7 月，实施二期工程。到 1957 年冬，治淮工程初见成效。开始从治标转到以治本为主。1981 年，提出淮河治理纲要和 10 年规划设想。1991 年，国务院召开治淮治太会议，作出《关于进一步治理淮河和太湖的决定》。

1949 年 6 月，成立黄河水利委员会。1952 年，毛泽东提出"要把黄河的事情办好"。1955 年 7 月 30 日，一届全国人大二次会议作出《关于根治黄河水害和开发黄河水利的综合规划的决议》。1957 年，在黄河干流上开工兴建黄河第一坝——三门峡大坝。后进行两次改建。此后，相继建成了刘家峡、龙羊峡、盐锅峡、八盘峡、青铜峡、三盛公、天桥、小浪底和万家寨等水利枢纽和水电站。在黄河上中游黄土高原地区，广泛开展了水土保持建设。1996 年完成《黄河治理开发规划纲要》的编制工作。

1997 年 10 月 28 日，黄河小浪底水利枢纽工程成功实现大河截流，标志着小浪底工程取得重大进展，中国对黄河的治理开发翻开新的一页。

1950 年，成立长江水利委员会（简称长委）。1952 年 4 月 5 日，长江治理的第一个大型工程——荆江分洪第一期工程全面开工。仅用 75 天的工期，就于 6 月 20 日完工。1952 年 11 月 14 日—1953 年 4 月 25 日实施第二期工程。1954 年长江中下游发生大洪水，荆江分洪工程首次运用就实施三次分洪，分泄洪水总量 122.6 亿立方米，保证了荆江大堤和武汉市的安全。

1963 年 11 月 17 日，毛泽东为河北抗洪抢险斗争展览会题词"一定要根治海河"。到 1973 年 11 月，子牙河、大清河、永定河、北运河及南运河等 5 大河系和徒骇河、马颊河等骨干河道得到普遍治理。

1960 年 2 月，河南林县人民开始修建引漳入林工程——红旗渠。1965 年 4 月 5 日，总干渠通水。1974 年 8 月全部竣工，被誉为"人造天河"。90 年代后进行了更新改造。

红旗渠灌区共有干渠、分干渠 10 条，总长 304.1 公里；支渠 51 条，总长 524.1 公里；斗渠 290 条，总长 697.3 公里；农渠 4281 条，总长 2488 公里；沿渠兴建小型一、二类水库 48 座，塘堰 346 座，共有库容 2381 万立方米，各种建筑物 12408 座，其中凿通隧洞 211 个，总长 53.7 公里，架渡槽 151 个，总长 12.5 公里，还建了水电站和提水站，已成为"引、蓄、提、灌、排、电、景"成龙配套的大型体系。从山坡到梯田，从丘陵到盆地，形成了一个较为完整的水利灌溉网。

2 万里长征新起点

1949 年 3 月 21 日清晨，第四野战军政治部保卫部长等，带着 100 辆大卡车、20 辆中小吉普车，分别从平、津两地出发，到西柏坡迎接中共中央和解放军总部迁往北平。

3 月 23 日，毛泽东、朱德、刘少奇、周恩来、任弼时五位书记，率中共中央机关就要离开中国共产党最后一个农村指挥所——西柏坡，离开被称为工校的中共中央所在地。

临行前，毛泽东风趣地说："今天是进京的日子，不睡觉也高兴啊。今天是进京'赶考'嘛。进京赶考去，精神不好怎么行呀？"

周恩来会意地笑道："我们应当都能考及格，不要退回来。"

毛泽东凝视车队将要开往的方向，坚定地说："退回去就失败了。我们决不当李自成，我们都希望考个好成绩。"

这一段对话和比喻，后来成了一个历史性、经典性的故事。

进京赶考，入驻香山，是中国革命历史上的一个转折点。中国历史将翻开新的一页。中国共产党也进入了一个全新的大"考场",开始了全国执政的大"考试"。

中国共产党成立 28 年,做成了一件事,取得了革命的胜利,亦即终于成了一个执政党,在全国掌握了国家政权。但毛泽东认为,这"只是万里长征走完了第一步""好像只是一出长剧的一个短小的序幕。剧是必须从序幕开始的,但序幕还不是高潮。中国的革命是伟大的,但革命以后的路程更长,工作更伟大,更艰苦。这一点现在就必须向党内讲明白"。

因此,夺取全国政权,只是万里长征的第二步,更是万里长征的新起点。这是掌握全国性政权、成为执政党的新起点,是肩负管理国家新使命、保障社会发展进步的新起点,是尊重人民主体地位、切实当好人民代表的新起点,是接受和改造城市文明、经受文明熏陶和考验的新起点,也是走上国际舞台、学会与外部世界打交道的新起点。

新起点也是新考场。新的考试的成绩怎么样?将会由事实来检验。

3 中华人民共和国的筹备和成立

1948 年 4 月 30 日,中共中央发布《纪念"五一"劳动节口号》,号召召开新的政治协商会议,讨论成立民主联合政府问题,受到各民主党派的热烈欢迎。

1948 年 9 月成立的华北人民政府,为新中国的政权建设和经济建设积累了初步经验,并以较为完整的行政系统,为中央人民政府的成立做了组织上的准备。

1949 年 6 月 15 日晚,新政协筹备会第一次全体会议在北平中南海勤政殿开幕。经过 3 个多月紧张有序的工作,有关建立中华人民共和国的各项准备全部就绪。9 月 17 日,召开第二次全体会议,一致通过将新政治协商会议改称为中国人民政治协商会议。

1949 年 9 月 21 日,中国人民政治协商会议第一届全体会议在北平中南海怀仁堂隆重开幕。出席大会的有正式代表、候补代表及特邀代表共 662 名。

27 日，会议一致通过《中国人民政治协商会议组织法》和《中华人民共和国中央人民政府组织法》。在普选的全国人民代表大会召开前，政协全体会议代行全国人民代表大会的职权。会议还通过四项决议案，决定国都定于北平，北平改名为北京；纪年采用公元；在中华人民共和国国歌未正式制定前，以义勇军进行曲为国歌；国旗为红地五星旗。

29 日，全体会议一致通过《中国人民政治协商会议共同纲领》（简称《共同纲领》）。作为新中国的人民大宪章，《共同纲领》在一个时期内起着临时宪法的作用。

30 日的全体会议选举中国人民政治协商会议第一届全国委员会，选举毛泽东为中央人民政府主席，朱德、刘少奇、宋庆龄、李济深、张澜、高岗为副主席，陈毅等 56 人组成中央人民政府委员会。

30 日的全体会议一致通过《中国人民政治协商会议第一届全体会议宣言》。下午 6 时，全体代表来到天安门广场，举行人民英雄纪念碑奠基典礼。随后，在宣布选举结果后，大会圆满完成了创建中华人民共和国的光荣使命。

10 月 1 日下午 2 时，中央人民政府委员会在勤政殿举行第一次会议。下

1949 年 10 月 1 日，中华人民共和国中央人民政府宣告成立，中国历史开始了一个新纪元

午 3 时，30 万军民齐集天安门广场，举行开国大典。毛泽东向全世界庄严宣告："中华人民共和国中央人民政府今天成立了！"在《义勇军进行曲》的雄壮旋律中，第一面鲜艳的五星红旗冉冉升起。随后举行了盛大的阅兵式。

12 月 2 日，中央人民政府委员会第四次会议作出决定，将 1949 年 10 月 1 日作为中华人民共和国宣告成立的日子，每年的 10 月 1 日为中华人民共和国国庆日。

中华人民共和国的建立，揭开了中国历史的新篇章。

4 中国共产党领导体制的确立

中华人民共和国的成立，标志着中国共产党的历史从革命战争时期进入了和平建设时期，中国共产党从领导人民为夺取全国政权而奋斗的党，转变成为领导人民掌握全国政权并长期执政的党。

党的组织系统迅速扩展至全国范围。新中国成立后，行政区划逐步规范，党的组织系统基本上按行政区划设立和调整，形成了愈益严密的网络系统，成为人民共和国强有力的组织者、领导者。

中央政治局、中央书记处、中央委员会主席，按照党章规定，发挥中枢神经的作用。中央政治局在前后两次中央全会期间，领导党的一切工作。中央书记处在中央政治局决议之下处理中央日常工作。中央委员会主席同时为中央政治局主席和中央书记处主席。中央委员会依工作需要，设组织、宣传等部与军事、党报等委员会及其他工作机关，分别办理中央各项工作，受中央政治局、中央书记处及中央主席之指导监督。

中共中央书记处的 5 名书记中，有 4 名分别担任中央人民政府委员会主席、副主席和政务院总理。中共许多高级领导人被选入中央人民政府委员会，分别担任政务院副总理、政务委员以及政府中其他重要职务。在大行政区一级，中共各中央局书记一般也同时担任军政委员会主席或人民政府委员会主席。

1949 年 11 月，中共中央作出《关于在中央人民政府内建立中国共产党党组的决定》，规定在政务院成立党组。最高人民法院、最高人民检察署成立联合党组。党组设干事会，统一领导全党组的经常工作。

为了确立中国共产党的执政地位，加强中共中央对地方的领导，到 1949 年年底，组建了华北、东北、西北、华东、中南、西南 6 个中共中央局，山东、新疆、内蒙、华南 4 个中共中央分局，24 个省委和 17 个区党委，134 个市委（内有 6 个中共中央直属市委），218 个地（盟）委，2142 个县（旗）委，15494 个区委，约 20 万个支部。各级党委在本级行政区中是最高负责机关，统一领导地方的各项工作。

实行党管干部的原则。除军队干部实行单独管理外，其余所有干部都统一由中央和各级党委的组织部门管理。政府人事部门是党管理干部的一种组织形式，受同级党委组织部的指导。

1948 年年底，提出"公开建党"的口号，以便公开开展党的活动、扩大党的影响、大量发展党员、加强党与群众的联系。1949 年年内，全国新增加党员 140 万人。1949 年年底，全国中共党员为 450 万名；1950 年 7 月 1 日前，已超过 500 万名。

在准备和召开一届全国人大一次会议期间，对党和国家的领导制度进行了一系列重大调整，进一步加强了党的集中统一领导，初步形成了一元化领导的基本格局。

5 全国政权的建立

1949 年 9 月 30 日，中国人民政治协商会议第一届全体会议选举组成了中央人民政府委员会。10 月 1 日下午 2 时，中央人民政府委员会在中南海勤政殿举行第一次会议，宣布就职。

10 月 19 日，中央人民政府委员会第三次会议通过政务院及所辖委、部负责人名单。21 日，周恩来总理主持召开政务院第一次会议，宣布政务院成立。政务院作为国家政务的最高执行机关，下设政治法律、财政经济、文化教育和人民监察 4 个委员会，共设有内务、外交、财政、金融、贸易、公安、重工业、轻工业、交通、农业、科学、文化、教育、民族、侨务等 30 个工作部门。

新中国成立的时候，在约占全国面积 1/3 的老解放区已建立了人民政权。随着中央人民政府的建立，新解放区的地方各级人民政权也分三步逐步建立起来。第一步，一律实行军事管制，从上至下委任人员组成军事管制委员会和地方人民政府，接管原国民党政府的一切公共机关、产业和物资，镇压反革命活动，建立和维护社会秩序，组织恢复生产；第二步，条件许可时，组织召集地方各界人民代表会议，作为人民参政议政的初期形式及地方人民代表大会的过渡形式；第三步，由各界人民代表会议逐步代行人民代表大会的职权，用民主选举的方式产生地方人民政府。

为保证中央政令的统一和贯彻执行，新中国成立初期实行大行政区制度。1949 年 12 月，中央人民政府委员会第四次会议任命负责人员组成东北人民政府委员会，华东、中南、西南、西北 4 个军政委员会。

1950 年 1 月，政务院发布省、市、县人民政府组织通则，对各级地方政权的隶属关系、组成、职权、机构等作了明确规定。到 1951 年，全国共成立 29 个省、1 个自治区、8 个省级行署、13 个直辖市人民政府，140 个市人民政府及 2283 个县级（包括县、旗、宗、自治区等）人民政府。

建设成就要览之二：铁路建设（一）

1949 年 *11* 月，陇海铁路全线通车。

1950 年 *1* 月，京汉铁路和粤汉铁路分别全线通车。

1952 年 *7* 月 *1* 日，成渝铁路建成通车，客运里程 *504* 公里。这是新中国成立后完全采用国产材料自行修建的第一条铁路干线。

1952 年 *9* 月 *29* 日，天兰铁路全线通车。

对城乡基层政权进行系统的改造，明令废除国民党时期的城乡保甲制度，将原来的保改为街，设正副街长；甲改为闾，设正副闾长。1950 年 12 月，政务院颁布《乡（行政村）人民政府组织通则》，明确乡为我国最基层的政权机构。1952 年开始，在城市召开人民代表会议代行人民代表大会职权，民主选

举市人民政府，并建立群众自治性组织——居民委员会。

经过对全国旧政权的彻底改造，人民政府的组织系统从中央、大行政区、省、县（市）、区、乡一直延伸到社会的最基层，初步形成上下贯通、集中高效、便于发挥高度组织动员能力的国家政权体系。

6 抗美援朝战争

第二次世界大战结束时，美军和苏军以北纬 38 度线为界，在朝鲜半岛南北两边分别接受日军投降。1948 年 8 月 15 日，半岛南半部成立大韩民国，李承晚出任首届总统。同年 9 月 9 日，半岛北半部宣告成立朝鲜民主主义人民共和国，金日成担任最高领导人。南北朝鲜正式分裂。同年 12 月，苏军从朝鲜北部撤出。次年 6 月，美军也从朝鲜南部撤出。

1950 年 6 月 25 日，朝鲜内战爆发。北方军队大举南下，势如破竹，一直打到最南端的釜山。美国立即于 6 月 26 日调动其驻日本的空军和海军部队支援南朝鲜军队作战，并下令第七舰队进驻台湾海峡。同时，乘苏联代表缺席之机，由联合国安全理事会于 6 月 27 日通过向韩国政府提供援助的决议。7 月 7 日，又通过决议，成立由美国指挥的"统一司令部"，使用联合国名义，组织"联合国军"。

9 月中旬，大批美军在朝鲜半岛西海岸仁川登陆，截断朝鲜人民军南进部队的后路，战局急骤逆转。此后，美军越过三八线，并迅速逼近中朝边界鸭绿江附近。

应朝鲜劳动党和政府的请求，中共中央多次召开会议，经过反复权衡，并与斯大林反复沟通磋商，在 10 月上旬作出了抗美援朝、保家卫国的艰难决策。

1950 年 10 月 19 日黄昏，中国人民志愿军在夜幕掩护下，按照预定计划，从 3 个口岸跨过鸭绿江，秘密进入朝鲜战场。至 1951 年 6 月，中国人民志愿军与朝鲜人民军紧密配合，先后同以美国为首的"联合国军"连续进行了 5 次大的战役，共歼敌 23 万余人，将以美国为首的"联合国军"从鸭绿江边打回到三八线，并将战线稳定在三八线附近地区。

1950 年 10 月 26 日，中共中央发出关于在全国进行时事宣传的指示。同日，中国人民保卫世界和平反对美国侵略委员会（简称抗美援朝总会）在北京成立，负责领导全国人民的抗美援朝运动。

1951 年 7 月，朝鲜战争进入"边打边谈"阶段。经过两年的战场较量和桌上谈判，交战双方于 1953 年 7 月 27 日在板门店签署《朝鲜停战协定》。从 1954 年 9 月起，中国人民志愿军分批撤出朝鲜回国。1958 年 10 月，最后一批部队回国。

在长达三年零一个月的朝鲜战争中，参战各方都遭受了重大伤亡和损失。中国人民志愿军在这场异常残酷的战争中，冒着严寒，浴血奋战。罗盛教、黄继光、杨根思、邱少云……许许多多的英雄，包括毛泽东的长子毛岸英，长眠在了朝鲜的土地上。

朝鲜战争极大地改变了国际关系格局。先后有 45 个国家参与对中国的封锁和禁运，严重恶化了随后几十年中华人民共和国的国际环境。

7 土地改革的暴风骤雨

土地改革，是中国共产党在执政前后对中国传统土地制度及其社会关系进行的一场暴风骤雨般的巨大变革。

1946 年 5 月 4 日，中共中央发布《关于土地问题的指示》（即"五四指示"），将抗日战争时期实行的减租减息政策，改变为"耕者有其田"的政策。1947 年 7 月至 9 月，中共中央工委在河北省西柏坡村召开全国土地会议，制定了《中国土地法大纲（草案）》。土地改革运动在各解放区广泛开展，占全国面积 1/3、人口约 1 亿的老解放区基本完成土地改革，为解放战争的顺利进行提供了广泛的群众基础和物质基础。

1950 年 6 月，党的七届三中全会讨论了新解放区土地制度改革问题。6

月 30 日，中央人民政府正式公布《中华人民共和国土地改革法》。政务院相继制定和公布实施与之配套的法规、政策，包括《农民协会组织通则》《人民法庭组织通则》以及《关于划分农村阶级成分的决定》等。

中央人民政府成立了以刘少奇为首的中央土地改革委员会，从中央和地方抽调大批干部组成土改工作队。在新区实行土地改革的 3 年中，每年参加工作队的都在 30 万人以上。

土地改革的总路线是：依靠贫农、雇农，团结中农，中立富农，有步骤地有分别地消灭封建剥削制度，发展农业生产。

从 1950 年冬季开始，史上空前规模的土地改革运动，在新解放区有领导、有步骤、分阶段地展开。首先是发动群众，划分阶级成分。然后是没收、征收和分配土地财产。再后确定各户分田的亩数、地段及耕畜、农具等。最后进行复查和动员生产。

新区的土地改革不仅在农村进行，而且还在许多大城市的郊区进行。但城市郊区农民对分得的国有土地只有使用权，没有所有权。

到 1952 年年底，中国大陆除一部分少数民族地区外，基本完成了土地改革。全国有 3 亿多无地或少地的农民（包括老解放区农民在内）无偿获得了约 7 亿亩土地。农村的土地占有关系发生了根本变化。无地少地的农民还获得了其他生产资料和生活资料，计有耕畜 296 万头、农具 3944 万件、房屋 3795 万间、粮食 100 多亿斤。

8　大规模的社会改造

新政权建立后，迅速对社会各方面进行了一系列民主改革。

一是建立国营经济和新的经济秩序。每解放一座城市，即由军管会派出代表，将官僚资本企业转变为全民所有的国营企业。从 1950 年起，在建立党、团、工会组织的基础上，陆续废除欺压工人群众的封建把头制、侮辱工人的搜身制等。随后又对企业内的残余敌对势力进行系统的清理。

二是取缔妓院和吸毒。1949 年 11 月开始，全国共查封妓院 8400 余所，没收妓院财产，集中所有妓院老板、领家、鸨儿等加以审讯和处理。把妓女集中起来，改造思想，医治性病，组织生产。1950 年 2 月 24 日，政务院发布《关于严禁鸦片烟毒的通令》。到 1951 年 3 月，西南多数地区的烟田被基本铲除。东北、华北、华东、西北 4 区共收缴毒品折合鸦片 2447 万两。

三是发展教育卫生。大力发展小学和中学，吸收工农子弟入学，兴办多种多样的工农速成中学、工农干部文化补习学校（班）和技术专修班。1950 年 8 月，召开第一届全国卫生会议，确定"面向工农兵""预防为主""团结中西医"为新中国卫生工作的三大原则。大规模开展爱国卫生运动。

四是确立新的宗教政策。1950 年 7 月 28 日，40 名基督教代表人物联名发表《中国基督教在新中国建设中努力的途径》宣言。中国基督教"三自"爱国运动在全国范围内展开。11 月，中国天主教人士也发表宣言，开展"三自"爱国运动。

五是改革婚姻家庭制度。1950 年 5 月 1 日，颁布实施《中华人民共和国婚姻法》，这是新中国成立后制定的第一部基本法律。实行婚姻自由、一夫一妻、男女权利平等、保护妇女和子女合法利益。废除包办强迫、男尊女卑，禁止重婚、纳妾、童养媳，禁止干涉寡妇婚姻自由，禁止任何人借婚姻索取财物。1953 年 3 月，全国开展宣传贯彻《婚姻法》运动月活动，在全社会逐步建立起新型的婚姻家庭关系，促使社会风气发生了巨大转变。

六是镇压反革命。1950 年 10 月 10 日，中共中央发出《关于镇压反革命活动的指示》。1950 年 12 月开始，在全国大张旗鼓地开展了镇压反革命运动。到 1951 年 10 月底，全国规模的群众性镇反运动基本结束。

9 社会主义基本制度的建立

从 1949 年到 1956 年社会主义改造完成，中国共产党领导建立了一系列社会主义基本制度。

人民代表大会制度是中国的政体，是中华人民共和国的根本政治制度。1931 年，中国共产党曾经在江西瑞金成立中华苏维埃共和国临时中央政府。1949 年中华人民共和国成立时，不再使用苏维埃的名称，决定建立人民代表大会制度。在选举产生全国人民代表大会之前，由中国人民政治协商会议全体会议代行全国人大职权。1954 年 9 月，第一届全国人民代表大会第一次会议召开，标志着人民代表大会制度正式建立并成为国家的根本政治制度。

中国共产党领导的多党合作和政治协商制度是中国的一项基本政治制度。1949 年，各民主党派积极响应中国共产党提出的主张，共同筹备成立了中华人民共和国。中国人民政治协商会议第一届全体会议的召开，标志着中国共产党领导的多党合作和政治协商制度的正式确立。

人民代表大会制度确立后，1954 年 12 月召开的中国人民政治协商会议第二届全国委员会第一次会议通过新的《中国人民政治协商会议章程》，明确人民政协是团结全国各民族、各民主阶级、各民主党派、各人民团体、国外华侨和其他爱国民主人士的人民民主统一战线的组织。中国人民政治协商会议成为中国共产党领导的多党合作和政治协商制度的重要机构。

在统一共和国的框架内实行民族区域自治制度，是中华人民共和国的一项基本政治制度。1949 年 9 月的《中国人民政治协商会议共同纲领》规定："各少数民族聚居的地区，应实行民族的区域自治，按照民族聚居的人口多少和区域大小，分别建立各种民族自治机关。"这标志着民族区域自治制度正式确立。1952 年，中央人民政府委员会批准《中华人民共和国民族区域自治实施纲要》。1954 年，《中华人民共和国宪法》将民族自治地方分为自治区、自治州、自治县三级，县以下的少数民族聚居区设民族乡。

在经济上，1954 年，新中国制定和颁布的第一部宪法规定，"国家用经济计划指导国民经济的发展和改造"。1956 年，以社会主义改造和"一五"计划的实施完成为标志，整齐划一的公有制和高度集中的计划经济体制在中国正式建立。

中国共产党党员数量增长情况（1949—1977 年）

时间	数量
1949年年底	449万名
1956年八大时	1073万名
1969年九大时	2200万名
1973年十大时	2800万名
1977年十一大时	3500多万名

10 执政后的第一次党代会

1956 年 9 月 15 日至 27 日，中国共产党第八次全国代表大会在北京全国政协礼堂隆重举行，这是党执政后的第一次全国代表大会。出席大会的正式代表 1021 人，候补代表 107 人，代表全国 1073 万名党员。国内各民主党派和无党派民主人士的代表应邀列席大会。

59 个国家的共产党、工人党、劳动党和人民革命党的代表团参加中共八大表示祝贺。这样大规模的阵容，是历史上的第一次，也是迄今唯一的一次。

在开幕式上，毛泽东致开幕词。大会期间，刘少奇作《中国共产党中央委员会向第八次全国代表大会的政治报告》，邓小平作《关于修改党的章程的报告》，周恩来作《关于发展国民经济的第二个五年计划的建议的报告》。朱德、陈云、董必武、彭德怀、李富春、薄一波等 68 位代表作大会发言，45 位代表作书面发言。

大会通过了各项报告和《中国共产党章程》《中国共产党第八次全国代表大会关于政治报告的决议》《中国共产党第八次全国代表大会关于发展国民经济的第二个五年计划（一九五八——一九六二）的建议》。

大会正确地分析了社会主义改造基本完成以后中国阶级关系和国内主要矛盾的变化，把党的工作重点转向社会主义建设。

大会着重提出了加强执政党建设的问题，强调要坚持民主集中制和集体领导制度，反对个人崇拜，发展党内民主，加强党和群众的联系。

大会通过的《中国共产党章程》规定全国、省、县级代表大会实行常任制，中央委员会增设副主席和常委，中央书记处增设总书记和候补书记，并加强中央监察委员会的机构。

因为八大决定实行党代会常任制，所以，这次会议也就成为八大一次会议。

随后召开的八届一中全会选举毛泽东为中央委员会主席，刘少奇、周恩来、朱德、陈云为副主席，邓小平为总书记。

《关于建国以来党的若干历史问题的决议》指出："党的第八次全国代表大会开得很成功。"虽然后来八大路线没有能在实践中完全坚持下去，但是，八大对中国建设社会主义道路的探索，对党和国家事业的发展都具有长远的重大意义。

11　苏联东欧的经济援助

新中国成立后，苏联援助中国建设了一系列工程项目。通常说是 156 个项目，实际上，这是"一五"期间的数目，"二五"期间还有一批后续项目。加起来，计划总数是 304 个，最后完成和由中国接续完成的共 215 项。

东欧国家也对中国给予了援助。根据目前能见到的材料，20 世纪 50 年代中国和东欧各国签订协定引进成套设备建设的项目有 116 项，完成和基本完成的 108 项，解除义务的 8 项；单项设备 88 项，完成和基本完成的 81 项，解除义务的 7 项。

这些援助项目分布区域广阔，包括东北、华北、西北、中南、西南等区域以及其他部分地点，均是着眼战备、全局及基础条件来布局的。

这些项目涉及众多行业，包罗了国民经济最基础、最重要的工业领域，系统性、配套性也比较强。多数为成套设备，从设计、图纸、勘测、建设、设备制造和安装、调试、生产一条龙帮助建设，并提供产品设计和技术资料，培养技术管理骨干。投产项目中有飞机、汽车、新式机床、发电设备、矿冶设备等制造企业，也有合金钢和重要有色金属冶炼企业。对原子能技术和核武器制造，也曾经提供帮助。

建设成就要览之三：苏联东欧援助建设的项目

1949 年至 *1954* 年 *10* 月，中苏两国多次签订协定，确定"一五"时期苏联援助中国建设项目，通常称为"*156* 项重点工程"。但"二五"期间，又多次增加和调整项目。所以，整个 *50* 年代与苏联签订协定、由苏联帮助中国建设的成套设备建设项目共计 *304* 项，单独车间和装置共计 *64* 项。

到 *1960* 年中苏关系破裂、终止经济合同，这 *304* 项中全部建成的有 *120* 项，基本建成的 *29* 项。*64* 项单独车间和装置中，建成的 *29* 项，废止合同的 *35* 项。

因此，两个五年计划期间，苏联帮助中国建设的工程项目，不包括单独车间和装置，由计划确定的总共是 *304* 项，建成和基本建成的 *149* 项，由中国自行续建的 *66* 项，废止的 *89* 项。即最后完成和由中国接续完成的共 *215* 项。

东欧国家也对中国给予了援助。*20* 世纪 *50* 年代，中国和东欧各国签订协定引进的成套设备建设项目有 *116* 项，完成和基本完成的 *108* 项，解除义务的 *8* 项；单项设备 *88* 项，完成和基本完成的 *81* 项，解除义务的 *7* 项。

这些项目实现了大量的技术转移。苏联直接向中国提供了重型机器设备、机床、量具刃具、动力设备、发电设备、矿山机械、采油设备、炼油设备、汽车、履带式拖拉机、仪表、轴承、开关、整流器、胶片、重型火炮、坦克、坦克发动机、米格喷气式战斗机、飞机发动机、火箭等产品的设计和制造技术。东欧国家向中国提供了仪表、无线电零件等产品设计和制造技术。根据中苏两国的科技协定，提供技术没有技术转让费和任何专利费，建成后任由自主生产，只交纸张和复印费。当然，在转移某些军事技术时，苏联也有所保留和限制。

以如此规模和特殊的方式帮助中国进行建设，这在世界工业化史和中国工业化史上是绝无仅有的。原因是多方面的。通过这些项目的实施和建设，促成了"一五"计划的完成和"二五"建设的展开，大幅度提高了我国的工业生产能力和国防能力，改变了东中西部的工业布局，培养了大批科学技术和工程设计施工人才，显著提高了科学技术水平和仿制创新能力。但最后相互关系闹翻，也是始料未及的。

12　"一五"计划的制定和实施

1949 年 6—8 月，刘少奇率团秘密访问苏联时，在向苏联学习党和国家建设经验的清单中，就有一条：苏联经济的计划与管理。

在中共中央直接领导下，周恩来、陈云主持制定发展国民经济的第一个五年计划。1951 年春，中央财经委员会根据"三年准备、十年计划经济建设"的部署，着手试编第一个五年计划，1952 年 7 月形成第二稿。八九月间周恩来率团出访苏联，主要任务是就五年计划轮廓草案同苏方交换意见，争取苏联政府的援助。

1952 年 11 月 16 日，中共中央作出《关于成立国家计划委员会及干部配备方案的决定》，决定在中央人民政府下建立国家计划委员会，作为与政务院并列的一个机构，以加强对国家建设的集中领导，并负责编制全国长期和年度的国民经济计划。

从 1951 年到 1954 年 9 月，第一个五年计划历时 4 年，五易其稿，边制定，边执行。1955 年 3 月，中国共产党召开全国代表会议，讨论并原则通过"一五"计划草案。7 月，第一届全国人民代表大会第二次会议正式审议并通过了中共中央主持拟定的《中华人民共和国发展国民经济的第一个五年计划（1953—1957）》。

"一五"计划的基本任务是：新建一批规模巨大、技术先进的新兴工业部门，同时用现代先进技术扩大和改造原有的工业部门；合理利用和改建东北、上海和其他沿海地区城市已有的工业基础，同时开始在内地建设一批新的工业基地。5 年内国家用于经济和文化教育建设的投资总额达 766.4 亿元，折合黄金 7 亿多两。

"一五"计划描画了新中国发展的第一张蓝图，集中反映了中国人民对新政权的期待和对国家发展的美好愿望。把全国的资源和人心集聚到一起，调动起广大劳动者的积极性。为保证"一五"计划的实施，从 1952 年至 1954 年 3 年中，抽调了 16 万多名干部到工业部门工作，其中为苏联援助的重点厂矿选调的领导干部就有 3000 多名。

"一五"计划时期，西方世界正对中国实施封锁禁运，但苏联东欧提供了全面的经济技术援助。

建设成就要览之四：科技规划（一）

1956 年 8 月，编制形成《一九五六——一九六七年科学技术发展远景规划纲要（修正草案）》（简称《十二年科技发展规划》）。12 月，经中共中央、国务院批准后，正式施行。这是新中国第一个长期科学技术发展规划。

根据《十二年科技发展规划》，国家重点发展核技术、喷气技术、计算机技术、半导体技术、自动化技术、无线电技术。围绕这些领域，开展了 600 多项中心课题研究。

1963 年制定了我国第二个科学技术发展规划，即《一九六三——一九七二年科学技术发展规划》，确定了重点研究试验项目 374 项、中心问题 3205 个、研究课题 1.5 万个。

到 1957 年年底，"一五"计划的各项指标大都超额完成，595 个大中型工程建成投产。一批新兴工业部门，如飞机、汽车、发电、冶金、矿山设备、重型机械、精密仪器制造，以及高级合金钢、有色金属制造、基本化工和国防军工企业均已建立，填补了重工业建设的很多空白，初步改变了旧中国工业过于集中于沿海的不合理布局，开始形成了工业布局的新框架。"一五"时期是我国经济社会发展最好的时期之一。

13　高度集中的经济管理体制

中国共产党夺取政权后，首先在各地实行军事管制，加强集中领导。1949 年冬，确定实行全国财政经济统一管理的方针。1950 年 2 月的全国财政会议，以指令性方式提出了财政收支统一、公粮统一、税收统一、编制统一、贸易统一、银行统一等"六个统一"。8 月召开第一次全国计划工作会议。随后，开始以制订指令性经济计划的形式，对国民经济实行全面的计划管理。到"一五"计划期间，高度集中的经济管理体制最终形成。

在计划体制方面，对国营经济实行"统一计划、分级管理"的原则。从1953 年到 1956 年，国家计委统一管理、下达计划的产品，从 115 种增加到 380 种，占工业总产值的 60% 左右，对农产品采购的计划占到采购总额的70% 左右。

在工业体制方面，所有的工业企业都在国家的控制或管理之下，形成了"条条"为主的经济管理体制。中央各部门直接管理的工业企业，从 1953 年的2800 多个增加到 1957 年的 9300 多个。

在财政体制方面，划分中央、省（市、自治区）和县（市）三级财政。实行统一领导、划分收支、分级管理。中央财政占财政总收入的 80%，包括省和县两级在内的地方财政只占 20%。无论财政还是税收，都由国家严格控制。

在基本建设体制方面，绝大部分项目均由中央各工业部门集中统一管理，投资和建设任务由中央部门直接安排。对重点建设项目，中央各主管部门一抓到底。

在物资体制方面，实行统一分配制度。对关系国计民生的通用物资，由国家计委平衡分配，即统配物资。专用物资由各主管部门平衡分配。1953 年，中央统一分配的物资为 227 种（统配 112 种、部管 115 种），到 1957 年，增加至 532 种（统配 231 种，部管 301 种）。

在劳动工资体制方面，职工人数计划由国家逐年批准下达，劳动计划和劳动管理权集中于中央。工资管理 1954 年集中到劳动部。1955 年改供给制为工资制。1956 年统一制定国家机关、事业、企业的工资标准，地方和企业都无权决定。

在商业体制方面，先是实行统一管理，统一经营，物资大调拨，资金大回笼。1953 年起实行统一领导、分级管理。根据不同商品的地位，分别采取统购统销、派购、议购等形式。

在物价体制方面，以行政方法为主，价格管理权集中于中央，国家直接规定和调整各种商品价格和服务价格。生产经营者没有定价权。

在外贸体制方面，对外贸易部集中领导和统一管理全国的对外贸易，并按照各大类商品分工经营的原则，成立若干专业进出口公司。全国的进出口业务集中由各专业公司经营，其他部门和单位均不能直接对外进行交易。

这种高度集中的管理体制有助于在全社会范围内调动资源，集中力量办大事，但也有很多缺陷和弊端。

14 城乡二元结构的形成

计划经济体制的形成，直接促成了在制度和管理上把城市与农村截然分开，形成了中国社会"城乡二元结构"的分治格局。

1953 年 10 月 16 日，为了解决当时粮食短缺的尖锐矛盾，中共中央决定实行统购统销政策，发出《中共中央关于实行粮食的计划收购与计划供应的决议》及相关命令和执行办法。从 1953 年 12 月开始，正式实行统购统销。

统购，就是对农民的绝大部分粮食都按国家制定的价格统一收购，粮食只能卖给国有粮食机构，农民自己食用的粮食以及种子数量和品种也必须由国家批准。统销，就是全社会所需要的粮食全部按国家规定的标准和价格统一配售，城镇居民只能向国有粮食机构按固定标准购买粮食。国家严格管制粮食市场。

实行统购统销后，全国城镇居民实行粮食的定量供应。所有家庭每家发放一个粮本，凭粮本供应粮食，每人按性别、年龄状况、工作种类等每月分配一定口粮。在定额标准内发放粮票，如果没有粮票，就无法进城、旅行和在市场上就餐。

之后，国家又陆续把棉花、油料、黄麻、生猪、鸡蛋、糖料、桑丝、蚕茧、烤烟、水产品等农副产品列入统购统销范围。最多时，列入国家统购派购的农产品达到 180 多种。

与此同时，国家进一步实行严格的户籍制度。1950 年 8 月 12 日，公安系统为清查敌对人员，整顿社会秩序，在内部颁发了《特种人口管理暂行办法（草案）》，正式开始对重点人口的管理工作，这是新中国户籍制度的最初起点。

1951 年 7 月 16 日，公安部公布《城市户口管理暂行条例》，规定了对人口出生、死亡、迁入、迁出、"社会变动"（社会身份）等事项的管制办法，基本统一了全国城市的户口登记制度。1953 年，在第一次全国人口普查的基础上，大部分农村也建立起了户口登记制度。

1953 年实行计划经济后，户籍制度不仅作为社会管理、政治控制的重要手段，而且与计划经济联系了起来。在粮食统购统销政策下，有户口才有粮食，没有户口便无法生存。户籍制度的有效性、严密性、强制性进一步增强。

1958 年 1 月，全国人大常委会通过《中华人民共和国户口登记条例》，第一次明确将城乡居民区分为"农业户口"和"非农业户口"两种不同户籍，严格限制迁徙，形成了严格的城乡二元分隔状态。

1964 年 8 月，《公安部关于处理户口迁移的规定（草案）》出台，提出了两个"严加限制"，即：对从农村迁往城市、集镇的要严加限制；对从集镇迁往城市的要严加限制。

在壁垒分明的城乡二元结构下，社会分为吃"商品粮"与吃"农业粮"两大阶层，身份世袭，限制了人口和生产要素的流动，扩大了城乡和工农矛盾。与此相联系，户口身份被当作执行不同的科教、卫生、医疗、就业等一系列政策的依据。

15　对中国社会主义建设道路的思考和探索

20 世纪 50 年代初，苏联东欧国家发现自身体制的弊端，开始调整政策，实行改革。特别是 1956 年的苏共二十大，将苏联内部的问题公开暴露出来，对苏联的迷信被打破。毛泽东开始提出如何对待苏联经验的问题。

从 1956 年 2 月 14 日到 4 月 24 日，毛泽东先后听取国务院 34 个部门的工作汇报。4 月 25 日，根据调研的结果，在中央政治局扩大会议上作了《论十大关系》的报告。5 月 2 日，又向最高国务会议作了报告。

毛泽东一方面研究我国建设发展的问题，另一方面以苏联经验为鉴戒，明确提出了"以苏为鉴"、根据本国情况走建设社会主义道路的根本思想。

毛泽东说："最近苏联方面暴露了他们在建设社会主义过程中的一些缺点和错误，他们走过的弯路，你还想走？过去我们就是鉴于他们的经验教训，少走了一些弯路，现在当然更要引以为戒"。"我们要学的是属于普遍真理的东西，并且学习一定要与中国实际相结合。如果每句话，包括马克思的话，都要照搬，那就不得了。我们的理论，是马克思列宁主义的普遍真理同中国革命的具体实践相结合。"

根据中国建设的情况和经验，毛泽东提出并论述了十大关系问题。这十大关系都归结到一个基本方针，就是"尽量争取化消极因素为积极因素"，"努力把党内党外、国内国外的一切积极的因素，直接的、间接的积极因素，全部调动起来，把我国建设成为一个强大的社会主义国家"。

毛泽东讲话的精神成为八大政治报告的基调。

在 5 月 2 日最高国务会议上，毛泽东还正式提出"百花齐放，百家争鸣"的方针。八大之后的 1957 年 2 月 27 日，毛泽东以《如何处理人民内部的矛盾》为题发表讲话，系统地阐明了关于严格区分社会主义社会的两类矛盾及正确处理人民内部矛盾的问题。

除毛泽东之外，其他领导同志也提出了很多好的思想。如周恩来提出，我国知识分子绝大多数已经是劳动人民的知识分子，科学技术在我国现代化建设中具有关键性作用，要为知识分子"脱帽加冕"；陈云提出，计划指标必须切合实际，建设规模必须同国力相适应，人民生活和国家建设必须兼顾，制订计划必须做好物资、财政、信贷平衡；等等。

16 国民经济体系的建立和发展

从 1956 年到 1966 年，是全面建设社会主义的 10 年。在这 10 年中，尽管经历过曲折甚至严重挫折，但我国的建设事业仍取得了很大的成就。

在这10年中，我国初步建成了具有相当规模和一定技术水平的工业体系。1965年同1957年相比，全民所有制企业固定资产按原值计算，增长了1.76倍。新建、扩建了一大批重要企业，如十大钢铁厂，一批重要的有色金属冶炼厂，几十个煤炭企业和发电厂。

传统的煤炭工业逐步向现代化迈进。电力工业有很大发展。

冶金工业到1964年，钢和钢材品种都比1957年增加一倍多。以前不能冶炼的高温合金钢、精密合金钢、高纯金属、有色稀有金属等，都能炼制了；制造机械包括制造汽车、拖拉机、万吨远洋轮船所需的多种钢材，基本上能靠国内解决。

机械工业分别形成冶金、采矿、电站、石油化工等工业设备制造以及飞机、汽车、工程机械制造等十几个基本行业，而且能够独立设计和制造一部分现代化大型设备。到1964年，我国主要机械设备自给率已由1957年的60%提高到90%以上。

电子、原子能、航天等新兴工业从无到有、从小到大，逐步发展起来，成为重要的产业部门。1965年，我国已能够生产雷达、广播电视发射设备、电视中心设备、无线电通信设备、原子射线仪、各种气象仪、水声设备、电子计算机、电视机等。

支援农业的工业也有了很大发展。从1957年到1965年，农业机械的总动力由121万千瓦增加到1099万千瓦，化肥施用量由37.3万吨增加到194.2

建设成就要览之五：交通设施

1965年**12**月**31**日，中国自主设计建造的第一艘万吨级远洋货轮"东风"号成功交付。

1969年**10**月**1**日，中国第一条城市地铁线路——北京地下铁道一期工程正式建成通车。

1976年**6**月**6**日，中国第一座**10**万吨级现代化深水油港——大连新港建成。

2018年**10**月**23**日，港珠澳大桥开通仪式在珠海举行。港珠澳大桥总长**55**公里，是连接香港、珠海和澳门的超大型跨海通道，也是世界上最长的跨海大桥。

万吨，农村用电量由 1.4 亿千瓦时增加到 37.1 亿千瓦时。

石油工业的发展，更是突出的成就。1959 年，我国地质工作者在东北松嫩平原找到工业性油流。3 年建设起中国最大的石油基地——大庆油田，其产量占全国总产量的 2/3。随后，还开发了胜利油田和大港油田。石油化工这门新兴工业也逐步发展起来。

交通运输业有了长足的发展。从 1958 年到 1965 年，全国新增铁路营运里程 7900 多公里。全国除西藏自治区以外，各省、自治区、直辖市都有了铁路。福建、宁夏、青海、新疆等省区第一次通了火车。全国大部分县、镇通了汽车，沿海港口新增十几个万吨深水泊位，远洋航运开辟了通往东南亚、欧洲和非洲的三条航线。

10 年建设取得的成绩，为后来的社会主义建设奠定了初步的物质技术基础。

"左"倾错误造成的曲折

对社会主义道路的探索是一个艰难的过程。有成功，也有失误。由于把马恩列斯著作中的某些设想和论点教条化，没有完全搞清楚什么是社会主义、怎样建设社会主义，所以，八大提出的路线方针没有能坚持下去。1957 年之后，"左"的错误逐步发展。

首先是反右派斗争严重扩大化，不少单位为完成指标，层层加码，全国共划右派分子 55 万多人。把一大批知识分子、爱国人士和党内干部错划为"右派分子"，造成了不幸的后果。

随即提出总路线，轻率发动"大跃进"运动。以高指标、瞎指挥、浮夸风和"共产风"为主要标志的"左"倾错误严重泛滥开来。全国城乡大炼钢铁。几千万人夜以继日，大搞"小（小高炉）、土（土法炼铁、炼钢）、群（群众运动）"。农村处处发射"高产卫星"。有的声称一亩红薯 60 万公斤，一棵白菜 250 公斤，一亩小麦 10 万公斤，一亩皮棉 2500 公斤。

全国各地一哄而起，形成大办人民公社的高潮。到 1958 年 10 月底，全国农村建立的人民公社达到 26000 多个，入社农户占农户总数的 99% 以上。有些省、市还在城市里建立人民公社。人民公社实行政社合一的体制。早期实行供给制和工资制相结合的分配制度。还大力推行"组织军事化、行动战斗化、生活集体化"。农民的自留地、自养牲畜、林木、生产工具和部分生活资料交公，吃饭靠食堂，称"食堂也是我们必须固守的社会主义阵地"。全国办起公共食堂 265 万多个，在食堂吃饭的人占农村总人口的 70%—90%。

1959 年 7 月庐山会议期间，彭德怀给毛泽东写信，反映现实存在的问题，但受到严厉的批判，被打成"反党集团"。随后，在全党错误地开展了"反右倾"斗争。

主要由于"大跃进"和人民公社化的错误，加上自然灾害和苏联撕毁合同等原因，1959 年至 1961 年间，我国国民经济发生严重困难，大量人口非正常死亡。

1962 年 9 月的八届十中全会，发出"千万不要忘记阶级斗争"的号召，对邓子恢、彭德怀、习仲勋等开展错误的批判与斗争，并决定成立两个专案审查委员会，对彭德怀和习仲勋进行审查。

1963 年开始的"四清"运动，对国内政治形势作出非常严重的估计，认为全国有 1/3 左右的基层单位领导权不在我们手里，必须进行夺权斗争，提出运动的重点是整党内那些走资本主义道路的当权派。这些"左"的理论和实践，成为"文化大革命"的预演。

18 "文化大革命"的十年内乱

1966 年 5 月至 1976 年 10 月的"文化大革命"，是一场由领导者错误发动，被反革命集团利用，给党、国家和各族人民带来严重灾难的内乱。

《关于建国以来党的若干历史问题的决议》（以下简称《历史决议》）将"文化大革命"的过程分为三段，并作了简要回顾（本题所有内容均出自《历史决议》）：

（1）从"文化大革命"的发动到 1969 年 4 月党的九大。1966 年 5 月中央政治局扩大会议和同年 8 月八届十一中全会的召开，是"文化大革命"全面发动的标志。这两次会议相继通过了《五一六通知》和《关于无产阶级文化大革命的决定》，对所谓"彭真、罗瑞卿、陆定一、杨尚昆反党集团"和所谓"刘少奇、邓小平司令部"进行了错误的斗争。毛泽东"左"倾错误的个人领导实际上取代了党中央的集体领导，对毛泽东的个人崇拜被鼓吹到了狂热的程度。"中央文革小组"乘机煽动"打倒一切、全面内战"。各部门各地方的党政领导机构几乎都被夺权或改组。党的九大使"文化大革命"的错误理论和实践合法化。

（2）从党的九大到 1973 年 8 月党的十大。1970 年至 1971 年间发生了林彪反革命集团阴谋夺取最高权力、策动反革命武装政变的事件，客观上宣告了"文化大革命"的理论和实践的失败。周恩来在毛泽东支持下主持中央日常工作，使各方面的工作有了转机。党的十大继续了九大的"左"倾错误，并且使王洪文当上了党中央副主席。江青、张春桥、姚文元、王洪文在中央政治局内结成"四人帮"。

（3）从党的十大到 1976 年 10 月。1974 年年初，江青、王洪文等提出开展所谓"批林批孔"运动，矛头指向周恩来。1975 年，周恩来病重，邓小平在毛泽东支持下主持中央日常工作，对许多方面的工作进行整顿。但是毛泽东又发动了"批邓、反击右倾翻案风"运动。1976 年 1 月周恩来逝世。同年 4 月间，在全国范围内掀起了以天安门事件为代表的悼念周总理、反对"四人帮"的强大抗议运动。1976 年 9 月毛泽东逝世。10 月上旬，中央政治局执行党和人民的意志，毅然粉碎了江青反革命集团，结束了"文化大革命"这场灾难。

党和人民的坚决抵制和不懈抗争，使"文化大革命"的破坏受到一定程度的限制。我国国民经济虽然遭到巨大损失，仍然取得了进展。

《关于建国以来党的若干历史问题的决议》指出："文化大革命"，使党、国家和人民遭到建国以来最严重的挫折和损失。实践证明，"文化大革命"不是也不可能是任何意义上的革命或社会进步。

19 党的九大和十大

在"文化大革命"的动荡中，中国共产党第九次全国代表大会于 1969 年 4 月 1 日至 24 日在北京举行。毛泽东主持开幕式并致开幕词。

林彪代表中共中央作政治报告。报告以"无产阶级专政下继续革命的理论"为核心，全面肯定"文化大革命"；把党的全部历史说成是两条路线斗争的历史；虚构了以刘少奇为头子的"资产阶级司令部"；提出了所谓"斗、批、改"的新任务。该报告由张春桥、姚文元起草。

九大通过的新党章，错误地把林彪是"毛泽东同志的亲密战友和接班人"写进了总纲。

大会选举出第九届中央委员会，许多久经考验的老干部被排除在外。九届一中全会选举毛泽东为中央委员会主席，林彪为副主席。

九大使"文化大革命"的理论和实践合法化。九大在思想上、政治上、组织上的指导方针都是错误的，在党的历史上没有任何积极作用。

九大开过之后不到两年，就发生震惊中外的"九一三事件"，客观上宣告了"文化大革命"理论和实践的失败。

1973 年 3 月，邓小平恢复国务院副总理职务。为了解决紧迫的人事问题，原应在 1974 年召开的党的十大，提前到了 1973 年召开。

1973 年 8 月 24 日至 28 日，中国共产党第十次全国代表大会在北京举行。当时全国有 2800 万党员。大会议程有三项：周恩来代表中央作政治报告；王洪文代表中央作关于修改党章的报告，并提出《中国共产党章程（草案）》；选举中国共产党第十届中央委员会。报告均由张春桥等人起草。

大会选举产生由 195 名委员和 124 名候补委员组成的中央委员会。8 月 30 日，十届一中全会选举中央领导机构；选举毛泽东为中央委员会主席；周恩来、王洪文、康生、叶剑英、李德生为副主席。

十大继续肯定九大路线，肯定"无产阶级文化大革命"，肯定"无产阶级专政下继续革命"的理论，所以是一次延续"左"的错误的大会。

20 知识青年上山下乡

20 世纪 50—60 年代，不少城镇青年志愿下乡支援农村建设，有的到边疆垦荒，其出发点是消灭"三大差别"，为国家和农村建设作贡献，带有积极的理想主义色彩。

1966 年"文化大革命"开始后，大学不招生，工厂基本上不招工。到 1968 年，积压在校的 1966、1967、1968 届初中和高中毕业生（后来被称为"老三届"）达 400 多万人。如何安置他们成为严重的社会问题。

1968 年 12 月 22 日，《人民日报》传达了毛泽东的指示："知识青年到农村去，接受贫下中农的再教育，很有必要。"全国立即掀起组织知识青年上山下乡的高潮。整个"文化大革命"期间，上山下乡的知识青年达 1600 多万，约占城市人口的 1/10。这一时期的知识青年上山下乡，与 50 年代有很大差别。

知识青年上山下乡的主要方式，一是在多个省份组建生产建设兵团，或成批安置到既有农场和兵团；二是分散到各地农村，单人或多人集体"插队"，即插入到农民原有的生产队中。这样两种人都要把户口从城镇迁出。而那些户口原在农村的大量学生，则属于"回乡"参加农业生产。

知识青年到农村和边疆后，在艰苦的环境下接触实践，增长才干，经受了锻炼，不仅为农村发展、边疆开发、克服国家困难作出了贡献，而且为日后自身的成长、发展打下了特殊的基础。

但是，一个国家多年停办或基本停办大学，使大量青年失去了正常接受教育的权利和机会，给国家的现代化建设带来长远的危害，也给许多家庭和个人带来无法承受的压力甚至灾难。

1973 年，福建省小学教师李庆霖写信给毛泽东，反映其子上山下乡后生

知青点是知识青年上山下乡的历史产物。它是广大知识青年上山下乡后集中居住的场所

活上遇到的困难。毛泽东于 4 月 25 日给李庆霖复信，寄去 300 元，并指出"全国此类事甚多，容当统筹解决"。

8 月 4 日，中共中央转发国务院《关于全国知识青年上山下乡工作会议的报告》，对知识青年下乡、管理、返城等政策作出若干调整。在此前后，国家开始允许知识青年以招工、病退、顶职、独生子女、身边无人、工农兵学员等各种名义部分返城。

1977 年，恢复高考，为广大知识青年打开了希望之门。1978 年国家调整政策。1981 年，历经 20 余年的城镇知识青年上山下乡正式结束。

21 规模宏大的三线建设

20 世纪 60 年代前期，国际形势出现新的动荡。1964 年，毛泽东指出：在原子弹时期，没有后方不行。要搞一、二、三线的战略布局，加强三线建设，防备敌人的入侵。8 月，中央书记处会议作出加速三线建设的决策。

　　根据战略位置的不同，中央将全国各地区分为一、二、三线。一线指东北及沿海各省市；三线包括云、贵、川、陕、甘、宁、青、晋、豫、鄂、湘等11个省区，其中西南（云、贵、川）和西北（陕、甘、宁、青）俗称大三线；一、三线之间的省区为二线。一、二线地区各自的腹地又俗称小三线。

　　从1965年夏起，三线建设进入实质性实施阶段，并在1965年至1966年形成一个小高潮。为使三线建设尽快形成生产能力，对一、二线经济建设采取了"停"（停建一切新开工项目）、"缩"（压缩在建项目）、"搬"（部分企事业单位全部搬到三线）、"分"（部分企事业单位分出一块或两块迁往三线）、"帮"（从技术力量和设备方面对口帮助三线企业建设）等项措施。1965年8月的全国搬迁工作会议，确定立足于战争，搬迁项目实行大分散、小集中原则，国防尖端项目的建设则实行靠山、分散、隐蔽，有的还要进洞，即"山、散、洞"原则。

　　据不完全统计，1964年下半年至1965年，在西南、西北三线部署的新建、扩建和续建大中型项目有300多个。

三线建设是中国经济史上一次极大规模的工业迁移过程，其间在广大的中西部地区建起了许多大中型工矿企业、科研单位和大专院校，其分布遵循的是"山、散、洞"原则

1969 年九大前后，全国掀起最大的一次全国性战备高潮。三线建设重新大规模、高速度展开。1970 年 7 月至 1973 年 10 月，铁道兵和铁路工程技术人员在人迹罕至的崇山峻岭中，相继建成了难度极大的成昆铁路、湘黔铁路、襄渝铁路，连同此前建成的宝成、川黔、贵昆铁路，改变了西南地区长期交通闭塞或梗阻的状况。一批大型煤矿、水电站、钢铁厂、重型机器厂、汽车制造厂、金属冶炼厂、石油化工厂等相继建立，还有许多中小型企业、科研单位、大专院校也星罗棋布于三线地区。

从 1964 年至 1975 年，三线地区共完成基本建设投资 1269.67 亿元，占同期全国基本建设投资总额 2919.6 亿元的 43.5%；工业基本建设投资 767.6 亿元，占同期全部工业基本建设投资 1608.4 亿元的 47.7%。

改革开放后，中央确认和平与发展是当代世界的两大主题。许多三线单位由于位置偏僻闭塞而难以发展。从 20 世纪 80 年代初起，国家对三线建设实施全面调整与改造。

建设成就要览之六：三线建设

1964 年 5 月 15 日—6 月 17 日，中共中央召开工作会议，讨论三线建设问题。8 月中旬，中共中央书记处会议作出加速三线建设的决策。

据不完全统计，1964 年下半年至 1965 年，在西南、西北三线部署的新建、扩建和续建大中型项目有 300 多个。

1969 年，三线建设重新大规模、高速度展开。一批大型煤矿、水电站、钢铁厂、重型机器厂、汽车制造厂、金属冶炼厂、石油化工厂等相继建立，还有许多中小型企业、科研单位、大专院校也星罗棋布于三线地区。

22　科学技术的发展和成就

20 世纪 50 年代，党中央、国务院提出"向科学技术进军"的口号。

1956 年，制定了《一九五六——一九六七年科学技术发展远景规划纲要》

20 世纪六七十年代，我国科学技术发展取得了突破性进展，其突出表现就是"两弹一星"的研制成功

（简称《十二年科技发展规划》）。该规划按照"重点发展，迎头赶上"的方针，提出 13 个方面、57 项国家重要的科学技术任务，并确定了 12 个带有关键意义的重点项目或课题。国家重点发展核技术、喷气技术、计算机技术、半导体技术、自动化技术、无线电技术。围绕这些领域，开展了 600 多项中心课题研究，促进了航空、电子、船舶、兵器、核、航天等一系列新兴工业的发展。

到 1962 年，《十二年科技发展规划》提前完成。中国科技事业在 7 年时间内完成了十几年的工作量，科技水平从十分落后的状况，大体上达到了国际上 20 世纪 40 年代的水平。

在此基础上，1963 年又制定了我国第二个科学技术发展规划——《一九六三年——一九七二年科学技术发展规划》（简称《十年科技规划》）。这一规划按照"自力更生，迎头赶上"的方针，确定了重点研究试验项目 374 项（其中直接为经济建设和国防需要服务的 333 项，基础研究项目 41 项，第一批执行 32 个重点项目），3205 个中心问题，1.5 万个研究课题。

在规划的头三年，项目实施取得了可喜成绩。但是，随之而来的十年内乱，使《十年科技规划》的执行基本陷于停顿。尽管如此，在广大科技人员的努力下，《十年科技规划》仍然取得了许多成果，我国无线电、半导体、电子计算机、原子能、宇航等新兴工业得到了迅速发展。

特别是"两弹一星"的研制取得了重大的成就。1964 年 10 月 16 日，第一颗原子弹爆炸成功。1966 年 10 月 27 日，第一颗装有核弹头的地地导弹飞行爆炸成功。1967 年 6 月 17 日，第一颗氢弹空爆试验成功。1970 年 4 月 24 日，第一颗人造卫星发射成功。

生物技术方面，经过长期攻关，1973 年在世界上首次培育成功强优势的籼型杂交水稻。电子技术方面，自行研制成功卫星地面站、彩色电视发射设备、第三代电子计算机，还发展了激光红外技术，自行研制成功小同轴 300 路载波机。1971 年，初步形成全国电视网。半导体、集成电路的研制和生产也取得一些进展。

23　重要的工程建设

20 世纪 50—60 年代，在全面建设社会主义的进程中，包括"文化大革命"期间，我国建成了一系列重要的工程项目。

1903 年，清政府提出修建川汉铁路意向，其西段为成渝铁路；1936 年，国民政府成立成渝铁路工程局，次年开始修筑；1937 年 7 月，因抗日战争全面爆发而停工，仅完成工程量的 14%，一寸钢轨未铺。1950 年，成都、重庆刚刚解放不久，中央即决定修筑成渝铁路。到 1952 年就修建完成，客运里程 504 公里，成为新中国成立后建成的第一条铁路。

1957 年 10 月 15 日，建成了武汉长江大桥。这是万里长江上的第一座大桥，也是新中国成立后在长江上修建的第一座公路铁路两用桥。1959 年动工、1968 年建成的南京长江大桥，是当时中国自行设计建造的最大的铁路、公路两用桥。

建设成就要览之七：北京十大建筑

1958—1959 年建成的北京十大建筑：人民大会堂、中国历史博物馆与中国革命博物馆（两馆属同一建筑，即今中国国家博物馆）、中国人民革命军事博物馆、民族文化宫、民族饭店、钓鱼台国宾馆、华侨大厦（已被拆除后重建）、北京火车站、全国农业展览馆、北京工人体育场。

1988 年评选的 *20* 世纪 *80* 年代北京十大建筑：北京图书馆新馆（今国家图书馆）、中国国际展览中心、中央彩色电视中心、首都国际机场候机楼（*2* 号航站楼）、北京国际饭店、大观园、长城饭店、中国剧院、中国人民抗日战争纪念馆和北京地铁东四十条车站。

2001 年评选的 *20* 世纪 *90* 年代北京十大建筑：中央广播电视塔、国家奥林匹克体育中心与亚运村、北京新世界中心、北京植物园展览温室、清华大学图书馆新馆、外语教学与研究出版社办公楼、北京恒基中心、新东安市场、国际金融大厦、首都图书馆新馆。

2009 年评选的北京当代十大建筑：首都机场 *3* 号航站楼、国家体育场、国家大剧院、北京南站、国家游泳中心、首都博物馆、北京电视中心、国家图书馆（二期）、北京新保利大厦、国家体育馆。

1959 年，仅仅用 1 年时间，就建成了著名的北京十大建筑：人民大会堂、中国历史博物馆与中国革命博物馆（两馆属同一建筑，即今中国国家博物馆）、中国人民革命军事博物馆、民族文化宫、民族饭店、钓鱼台国宾馆、华侨大厦、北京火车站、全国农业展览馆和北京工人体育场。

在能源方面，先后建成了大庆油田、山东胜利油田、天津大港油田；贵州六盘水，四川宝鼎山、芙蓉山，山东兖州等大型煤矿；甘肃刘家峡，湖北丹江口、葛洲坝，贵州乌江等大中型水电站。

在冶金、机械方面，有四川攀枝花钢铁厂、甘肃酒泉钢铁厂、成都无缝钢管厂、贵州铝厂、四川德阳第二重型机器厂、陕西富平压延厂、湖北第二汽车制造厂、四川大足汽车厂。

全长 1091 公里的成昆铁路于 1970 年全线通车。全长 820 公里的湘黔铁路，全长 753 公里的焦枝铁路，还有贵昆铁路、京原铁路（北京至山西原平）、汉丹铁路（湖北汉口西至湖北丹江口）、宁铜铁路（江苏南京至安徽铜陵）、通让铁路（内蒙古通辽至黑龙江大庆让湖路）等也先后建成。

在输油管线和邮电通信设施方面，1974 年建成大庆至秦皇岛的第一条长距离输油管道，以及秦皇岛到北京、山东临邑到南京等输油管道。1976 年，建成一条纵贯 8 个省市、全长 1700 多公里的中同轴电缆 1800 路载波通信干线和连通全国 20 多个省市的微波通信干线。北京、上海还各建成一座卫星地面站。

24　1975 年的整顿

四届全国人大一次会议闭幕后，周恩来的病情加重。1975 年 2 月，经周恩来提议、毛泽东同意，邓小平开始主持国务院工作。

邓小平受命于危难之际，在毛泽东、周恩来的支持和叶剑英、李先念等的配合下，果断对被"文化大革命"搞乱了的各条战线进行整顿，进行了当时条件下所能进行的拨乱反正。

根据毛泽东关于"军队要整顿"的指示，邓小平首先提出要整顿军队，解决"肿、散、骄、奢、惰"问题；要抓编制、抓装备，还要抓战略。国防科技的整顿也同时展开，使国防尖端武器的研制连续取得成绩。第 17 次地下核试验爆炸成功，一年里成功发射 3 颗人造地球卫星。

把铁路部门作为整顿的突破口。召开解决铁路运输问题的全国省、市、自治区主管工业的书记会议，发出《关于加强铁路工作的决定》，重点解决以"乱"而著称的徐州铁路分局的问题，取得了明显成效。

其他方面，召开了全国钢铁工业座谈会，发出《关于努力完成今年钢铁生产计划的批示》。针对财政工作的混乱状况，发出《关于进一步加强财政工作和严格审查 1974 年财政收入的通知》，要求扭转财政收支的不正常情况，纠正违反财经纪律的现象。

针对整个工业存在的散和乱的问题，国务院委托国家计委起草《关于加快工业发展的若干问题》（简称"工业二十条"）。

进一步落实干部政策，使被打倒的老干部尽快恢复工作，长期被关押的高级干部 350 人被释放出来。

提出整顿党组织的问题，强调"整顿的核心是党的整顿"，希望"把省委的领导建立起来，使省委说话有人听，能够担负起领导责任"。在浙江、河南等省进行整党试点。

要求科技事业尽快走上正常发展的轨道。派胡耀邦主持科学院工作。胡耀邦等人起草了《关于科技工作的几个问题（汇报提纲）》（后来修改为《科学院工作汇报提纲》）。

正式为周扬一案中受审查、批判及被株连的人平反昭雪。提出文艺要搞"百花齐放"，不要"一花独放"。教育战线的整顿也着手准备。教育部在小范围内酝酿起草了《教育工作汇报提纲》。

农业整顿的任务也提了出来。国务院召开大规模的全国农业学大寨会议。中央召开农村工作座谈会。

整顿取得了明显成效，也有力地冲击了极"左"思潮。但由于触及"文化大革命"的错误，受到"四人帮"的阻挠和反对。从 1975 年 11 月开始，在毛泽东支持下，"四人帮"开始"反击右倾翻案风"，邓小平主持的全面整顿至此中断。

建设成就要览之八："两弹一星"

"两弹一星"，指原子弹、导弹和人造卫星。

1964 年 *10* 月 *16* 日，中国第一颗原子弹爆炸成功。

1966 年 *10* 月 *27* 日，第一颗装有核弹头的地地导弹飞行爆炸成功。

1967 年 *6* 月 *17* 日，第一颗氢弹在西部地区上空爆炸成功。

1969 年 *9* 月 *23* 日，首次成功进行地下核试验。

1970 年 *4* 月 *24* 日，中国第一颗人造地球卫星发射成功。卫星命名为"东方红 *1* 号"。

1971 年 *3* 月，发射科学实验卫星"实践 *1* 号"。

> **1975** 年 **11** 月 **26** 日，成功发射第一颗返回式遥感人造地球卫星，成为继美国、苏联之后第三个掌握卫星回收技术的国家。
>
> 从此之后，特别是改革开放以来，我国先后掌握了中子弹设计技术和核武器小型化技术，研制和发射了各种型号的战略战术导弹和运载火箭，潜艇水下发射成功，发射多颗返回式卫星、地球同步轨道及太阳同步轨道卫星。

25　先进模范的精神风貌

新中国成立后，党领导全国各族人民在社会主义革命和建设事业中，形成和培育了艰苦创业的精神。突出的有：

抗美援朝精神。为了保卫和平、反抗侵略，从 1950 年 10 月到 1953 年 7 月，中国人民志愿军同朝鲜人民和军队一道，舍生忘死、浴血奋战，赢得了抗美援朝战争的伟大胜利，铸造了伟大的抗美援朝精神。它的主要内涵是：祖国和人民利益高于一切、为了祖国和民族的尊严而奋不顾身的爱国主义精神，英勇顽强、舍生忘死的革命英雄主义精神，不畏艰难困苦、始终保持高昂士气的革命乐观主义精神，为完成祖国和人民赋予的使命、慷慨奉献自己一切的革命忠诚精神，以及为了人类和平与正义事业而奋斗的国际主义精神。

"西迁精神"是 1956 年交通大学由上海迁往西安的过程中生发出来的一种宝贵的精神财富。"西迁精神"的基本内涵是"胸怀大局，无私奉献，弘扬传统，艰苦创业"。

王杰精神，即"一不怕苦、二不怕死"的精神。56 年前，王杰的纵身一跃，不仅保护了在场的徐州民兵和人武干部，更将一份不朽的精神财富留在了古彭大地。2017 年 12 月 13 日，习近平总书记在徐州视察时指出："一不怕苦、二不怕死是血性胆魄的生动写照，要成为革命军人的座右铭。""王杰精神过去是、现在是、将来永远是我们的宝贵精神财富，要学习践行王杰精神，让王杰精神绽放新的时代光芒。"

雷锋精神。1963 年 3 月 5 日，毛泽东题词，"向雷锋同志学习"。刘少奇、周恩来、朱德、邓小平等也分别题词。周恩来的题词是："向雷锋同志学习：憎爱分明的阶级立场，言行一致的革命精神，公而忘私的共产主义风格，奋不顾身的无产阶级斗志。"

焦裕禄精神。1990 年，邓小平为纪实文学《焦裕禄》题写书名。1991年 2 月，江泽民视察兰考并题词：向焦裕禄同志学习，全心全意为人民服务。1994 年 5 月，胡锦涛指出：焦裕禄同志是全党同志和全国各族人民公认的中国共产党的好党员、人民的好公仆、县委书记和广大干部的榜样。2009 年 4月，习近平在兰考考察时将焦裕禄精神概括为：亲民爱民、艰苦奋斗、科学求实、迎难而上、无私奉献的精神。

大庆精神。1964 年，毛泽东发出"工业学大庆"的号召。1978 年，邓小平视察大庆时，作出"建设美丽的大庆油田"的指示。1990 年，江泽民概括了"爱国、创业、求实、奉献"的大庆精神。1996 年，胡锦涛指示大庆油田要"珍惜大庆光荣史，再创大庆新辉煌"。

大庆精神的基本内涵是：为国争光、为民族争气的爱国主义精神；独立自主、自力更生的艰苦创业精神；讲究科学、"三老四严"（即当老实人、说老实话、做老实事，严格的要求、严密的组织、严肃的态度、严明的纪律）的求实精神；胸怀全局、为国分忧的奉献精神。

红旗渠精神。1995 年 4 月，胡锦涛在视察红旗渠时，概括了红旗渠精神，指出红旗渠体现了自力更生、艰苦创业、团结协作、无私奉献的可贵精神。

"两弹一星"精神。1999 年 9 月，江泽民在表彰为研制"两弹一星"作出突出贡献的科技专家大会上，概括了"两弹一星"精神，即"热爱祖国、无私奉献，自力更生、艰苦奋斗，大力协同、勇于登攀"的精神。

除此之外，党和人民还形成了北大荒精神、兵团精神、老西藏精神、南京路上好八连精神、时传祥精神，等等。

这些精神的基本内容，综合起来，共同的内涵是：建设国家、无私奉献、自力更生、艰苦创业。这些精神，广义上也称为革命精神。

26 外交舞台上的中国

中华人民共和国成立以后，实行"一边倒""另起炉灶""打扫干净屋子再请客"的外交政策，与苏联结盟，成为社会主义阵营的重要成员，主要与苏联、东欧等国家保持外交关系。与西方国家的交往很少，特别是朝鲜战争之后，长期受国际制裁，国际环境非常不利。

1954 年，中国出席讨论朝鲜问题和印度支那问题的日内瓦会议，这是中华人民共和国第一次正式登上国际外交舞台，也是中国通过大型国际会议争取和平协商解决重大国际争端的首次尝试和进行多边外交的开端。

1955 年，中国参加万隆会议（亚非会议）。以周恩来为首的中国代表团为会议的成功作出了重要贡献。中国代表团积极开展会外交往，与各国代表团举

1971 年，中华人民共和国恢复在联合国的合法席位。作为联合国安理会五大常任理事国之一，中国对维护世界和平与安全发挥了重要作用

行了广泛的谅解性会晤。亚非会议的成功，标志着亚非国家作为第二次世界大战后世界上的一支重要政治力量开始登上国际舞台，也标志着中国打开了与亚非国家广泛交往的大门。

1954 年，中国同印度、缅甸共同倡导了和平共处五项原则。

20 世纪 50 年代后期开始，中苏分歧和矛盾发展，双方进行了著名的大论战。最后导致两党关系中断、两国关系破裂。1969 年，双方在珍宝岛兵戎相见，苏联一度准备对中国实施核打击。中国高举"打倒帝修反"的旗帜，在外交上号称"两个拳头打人"。由于受极"左"思潮的干扰，中国的外事工作一度陷于混乱和困境。

进入 70 年代，国际形势发生变化。毛泽东提出三个世界的理论，并敏锐抓住时机，采取灵活措施，打破了国际关系中的坚冰。

1971 年 10 月 25 日，在许多亚非拉国家和其他主持正义国家的共同努力下，第 26 届联合国大会以 76 票赞成、35 票反对、17 票弃权的压倒多数通过第 2758 号决议，恢复中华人民共和国在联合国的一切合法权利和立即把台湾当局的代表从联合国及其所属一切机构中驱逐出去。这是中国外交的重大胜利。

1971 年 7 月，基辛格秘密访华。1972 年 2 月，美国总统尼克松访问中国，中美双方在上海发表联合公报，标志着中美两国关系正常化的开始。随后，日本首相田中角荣、法国总统蓬皮杜等相继访华，中国和一批西方国家相继建交。中国的对外关系出现新局面。

27　粉碎"四人帮"的胜利

随着"文化大革命"的破坏性后果不断暴露，党内外对"左"倾错误的不满日益强烈，迫切要求尽快结束"文化大革命"，制止"四人帮"的倒行逆施。

1976 年 9 月 9 日，毛泽东逝世。中国处在向何处去的关键时刻。

面对"四人帮"加紧夺取党和国家最高领导权的阴谋活动，时任党中央第一副主席、主持中央工作的华国锋，先后同叶剑英、李先念以及汪东兴等谨慎沟通、反复研究，认为同"四人帮"的斗争是势不两立、你死我活的，已超出正常的党内矛盾和党内斗争的范围，应采取果断措施加以解决。经征得中央政治局多数同志的同意，决定对"四人帮"采取隔离审查措施。

10月6日晚8时，华国锋、叶剑英在中南海怀仁堂召集中央政治局常委会议，通知姚文元列席。在张春桥、王洪文、姚文元先后到达会议室时，分别宣布对他们实行隔离审查；同时，派人到中南海江青的住所宣布执行同样的决定。"四人帮"被一举粉碎。

当晚10时，中共中央召开政治局紧急会议，决定粉碎"四人帮"后党和国家的重大问题，一致通过由华国锋任中共中央主席、中央军委主席（待党的十届三中全会予以追认）的决议。

10月7日至14日，中央政治局在北京分批召开打招呼会议。中央还及时采取有力措施，控制住了上海的局势。10月18日，中共中央将《关于王洪文、张春桥、江青、姚文元反党集团事件的通知》下发到县团级党组织，通报了"四人帮"的罪行和毛泽东1974年2月以来对他们的批评。

粉碎"四人帮"的消息一经公开，全国各族人民欢欣鼓舞。

粉碎"四人帮"，顺应党心、民心，从危难中挽救了党，挽救了国家，挽救了中国的社会主义事业，宣告延续10年的"文化大革命"终于结束，为实现党和国家的伟大历史转折创造了前提。

1980年11月至1981年1月，经最高人民检察院特别检察厅起诉和最高人民法院特别法庭公开审判，林彪、江青两个反革命集团受到法律制裁，开创了按法律规范和程序解决党内重大问题的先例，推动了恢复和重建我国司法制度的历史进程。

28　对"文化大革命"的结论

1981年6月27日至29日，党的十一届六中全会在北京召开，通过了

《中国共产党中央委员会关于建国以来党的若干历史问题的决议》。该决议对"文化大革命"作出了系统、完整和权威的结论。最重要的有以下几点：

（1）1966年5月至1976年10月的"文化大革命"，使党、国家和人民遭到建国以来最严重的挫折和损失。

（2）毛泽东同志发动"文化大革命"的主要论点既不符合马克思列宁主义，也不符合中国实际。"文化大革命"中被当作修正主义或资本主义批判的许多东西，实际上正是马克思主义原理和社会主义原则，其中很多是毛泽东同志自己过去提出或支持过的。

（3）"文化大革命"不是也不可能是任何意义上的革命或社会进步。历史已经判明，"文化大革命"是一场由领导者错误发动，被反革命集团利用，给党、国家和各族人民带来严重灾难的内乱。

（4）对于"文化大革命"这一全局性的、长时间的"左"倾严重错误，毛泽东同志负有主要责任。但是，就他的一生来看，他的功绩是第一位的，错误是第二位的。中国人民始终把毛泽东同志看作是自己敬爱的伟大领袖和导师。

（5）毛泽东思想是我们党的宝贵的精神财富，它将长期指导我们的行动。企图否认毛泽东思想的科学价值，或不愿承认毛泽东同志晚年犯了错误，都是完全错误的。

（6）"文化大革命"所以会发生并且持续10年之久，还有复杂的社会历史原因。

（7）党和人民同"左"倾错误和林彪、江青反革命集团的斗争一直没有停止。我国国民经济虽然遭到巨大损失，仍然取得了进展。当然，这一切决不是"文化大革命"的成果。

"文化大革命"也使党和国家更加清楚地看到了体制上的弊端，认识到改革的必要性。所以，邓小平指出："我们根本否定'文化大革命'，但应该说'文化大革命'也有一'功'，它提供了反面教训。没有'文化大革命'的教训，就不可能制定十一届三中全会以来的思想、政治、组织路线和一系列政策。"

29 在徘徊中前进的两年

　　粉碎"四人帮"后，广大人民群众迫切希望调整各方面的政策，解决国家面临的各种紧迫问题。但是，中国这艘大船，要在短时间内调整和转变航向，是非常艰难的。因此，从 1976 年 10 月到 1978 年十一届三中全会，成为在徘徊中前进的两年。

　　粉碎"四人帮"后，党中央在控制和稳定局势的同时，着手清查"四人帮"的帮派体系，部署开展揭批"四人帮"运动。同时在思想理论上开始正本清源，把被"四人帮"颠倒了的路线是非纠正过来。

　　1977 年 7 月的十届三中全会，决定恢复邓小平中共中央副主席、中央军委副主席兼参谋长、国务院第一副总理的职务。

　　党中央重新发出为建设社会主义现代化强国而奋斗的号召，领导全党大抓经济建设，加快发展生产力。中央先后召开第二次全国农业学大寨会议和全国工业学大庆会议。国务院陆续召开一系列经济部门的专业会议，部署工农业生产的恢复工作。1978 年 3 月修订了《1976—1985 年发展国民经济十年规划纲要（草案）》，同时安排了"五五"计划。4 月 20 日，中央作出《关于加快工业发展若干问题的决定（草案）》（简称"工业三十条"）。

　　平反冤假错案的工作提上日程。政治生活开始走上正轨。党和国家决定恢复高考，加强科技工作。

中国共产党党代会一览表（八大至十一大）

届次	举行时间	历史地位
八大	1956年9月15日—27日	执政后的第一次党代会
九大	1969年4月1日—24日	"文化大革命"中召开，完全错误
十大	1973年8月24日—28日	延续了九大的错误
十一大	1977年8月12日—18日	过渡性的党代会

但是，党的指导思想和政治路线还没有转变过来。1977 年 2 月 7 日，《人民日报》、《红旗》杂志、《解放军报》发表社论《学好文件抓住纲》，公开提出"凡是毛主席作出的决策，我们都坚决维护，凡是毛主席的指示，我们都始终不渝地遵循"（即"两个凡是"）的错误方针。

按照"两个凡是"，继续肯定了"文化大革命"，肯定了"左"倾理论和方针，肯定了"以阶级斗争为纲"。刘少奇、陶铸、薄一波、习仲勋等人也都不能平反。党的领导和有关工作出现徘徊。

邓小平多次在不同场合批评"两个凡是"。陈云、叶剑英、聂荣臻、徐向前等一批老同志也反复强调实事求是的优良传统，抵制"两个凡是"。

1977 年 8 月 12 日至 18 日，中国共产党第十一次全国代表大会在北京举行。华国锋向大会作政治报告，叶剑英作《关于修改党的章程的报告》，邓小平致闭幕词。大会宣告以粉碎"四人帮"为标志，历时 10 年的"文化大革命"已经结束，但报告没有能纠正"文化大革命"的错误理论、政策和口号。

30 恢复高考

"文化大革命"结束后，广大人民群众特别是知识分子和知识青年，迫切希望恢复正常的教育秩序和招生制度。1977 年 7 月 23 日，邓小平在复职的第三天就表示："大学要从工农兵中招生，重点学校可以从应届高中毕业生中招。"

8 月 4 日至 8 日，邓小平主持召开科学和教育工作座谈会。在听取大家意见后，邓小平当即表示：今年就要下决心恢复从高中毕业生中直接招考学生，恢复高等教育入学考试。

8 月 13 日，教育部召开当年第二次全国高等学校招生工作会议，但招生方案还是迟迟定不下来。9 月 6 日，邓小平就高校招生问题专门致信华国锋、叶剑英、李先念、汪东兴，提出"至少百分之八十的大学生，须在社会上招考，才能保证质量"。

在邓小平的推动下，全国高校招生工作会议到 9 月 25 日终于通过了《关

高考制度的恢复，使尊重知识、尊重人才的价值观和社会风尚重新在社
会上形成，国家现代化建设所需的大批人才开始得到有计划地培养

于一九七七年高等学校招生工作的意见》。10 月 5 日，中央政治局讨论并通过
了这一意见。10 月 12 日，国务院批转了这一意见，正式决定从当年起，改变
"文化大革命"期间高等学校招生不考试的做法，采取自愿报名、统一考试、
择优录取的办法。邓小平在文件送审稿中，对高考招生的政审条件作了大段删
改，明确指出：招生主要抓两条，第一是本人表现好，第二是择优录取。

10 月 22 日，《人民日报》刊登《就今年高等学校招生问题，教育部负责
人答记者问》，向全国人民正式公布恢复高校招生考试制度。社会各界热烈欢
迎，奔走相告。

1977 年 11 月 28 日至 12 月 25 日，全国 570 万名年龄参差不齐的青年走
进了高考考场。高等学校倾尽全力，共招收新生 27.3 万人（包括 1978 年第一
季度增招的新生 6.2 万多人）。1978 年 2 月，完全靠自己真才实学被录取的新
生，意气风发走进了大学校园。1978 年上半年，又有 610 万考生参加考试。

两届学生，分别被称为 77 级、78 级大学生。加上 79 级，统称为"新三届"，与"文化大革命"中的"老三届"相对应。

高考制度的恢复，为被"文化大革命"耽误的大批青年敞开了大学之门，中国的教育制度终于回到了人类文明的正常道路上。恢复高考也成为中国改革开放的先声和序幕。

31 科学的春天

"文化大革命"结束后，科技和教育领域的拨乱反正同时展开。1977 年 5 月 30 日，中央政治局会议决定召开一次全国科学大会。9 月 18 日，中共中央发出关于在 1978 年春召开全国科学大会的通知。全国上下兴起向科学技术现代化进军的热潮，并积极进行全国科学大会的筹备工作。

1978 年 3 月 18 日至 31 日，全国科学大会在北京隆重举行，出席大会的

1978 年全国科学大会之后，中国迎来了"科学的春天"。此后，包括科技工作者在内的广大知识分子受到前所未有的重视，科学事业的发展受到全社会的关注

代表共 5586 名。这是百废待兴形势下召开的一次重要会议，也是动员全党全国各族人民向科学技术现代化进军的会议，是中国科学技术发展史上的空前盛会和重要里程碑。

华国锋主持会议。邓小平在开幕式上发表重要讲话。他针对几个被搞乱了的重要问题明确指出：科学技术是生产力，而且正在成为越来越重要的生产力；我国的知识分子绝大多数已经是工人阶级和劳动人民自己的知识分子，已经是工人阶级的一部分，是我们党的一支依靠力量。他深情地向与会的科技工作者们表示，"我愿意当大家的后勤部长"。

华国锋在会上作了《提高整个中华民族的科学文化水平》的报告。方毅作了关于发展科学技术的规划和措施的报告，提出了当前科技工作的 10 项具体任务。大会讨论并制定了《一九七八——九八五年全国科学技术发展规划纲要（草案）》。

大会群贤毕至，人才荟萃，许多劫后余生的科学家出现在会场上，人们仿佛一夜之间唤回了青春。陈景润向大会作了题为《科学有险阻，苦战能过关》的发言。

大会举行了隆重的授奖仪式，奖励了新中国成立以来的 7657 项科研成果，表彰了 826 个先进集体、1192 名先进科技工作者。还在北京举办展览会，展出了新中国成立以来的 600 多项重大科研成果。

时任中国科学院院长郭沫若在 3 月 31 日的闭幕式上，以《科学的春天》为题作了书面发言，饱含激情地称颂："科学的春天到来了！"于是，"科学的春天"成为对这次会议最形象、最贴切、最温暖人心的评价，也成为对拨乱反正后科学技术战线大好形势的高度概括。

32 真理标准问题大讨论

"文化大革命"结束后，党面临着思想、政治、组织等各个领域全面拨乱反正的任务。但是，多年来，由于民主法制不健全，党内外一直处于万马齐喑的状态，任何事情都要以领袖的说法为标准，思想状态非常僵化。

针对这种状况，党内外不满情绪日益强烈。1977 年中央党校开学后，组织 800 多名高中级干部和理论骨干集中讨论"文化大革命"以来党的历史。在胡耀邦指导下，明确提出应当完整地准确地运用马列主义、毛泽东思想的基本原理；应当以实践为检验真理、辨别路线是非的标准。

这时，南京大学教师胡福明应《光明日报》编辑之约，撰写了《实践是检验真理的标准》一文。时任总编辑杨西光考虑到这一论题的重要性，决定委托中央党校理论研究室的同志帮助作进一步修改。

中央党校有关人员随即将胡福明的文章与自身正在撰写的有关文章糅合起来，作了反复修改，并将标题改为更加鲜明的《实践是检验真理的唯一标准》，最后由胡耀邦审阅定稿。

1978 年 5 月 10 日，文章首先在中央党校内部刊物《理论动态》上刊发。5 月 11 日，以"本报特约评论员"名义在《光明日报》头版发表，新华社当天发了通稿。12 日，《人民日报》《解放军报》以及《解放日报》等全文转载。随后，又有多家省报转载。

这篇文章虽然主要是对马克思主义认识论的一个基本问题作正面阐述，但实际上是从思想路线方面批判"两个凡是"的观点，并且触及盛行多年的思想僵化和个人崇拜现象。

该文立即在广大干部群众中引起强烈反响，一场关于真理标准问题的大讨论以不可阻挡之势在全国展开。邓小平、叶剑英、李先念、陈云、胡耀邦、聂荣臻、徐向前、罗瑞卿、谭震林等一批老同志纷纷表明态度，公开支持这一讨论的开展。

这场关于真理标准问题的讨论，冲破了"两个凡是"的严重束缚，推动了全国性的马克思主义思想解放运动，为十一届三中全会的召开作了重要的思想准备，为中国共产党重新确立马克思主义的思想路线、政治路线和组织路线奠定了理论基础，为解放思想、推进改革开放进程，创立和发展中国特色社会主义提供了强大的精神动力。

★★   大事辑要之二   ★★

1949 年 ▶ **12 月 16 日** 毛泽东抵达莫斯科访问。

1950 年 ▶ **6 月 30 日** 《中华人民共和国土地改革法》公布施行。到 1952 年年底，土地改革基本完成。

10 月 19 日 中国人民志愿军入朝作战。

10 月 10 日 开始进行大规模的镇压反革命运动，到 1952 年 10 月基本结束。

1951 年 ▶ **11 月 30 日** 知识分子思想改造运动开始，到 1952 年秋基本结束。

12 月 1 日 "三反"运动开始，到 1952 年 10 月结束。

1952 年 ▶ **1 月 26 日** "五反"运动开始，到 1952 年 10 月结束。

1953 年 ▶ **1 月 1 日** 开始执行发展国民经济的第一个五年计划。

10 月 16 日 开始实行统购统销，并一直延续到 20 世纪 80 年代中期。

1954 年 ▶ **6 月 28 日、29 日** 中国与印度、缅甸共同倡导和平共处五项原则。

9 月 15 日—28 日 一届全国人大一次会议举行，通过《中华人民共和国宪法》。

1955 年 ▶ **9 月** 开始实行军衔制度。

1956 年 ▶ **9 月 15 日—27 日** 中共八大举行。此为执政后的第一次党代会。

1957 年 ▶ **4 月 27 日** 中共中央发出《关于整风运动的指示》。

6 月 8 日 开展反右派斗争。

1958 年 ▶ **5 月 5 日—23 日** 八大二次会议举行，正式通过"鼓足干劲、力争上游、多快好省地建设社会主义"的总路线。会后，"大跃进"运动在全国展开。

8 月 17 日—30 日 中共中央政治局在北戴河召开扩大会议（简称北戴河会议）。随后，全国形成全民炼钢和人民公社化运动高潮。

1959 年 ▷ 8月2日—16日 八届八中全会在庐山召开，通过对彭德怀等人的决议。会后，在全党错误地开展"反右倾"斗争。

**1959
—
1961 年** ▷ 国民经济发生严重困难。

1960 年 ▷ 7月16日 苏联政府通知召回在华工作的苏联专家。

1962 年 ▷ 1月11日—2月7日 七千人大会召开。
9月24日—27日 八届十中全会召开，批判所谓"黑暗风""单干风"和"翻案风"。

1963 年 ▷ 2月11日—28日 决定在农村开展"四清"运动。
3月5日 全国掀起学习雷锋的热潮。

1964 年 ▷ 2月5日 工业学大庆运动展开。
2月10日 农业学大寨运动展开。
8月中旬 中共中央作出加速三线建设的决策。
12月21日—翌年1月4日 三届全国人大一次会议举行。

1965 年 ▷ 11月10日 上海《文汇报》发表《评新编历史剧〈海瑞罢官〉》。

1966 年 ▷ 5月4日—26日 中共中央政治局召开扩大会议，通过"五一六通知"。
8月1日—12日 八届十一中全会召开，作出《中国共产党中央委员会关于无产阶级文化大革命的决定》。
8月18日 毛泽东在天安门广场接见红卫兵。之后，红卫兵运动遍及全国。

1967 年 ▷ 1月6日 上海造反派夺取上海市党政大权。随后，全国各地刮起夺权风，建立军干群"三结合"的革命委员会。

1968 年 ▷ 12月22日 《人民日报》发表毛泽东的指示，全国掀起知识青年上山下乡运动。

1969 年 ▷ 4月1日—24日 中共九大举行，"文化大革命"的错误合法化。

1970 年 ▷ 8月23日—9月6日 九届二中全会在庐山召开。

1971 年 ▷ 9月13日 九一三事件发生，客观上宣告了"文化大革命"的失败。
10月25日 中华人民共和国恢复在联合国的合法席位。

1972 年 ▶ **2 月 21 日—28 日**　尼克松访问中国,中美双方发表《联合公报》。

1973 年 ▶ **3 月 29 日**　邓小平正式参加国务院领导工作。

　　　　　　8 月 24 日—28 日　中共十大举行,延续了九大的"左"倾错误。

1974 年 ▶ **2 月 22 日**　毛泽东提出"三个世界"划分的思想。

1975 年 ▶ **2 月**　邓小平主持中央日常工作,开始全面整顿。

　　　　　　11 月 24 日　开始"反击右倾翻案风"。

1976 年 ▶ **1 月 8 日**　周恩来逝世。11 日下午,百万群众十里长街送总理。

　　　　　　4 月 7 日　华国锋任中共中央第一副主席、国务院总理,邓小平被撤销一切职务。

　　　　　　9 月 9 日　毛泽东逝世。18 日,举行追悼大会。

　　　　　　10 月 6 日　粉碎"四人帮"。"文化大革命"结束。

1977 年 ▶ **8 月 12 日—18 日**　中共十一大举行。

　　　　　　10 月 12 日　决定恢复高考。

　　　　　　11 月—翌年 2 月　安徽省委、四川省委鼓励实行农业生产责任制。

1978 年 ▶ **3 月 18 日—31 日**　全国科学大会在北京召开。

　　　　　　5 月 10 日、11 日　《实践是检验真理的唯一标准》发表。

第 三 编

1978

改革开放和社会主义现代化建设新时期

2012

党在改革开放和现代化建设新时期的开拓和发展历程

1978 年的十一届三中全会，实现伟大的历史转折，党和国家进入改革开放和社会主义现代化建设的新时期。

新时期最鲜明的特点是改革开放，最显著的成就是快速发展，最突出的标志是与时俱进。

新时期党的历史，大致可以划分为"3+1"阶段。

第一个阶段，从十一届三中全会到十三届四中全会，是实现伟大历史转折和开创中国特色社会主义的阶段。

粉碎"四人帮"后，党和国家开始拨乱反正的进程，并进而把改革开放的任务提上了日程。1978 年的十一届三中全会，作出把党和国家工作中心转移到经济建设上来、实行改革开放的历史性决策，标志着新的历史时期的开始。

以邓小平同志为核心的党中央，深刻总结我国社会主义建设正反两方面经验，借鉴世界社会主义历史经验，深刻揭示社会主义本质，确立社会主义初级阶段基本路线，明确提出走自己的路、建设中国特色社会主义，科学回答了建设中国特色社会主义的一系列基本问题，制定了"三步走"的发展战略，推动改革开放全面展开，成功开创了中国特色社会主义，创立了邓小平理论，党和国家发生历史性巨变。

第二个阶段，从十三届四中全会到十六大，是改革开放深入发展和把中国特色社会主义推向 21 世纪的阶段。

1989 年的十三届四中全会形成新的中央领导集体。其中的 1989—1992年，与邓小平主导的第一个阶段有一定的交叉。以江泽民同志为核心的党中央，坚持党的基本理论、基本路线，在国内外形势十分复杂、世界社会主义出现严重曲折的严峻考验面前，捍卫了中国特色社会主义。

1992 年的邓小平南方谈话，指明了历史进一步发展的方向。以邓小平南方谈话和十四大为标志，改革开放和现代化建设进入新的发展阶段。以建立社会主义市场经济体制为目标和主线，开创全面改革开放新局面，确立社会主义初级阶段的基本经济制度和分配制度，推进党的建设新的伟大工程，成功把中国特色社会主义推向 21 世纪，加深了对什么是社会主义、怎样建设社会主义和建设什么样的党、怎样建设党的认识，形成了"三个代表"重要思想。

第三个阶段，从十六大到十八大，是全面建设小康社会和把中国特色社会主义不断推向前进阶段。

建设成就要览之九：铁路建设（二）

到 **1978** 年年底，宝成、鹰厦、包兰、兰新、成昆、湘黔等铁路陆续建成。

1958 年，青藏铁路西宁至格尔木段开始动工修建。**1984** 年 **5** 月 **1** 日，中国第一条高原铁路——西（宁）格（尔木）铁路（**814** 公里）正式交付国家运营。**2001** 年 **6** 月 **29** 日，青海格尔木至西藏拉萨段青藏铁路开工典礼举行。**2006** 年 **7** 月 **1** 日，青藏铁路全线建成通车，全长 **1956** 公里。**2010** 年至 **2016** 年 **9** 月 **12** 日实施换轨工程，实现了"千里青藏一根轨"。青藏铁路是世界上海拔最高、线路最长、穿越冻土里程最长的高原铁路，是世界铁路建设史上最具挑战性的项目，被称为"天路"。

1992 年 **12** 月 **1** 日，东起江苏连云港、西至荷兰鹿特丹的新亚欧大陆桥开通运营。全程 **10800** 公里，横穿亚欧大陆的新亚欧大陆桥，连接太平洋和大西洋，辐射 **30** 多个国家和地区。

1995 年 **11** 月 **16** 日，京九铁路全线铺通，全长 **2536** 公里，是中国铁路建设史上规模最大、投资最多、一次性建成里程最长的铁路干线。**1996** 年 **9** 月 **1** 日全线开通运营。

1997 年 **3** 月 **18** 日，南昆铁路全线铺通。

1997 年 **4** 月 **1** 日—**2007** 年 **4** 月 **18** 日，全国铁路实施 **6** 次提速工程。先后由普铁发展为中高级普铁、低中级快铁、快铁，进而预备高铁，走到了中国高速铁路的门口。

2004 年 **1** 月，国务院常务会议讨论并原则通过历史上第一个《中长期铁路网规划》，绘就"四纵四横"快速客运专线网的蓝图。**2008** 年 **10** 月，国家批准《中长期铁路网规划（**2008** 年调整）》。

2008 年 **8** 月 **1** 日，中国第一条拥有完全自主知识产权、具有世界一流水平的高速铁路——京津城际铁路通车运营。

2009 年 **12** 月 **9** 日，京广高铁武广段试运行成功，**26** 日正式运营。最高运营速度达到 **394** 公里/小时，成为世界上一次建成里程最长、工程类型最复杂、运营速度最快、密度最大的高速铁路，是中国第一条时速 **350** 公里的高铁。

2010 年 *2* 月 *6* 日，世界首条修建在湿陷性黄土地区、连接中国中部和西部、时速 *350* 公里的郑西高速铁路开通运营。

2011 年 *6* 月，京沪高铁建成投产，这是世界上一次建成线路最长、标准最高的高速铁路，全长 *1318* 公里。

2012 年 *12* 月 *1* 日，世界上第一条地处高寒地区的高铁线路——哈大高铁正式通车运营。

2017 年 *6* 月 *25* 日，中国自主研发、具有完全自主知识产权的标准动车组"复兴号"正式命名。*26* 日在京沪线上投入运营，*9* 月 *21* 日在全世界率先实现高铁时速 *350* 公里商业运营。中国高速动车组技术实现全面自主化。

2016 年 *7* 月，国家发改委、交通运输部、中国铁路总公司联合发布《中长期铁路网规划》，进一步勾画了"八纵八横"高速铁路网的宏大蓝图。

到 *2019* 年年底，中国铁路通车总里程 *13.9* 万公里，其中高速铁路达 *3.5* 万公里。预计到 *2020* 年年底，全国铁路营业总里程将达 *14.6* 万公里，覆盖约 *99%* 的 *20* 万人口及以上城市。其中高铁（含城际铁路）大约 *3.9* 万公里，继续领跑世界。

十六大以后，以胡锦涛同志为总书记的党中央，坚持以邓小平理论和"三个代表"重要思想为指导，深刻回答了新形势下实现什么样的发展、怎样发展等重大问题，形成了科学发展观，抓住重要战略机遇期，围绕"完善"社会主义市场经济不断深化改革开放。在全面建设小康社会进程中推进实践创新、理论创新、制度创新，强调坚持以人为本、全面协调可持续发展，形成中国特色社会主义事业总体布局，着力保障和改善民生，促进社会公平正义，推动建设和谐世界，推进党的执政能力建设和先进性建设，成功在新的历史起点上坚持和发展了中国特色社会主义。

十八大以来，以习近平同志为核心的党中央，深刻回答了新时代坚持和发展什么样的中国特色社会主义、怎样坚持和发展中国特色社会主义这个重大时代课题，创立了习近平新时代中国特色社会主义思想，提出了建设和发展中国特色社会主义的基本方略，坚持统筹推进"五位一体"总体布局、协调推进"四个全面"战略布局，提出全面深化改革总目标，着力增强改革系统性、整体性、协同性，推出 1600 多项改革方案（截至 2018 年年底。以后又不断增加），坚定不移开展反腐败斗争，推动党和国家事业发生历史性变革、取得历史性成就，中国特色社会主义进入了新时代。推进国家治理体系和治理能力现代化，坚持稳中求进工作总基调，应对国际国内一系列新挑战，坚决抗击新冠肺炎疫情，取得了新的成就。

2 伟大的历史转折

1978 年 11 月 10 日，中央工作会议在北京京西宾馆开幕。华国锋宣布了这次会议的议题。11 月 12 日，陈云在东北组发言，提出需要研究和解决的 6 个重大历史问题，主张彻底纠正"文化大革命"的错误，为陶铸、彭德怀等历史冤案平反。发言引起强烈反响。随后的会议讨论了党的历史、真理标准、党的建设、民主法制等问题，批评了"两个凡是"。会议开得热烈生动，中央政治局作出了为一系列冤假错案平反的决定。

12 月 13 日，在会议的闭幕会上，华国锋、叶剑英、邓小平分别讲话。邓小平作了题为《解放思想，实事求是，团结一致向前看》的重要讲话，强调指出：一个党，一个国家，一个民族，如果一切从本本出发，思想僵化，迷信盛行，那它就不能前进，它的生机就停止了，就要亡党亡国。邓小平还告诫全党："再不实行改革，我们的现代化事业和社会主义事业就会被葬送。"这一讲话实际上成为十一届三中全会的主题报告，是开辟新时期新道路的宣言书。

由于邓小平的报告非常重要，会议又延期进行了两天讨论。

随后，十一届三中全会于 1978 年 12 月 18 日至 22 日在北京召开。出席的有中央委员、候补中央委员和中央有关部门的负责同志共 290 人。

由于中央工作会议开了 36 天，基本上统一了思想，解决了问题，所以十一届三中全会开得很顺利。会议冲破长期"左"的错误的严重束缚，作出了一系列重大决策：彻底否定"两个凡是"的方针，重新确立解放思想、实事求是的指导思想，果断停止使用"以阶级斗争为纲"的口号，作出工作重点转移的决策，强调要加强民主、推进民主制度化、法律化，审查和解决了一些重要领导人的功过是非问题，特别是作出实行改革开放的重大决策，拉开了中国改

1978 年的十一届三中全会实现了新中国成立以来党和国家最伟大的历史转折，改革开放由此展开

革开放的大幕。

十一届三中全会是在中国面临向何处去的重大关头召开的一次历史性的会议。会议实现了新中国成立以来党和国家历史上具有深远意义的伟大转折，重新确立了马克思主义的思想路线、政治路线、组织路线，标志着党和国家开始了从"以阶级斗争为纲"到以经济建设为中心、从僵化半僵化到全面改革、从封闭半封闭到对外开放的历史性转变，成为改革开放启动和展开的标志、改革开放和社会主义现代化建设新时期开始的标志。

3 拨乱反正的进程

长期"左"的错误，特别是"文化大革命"的十年内乱，在政治、经济、文化、社会、思想等各个领域都造成了相当程度的混乱。"文化大革命"结束后，党和国家首先面临的一项重要工作，就是全面开展拨乱反正，有步骤地解决历史遗留问题，使党和国家的工作走上正轨。

"四人帮"被粉碎后，局部的拨乱反正便已开始。但是这一进程受到"两个凡是"的影响和阻碍。十一届三中全会后，党和国家开始了全面的拨乱反正。

拨乱反正包括思想路线、政治路线和组织路线等方面的内容，主要的工作有：

按照解放思想、实事求是的要求，深入开展真理标准问题的大讨论，广大干部和群众从过去盛行的个人崇拜和教条主义的精神枷锁中解脱出来，党内外思想活跃，出现了努力研究新情况、解决新问题的生动景象。

提出对整个国民经济实行"调整、改革、整顿、提高"的方针，纠正前两年经济工作中的失误，认真清理过去长期存在的"左"倾错误影响。

先后为刘少奇、彭德怀、陶铸、贺龙、彭真、谭震林、罗瑞卿、陆定一、习仲勋、瞿秋白、李立三、张闻天等受迫害的党、政、军领导干部以及各族各界的领袖人物平反昭雪，恢复名誉，肯定他们长期为党和人民建树的功勋。

拨乱反正的完成为改革开放奠定了重要基础。改革开放正是在拨乱反正的基础上展开和推进的

复查和平反其他的大量冤假错案。改正了错划右派分子的案件；宣布原工商业者已改造成为劳动者；把原为劳动者的小商小贩、手工业者从原资产阶级工商业者中区别出来；为现已改造成为劳动者的绝大多数原地主、富农分子改定了成分。

加强各级人民代表大会的工作，增设了省、县两级人代会常设机构，普遍实行县级和县级以下人民代表由选民直接选举的制度。逐步健全党和国家的集体领导和民主集中制，逐步扩大地方和基层组织的权力。恢复、制定和施行了一系列重要的法律、法令和条例。

调整和加强各级领导班子。成立中央书记处，建立中央和各级纪律检查委员会，制定《关于党内政治生活的若干准则》和其他有关党内法规，纠正不正之风，决定废除干部领导职务实际上存在的终身制，改变权力过分集中的状况，在坚持革命化的前提下逐步实现各级领导人员的年轻化、知识化和专业化。

在教育、科学、文化、卫生、体育、民族、统战、侨务、军事和外交工作等方面，认真落实党的各项政策。

1981 年 6 月，十一届六中全会通过《关于建国以来党的若干历史问题的决议》，标志着党在指导思想上拨乱反正任务的胜利完成。

4　农村改革的兴起

改革首先从农村获得突破。

新中国成立以来，农村生产力有了巨大发展，但"大跃进"和人民公社化运动也给生产力造成很大的破坏。为了解决吃饭和生存问题，不断有一些地方的农民群众实行包产到组、包产到户和包干到户等经营形式，但几起几伏。"文化大革命"结束后，这些形式再度出现，成为突破"左"的农村政策的大胆尝试。

走在前面的是安徽和四川两省。1977 年 11 月，万里任第一书记的安徽省委制定了《关于当前农村经济政策几个问题的规定（试行草案）》，允许生

通过农村改革发展生产，消除贫困

产队根据农活特点建立不同的生产责任制。1978 年 2 月，四川省委制定了《关于目前农村经济政策几个主要问题的规定》，支持农民采取包产到组的形式经营土地。甘肃、广东、新疆、西藏等其他一些省区也作出了探索和努力。

1978 年，安徽遭到百年不遇的特大旱灾。根据万里的意见，省委作出了"借地种麦"的决定。安徽肥西县山南公社的部分社队干部和农民群众索性再度搞起包产到户。1978 年年末，凤阳县梨园公社小岗生产队的 18 户农民秘密起草了一份保证书："我们分田到户，每户户主签字盖章，如以后能干，每户保证完成每户的全年上交和公粮，不在（再）向国家伸手要钱要粮（，）如不成，我们干部作（坐）牢杀头也干（甘）心，大家社员也保证把我们的小孩养活到十八岁。"

这些做法引起了强烈的反响。上至中央，下至基层，都有不同意见。但万里主政的安徽省委，坚定不移地给予了支持。

实践显示了成效。由于实行"包产到户"和"联产计酬"的农业生产责任

取消人民公社，设立乡人民政府

制，1979 年安徽省粮食总产达 320 亿斤，超额完成国家计划。

十一届三中全会后，广大干部群众的思想进一步解放，全党对家庭联产承包责任制的认识逐步深化，从中央到地方逐步调整政策，使农村改革以更大的规模发展起来。

1979 年 1 月，《人民日报》连续报道四川省广汉县、贵州省开阳县、云南省元谋县、安徽省和广东省实行农业生产责任制的情况。

1980 年，四川省广汉县的一个公社挂出乡人民政府的牌子，成为全国第一个取消人民公社的地方。

农村改革的兴起和发展，为中国改革开放提供了重要经验和有利条件。

5 载入史册的中央一号文件

由于尚未摆脱"左"的思想的束缚，对农村改革的兴起有不同看法。但在实践的推动和邓小平、万里、杜润生等人的支持下，中央文件对农民的做法也逐步转变口径，一步步给予了肯定。

1980 年 9 月，中央下发《关于进一步加强和完善农业生产责任制的几个问题》，正面肯定在生产队领导下实行的包产到户不会脱离社会主义轨道。

从 1982 年开始，中央连续三年都以一号文件的形式，部署农村改革和发展工作。

1982 年 1 月 1 日，中共中央批转《全国农村工作会议纪要》（简称 1982 年中央一号文件），第一次正式肯定了包产到户等农业责任制的社会主义性质。

1983 年的一号文件，对家庭联产承包责任制作出高度评价，确认"这是在党的领导下我国农民的伟大创造，是马克思主义农业合作化理论在我国实践中的新发展"。家庭联产承包责任制作为中国农村改革的一项战略决策由此正式确立。

从 1982 年至 1986 年，党中央连发 5 个一号文件，对农村改革起到了巨大的推动作用。此后，家庭联产承包责任制不断完善，并形成了稳定的农民家庭承包经营制度。

1986 年之后，中共中央、国务院基本上每年都要印发关于农村问题的文件，但没有再编为一号文件。

2003 年 12 月 31 日，针对全国农民人均纯收入连续增长缓慢的情况，下发《中共中央、国务院关于促进农民增加收入若干政策的意见》，文件编号为中发〔2004〕1 号，成为改革开放以来专门关于"三农"问题的第 6 个一号文件。

此后，中共中央、国务院再次将涉农文件编为每年的一号文件连续下发。每次文件都针对当时"三农"问题的实际，提出了一系列举措，大力促进农业农村的发展，提高农民的收入和生活水平。

大力转变农业经营方式、生产方式、资源利用方式和管理方式，推动农业发展由数量增长为主转到数量、质量、效益并重上来，由主要依靠物质要素投入转到依靠科技创新和提高劳动者素质上来，由依靠拼资源拼消耗转到可持续发展上来

到 2012 年，中央对"三农"问题一共制定了 14 个一号文件；十八大之后，到 2020 年，又制定了 8 个；总计 22 个一号文件。它们作为特殊的标志载入了中国农村改革和整个改革开放的史册。

当然，有些年份，虽然不是下发一号文件，但还是制定了其他不少文件，特别是有多次中央全会专题研究"三农"问题，还专门召开中央农村工作会议，作出了一系列重要部署，对农业农村的改革和发展起到了重要的作用。

建设成就要览之十：水利工程（二）

1983 年 *9* 月 *5* 日，引滦入津工程向天津正式送水。整个工程横跨滦河和海河两个流域，全长 *234* 公里，共 *251* 个项目，是中国当时最大的城市输水工程。用一年零四个月的时间完成。为天津市的用水提供了一个稳定可靠的水源和完整的输水系统，缓解了天津市用水紧张的局面。

1970 年 *12* 月 *25* 日，中共中央批准兴建作为三峡总体工程一部分的长江葛洲坝水利枢纽工程。工程分两期建设，第一期工程于 *1981* 年基本建成，*1985* 年通过国家验收。*1991* 年 *11* 月 *27* 日，第二期工程通过国家正式验收。至此，这一当时中国最大的水利水电工程宣告全部竣工。

三峡工程是世界上最大的水利枢纽工程，具有防洪、发电、航运等巨大综合效益。经过长达 *40* 年的论证，*1992* 年 *4* 月由七届全国人大五次会议批准，又进行了近两年的施工准备，于 *1994* 年 *12* 月 *14* 日正式开工。

1997 年 *11* 月 *8* 日，三峡工程成功实现大江截流。*2003* 年 *6* 月下闸蓄水，首批机组开始发电。*2004* 年 *10* 月，历时 *5* 年、涉及 *16.6* 万人的三峡移民外迁安置工作正式结束。*2006* 年 *5* 月 *20* 日，*185* 米高度的三峡大坝全线建成。*2008* 年 *10* 月，*26* 台机组投产发电。*2012* 年 *7* 月 *4* 日，最后一台 *70* 万千瓦巨型机组正式交付投产。至此，世界装机容量最大水电站——三峡电站 *32* 台机组全部投产。

三峡大坝长 *2335* 米，底部宽 *115* 米，顶部宽 *40* 米，高程 *185* 米，正常蓄水位 *175* 米。大坝坝体可抵御万年一遇的特大洪水。在充分发挥防洪、航运、水资源利用等巨大综合效益前提下，到 *2018* 年 *12* 月 *21* 日 *8* 时 *25* 分 *21* 秒，三峡电站累计生产 *1000* 亿千瓦时绿色电能。

2014 年，中共中央、国务院作出加快推进 *172* 项节水供水重大水利工程的决策部署，要求集中力量建成一批打基础、管长远、惠民生的重大水利工程。到 *2018* 年 *12* 月，*172* 项重大水利工程已批复立项 *134* 项，累计开工 *132* 项，建投资规模超过 *1* 万亿元。引江济淮工程、滇中引水工程、西江大藤峡水利枢纽、淮河出山店水库等一批标志性工程陆续开工建设，已有 *23* 项重大水利工程相继建成，提升了流域区域水安全保障能力。

计划到"十四五"规划末，大部分重大水利工程基本建成并陆续开始发挥效益，水旱灾害防治能力将得到大力提升。

6　第一个政治生活准则

改革开放以来，中国共产党先后制定了两个关于党内政治生活的准则。第一个制定于 1980 年 2 月。

在拨乱反正、改革开放的进程中，党认真思考和总结历史的经验教训。

尤其是老一辈革命家，在痛定思痛中深感"左"倾错误的泛滥与党内政治生活不正常密切相关。为了防止"文化大革命"这样的悲剧重演，必须改进和完善党和国家各方面的制度，恢复党的优良传统和作风，整顿和规范党内政治生活。

所以，在十一大之后，党中央就着手考虑制定一部《关于党内政治生活的若干准则》，中组部、中央纪委先后负责起草工作。十一届三中全会之后进一步加紧推进。

1980 年 2 月 23 日至 29 日，十一届五中全会在北京召开，主要议题是加强和完善党的领导，其中之一是讨论通过了《关于党内政治生活的若干准则》（以下简称《准则》）。

《准则》一共 12 个方面：（1）坚持党的政治路线和思想路线；（2）坚持集体领导，反对个人专断；（3）维护党的集中统一，严格遵守党的纪律；（4）坚持党性，根绝派性；（5）要讲真话，言行一致；（6）发扬党内民主，正确对待不同意见；（7）保障党员的权利不受侵犯；（8）选举要充分体现选举人的意志；（9）同错误倾向和坏人坏事作斗争；（10）正确对待犯错误的同志；（11）接受党和群众的监督，不准搞特权；（12）努力学习，做到又红又专。

中央就这些重要准则，向全党强调了三个问题：

一是强调要坚持党的政治路线和思想路线。这是党内政治生活的最根本的准则，党的各级组织、每一个共产党员，都要自觉坚持、坚定不移。

二是强调要充分发扬党内民主，维护党的集中统一。从中央到基层的各级党的委员会，都要按照集体领导的原则实行集体领导与个人分工负责相结合的制度，重大问题集体讨论决定，不得由个人专断，书记或第一书记不允许搞"一言堂"、家长制。允许党员发表不同意见，严格实行不抓辫子、不扣帽子、不打棍子的"三不主义"。反对实行残酷斗争、无情打击，绝对禁止采用林彪、"四人帮"的封建法西斯手段解决党内问题。

三是强调要严肃党纪，端正党风。党的领导干部要自觉接受党和人民监督，不准搞特权。要求每一个党员都忠于党的组织和党的原则，忠于党和人民的事业，说老实话，做老实事，当老实人。任何人不得把党的干部当作私有财产，不得把上下级关系变成人身依附关系。坚持真理面前人人平等，在党纪国法面前人人平等，各级领导干部没有在政治上、生活上搞特殊化的权利，党内决不允许有不受党纪国法约束或凌驾于党组织之上的特殊党员。

《准则》的制定和实施，对消除封建主义影响，健全党内政治生活，加强党的建设，推动改革开放发展，发挥了十分重要的作用。

7 《关于建国以来党的若干历史问题的决议》

《关于建国以来党的若干历史问题的决议》（简称《历史决议》），是中国共产党在拨乱反正进程中，为科学、准确地厘清历史是非、统一全党对于党的重大历史问题的认识而制定的一份重要的历史性文献。

1979年9月，十一届四中全会通过叶剑英代表党中央在庆祝新中国成立30周年大会上的讲话，同时认为有必要进一步研究中共党史，并作一个历史决议。

1979年11月，在邓小平主持下，党中央开始起草《历史决议》。根据中央决定，成立了文件起草组。

1980年3月，邓小平看过提纲后，提出了三条指导原则。为避免决议过于沉闷，陈云建议加写新中国成立前28年历史回顾一个部分。

经过非常艰难复杂的起草过程，也经过广泛征求意见，特别是经过4000名高级干部的内部大讨论，《历史决议》终于起草完成。

1981年6月27日至29日，就在中国共产党成立60周年即将来临之际，十一届六中全会审议通过了《历史决议》。这是关于党的历史的一份重要文献，而它本身也是一份历史性的文献。

《历史决议》首先回顾了新中国成立前28年的历史和经验，着重对新中国成立32年来党的历史进行了科学总结，对一系列重大事件作了科学评价，科学地分析了在这些事件中党的指导思想的正确与错误，分析了产生错误的主观因素和社会原因。

《历史决议》根本否定了"文化大革命"和"无产阶级专政下继续革命"

的理论，指出："文化大革命"不是也不可能是任何意义上的革命或社会进步。它是一场由领导者错误发动，被反革命集团利用，给党、国家和各族人民带来严重灾难的内乱。

《历史决议》实事求是地评价了毛泽东在中国革命和建设中的历史地位，肯定他的功绩是第一位的，错误是第二位的。《历史决议》恢复了毛泽东思想的本来面目，将毛泽东晚年的错误与他的正确思想加以区别，指出毛泽东思想是被实践证明了的关于中国革命的正确的理论原则和经验总结，将长期指导我们的行动。企图否认毛泽东思想的科学价值和指导作用，是完全错误的。不愿实事求是地承认毛泽东同志晚年犯了错误，并且还企图在新的实践中坚持这些错误，也是完全错误的。

《历史决议》的通过，标志着党在指导思想上的拨乱反正胜利完成，对于改革开放和社会主义现代化建设事业的发展具有重要的历史意义。

中国共产党党代会一览表（十二大至十九大）

届次	举行时间	历史地位和亮点
十二大	1982年9月1日—11日	改革开放后的第一次党代会
十三大	1987年10月25日—11月1日	制定党的基本路线和"三步走"战略
十四大	1992年10月12日—18日	邓小平南方谈话后的党代会 作出三项决策
十五大	1997年9月12日—18日	把邓小平理论确立为指导思想 规划跨世纪发展的战略部署
十六大	2002年11月8日—14日	21世纪的第一次党代会 把"三个代表"重要思想确立为指导思想 提出全面建设小康社会的战略目标
十七大	2007年10月15日—21日	高举中国特色社会主义伟大旗帜 把科学发展观写入党章
十八大	2012年11月8日—14日	新的继往开来的党代会 把科学发展观确立为指导思想 提出全面建成小康社会的目标

届次	举行时间	历史地位和亮点
十九大	2017年10月18日—24日	确立习近平新时代中国特色社会主义思想的历史地位 确定决胜全面建成小康社会的任务，提出分两步在本世纪中叶建成富强民主文明和谐美丽的社会主义现代化强国的战略安排

8 新时期党代会的历程

新时期的党史，在某种意义上，由历次党代会构成主要脉络和框架。从十一届三中全会以来，一共已经举行了 8 次党的全国代表大会。

十二大是改革开放后的第一次党代会，1982 年 9 月 1 日至 11 日在北京举行。胡耀邦作《全面开创社会主义现代化建设的新局面》的报告。邓小平在开幕词中第一次提出"建设有中国特色的社会主义"的命题。大会通过的《中国共产党章程》，是七大党章之后的一个里程碑，奠定了以后历次党代会党章修改完善的基础。新党章规定党中央不设主席，只设总书记。大会决定设立中央顾问委员会。随后的十二届一中全会选举胡耀邦为中央委员会总书记；决定邓小平为中央军委主席；批准邓小平为中央顾问委员会主任，陈云为中央纪委第一书记。

十三大于 1987 年 10 月 25 日至 11 月 1 日在北京举行。大会提出并系统阐述了社会主义初级阶段理论，正式制定了党在社会主义初级阶段的基本路线，制定了到 21 世纪中叶分三步走实现现代化的发展战略，还提出了政治体制改革的目标和任务。

十四大是在邓小平南方谈话后，于 1992 年 10 月 12 日至 18 日在北京举行的。江泽民作《加快改革开放和现代化建设步伐，夺取有中国特色社会主义事业的更大胜利》的报告。大会作出三项重要决策：确立邓小平建设有中国特色社会主义理论在全党的指导地位；明确我国经济体制改革的目标是建立社会主义市场经济体制；要求全党抓住机遇，加快发展，集中精力把经济建设搞上去。大会决定不再设立中央和省级顾问委员会。随后的十四届一中全会选举江泽民为中央委员会总书记；决定江泽民为中央军委主席；批准尉健行为中央纪委书记。

十五大是在世纪之交即将到来之时，于 1997 年 9 月 12 日至 18 日在北京举行的。江泽民作《高举邓小平理论伟大旗帜，把建设有中国特色社会主义事业全面推向二十一世纪》的报告。大会首次使用"邓小平理论"概念，强调要用邓小平理论指导我们整个事业和各项工作，并制定了跨世纪的发展战略和规划。随后的十五届一中全会选举江泽民为中央委员会总书记；决定江泽民为中央军委主席；批准尉健行为中央纪委书记。

十六大于 2002 年 11 月 8 日至 14 日在北京举行，是进入新世纪后的第一次党代会。江泽民作《全面建设小康社会，开创中国特色社会主义事业新局面》的报告。大会把"三个代表"重要思想确立为必须长期坚持的指导思想，要求在本世纪头 20 年，集中力量全面建设惠及十几亿人口的更高水平的小康社会。随后的十六届一中全会选举胡锦涛为中央委员会总书记；决定江泽民为中央军委主席；批准吴官正为中央纪委书记。

十七大于 2007 年 10 月 15 日至 21 日在北京举行。胡锦涛作《高举中国特色社会主义伟大旗帜，为夺取全面建设小康社会新胜利而奋斗》的报告。大会对科学发展观作出科学评价，对落实科学发展观提出要求。明确高举中国特色社会主义伟大旗帜，强调改革开放的方向和道路是完全正确的，成效和功绩不容否定，停顿和倒退没有出路。随后的十七届一中全会选举胡锦涛为中央委员会总书记；决定胡锦涛为中央军委主席；批准贺国强为中央纪委书记。

十八大于 2012 年 11 月 8 日至 14 日在北京举行。胡锦涛作《坚定不移沿着中国特色社会主义道路前进，为全面建成小康社会而奋斗》的报告。大会把科学发展观确立为党必须长期坚持的指导思想，要求确保到 2020 年全面建成小康社会，明确指出建设中国特色社会主义，总依据是社会主义初级阶段，总布局是"五位一体"，总任务是实现社会主义现代化和中华民族伟大复兴。随后的十八届一中全会选举习近平为中央委员会总书记；决定习近平为中央军委主席；批准王岐山为中央纪委书记。

十九大于 2017 年 10 月 18 日至 24 日在北京举行。习近平总书记作《决胜全面建成小康社会，夺取新时代中国特色社会主义伟大胜利》的报告。大会宣告中国特色社会主义进入了新时代，确立习近平新时代中国特色社会主义思想的指导地位，对我国社会主要矛盾作出重大调整，作出从 2020 年到本世纪中叶分"两步走"建成富强民主文明和谐美丽的现代化强国的战略安排，对党的建设和全面从严治党作出系统部署，要求全党不忘初心，牢记使命。大会对党章进行了重大修改。随后的十九届一中全会选举习近平为中央委员会总书记；决定习近平为中央军委主席；批准赵乐际为中央纪委书记。

建设成就要览之十一：超级计算机

1958 年 **8** 月 **1** 日，通过学习苏联的计算机技术，中国第一台数字电子计算机——**103** 机诞生。

1973 年 **8** 月 **26** 日，新华社报道，中国第一台每秒钟运算 **100** 万次的集成电路电子计算机试制成功。

1983 年 **12** 月 **6** 日，由国防科技大学研制成功的中国第一台亿次巨型计算机——"银河—**I**"计算机在长沙通过国家鉴定，填补了国内巨型计算机研制的空白。随后继续成功研发了银河二号、银河三号、银河四号，中国成为世界上少数几个能发布 **5** 至 **7** 天中期数值天气预报的国家之一。

2002 年，联想集团研发成功深腾 **1800** 型超级计算机，并开始发展深腾系列超级计算机。

2008 年 **9** 月 **16** 日，我国首台超百万亿次超级计算机曙光 **5000A** 在天津下线。

2009 年 **10** 月，我国第一台千万亿次超级计算机系统"天河一号"研制成功。中国成为继美国之后世界上第二个能够研制千万亿次超级计算机的国家。

2016 年 **6** 月 **20** 日，中国自主研制的全部采用国产处理器构建的"神威·太湖之光"夺得世界超算冠军。

截至 **2017** 年年底，中国连续 **10** 次蝉联全球最快超级计算机。

目前，中国超级计算机的系列有：国防科技大学计算机研究所的银河系列、天河系列；中科院计算技术研究所（曙光信息产业股份有限公司）的曙光系列；国家并行计算机工程技术中心的神威系列；联想集团的深腾系列。浪潮集团参与了部分超级计算机的研发生产工作，并有计划独立研发生产超级计算机。

2017 年 **5** 月 **3** 日，世界首台单光量子计算机在中国诞生。

9　党章不断充实改革开放成果

1956 年八大制定的党章，是党在全国执政后的第一部党章，有很多特点和优点。但"文化大革命"期间的九大和十大，对八大党章作了许多错误的修改。1977 年的十一大党章则具有过渡和徘徊时期的特点。

1982 年，十二大制定了新的《中国共产党章程》，清除了"文化大革命"中党章的错误，继承和发展了七大、八大党章的优点，适应改革开放的需要，对新时期执政党建设提出了一系列要求。十二大党章是党章发展史上的一个里程碑，奠定了此后历次党代会党章修改完善的基础。

随着改革开放的发展，党的指导思想、路线、方针、战略、政策、理论观点、党的建设都有很多发展，因此，十二大之后的党章及时修改和充实了有关内容，反映了改革开放的成果，体现了与时俱进的精神。

十三大通过《关于〈中国共产党章程部分条文修正案〉的决议》，共 10 条，对部分条文作了 13 处修改。

十四大到十八大，通过的决议名称相同，都叫《关于〈中国共产党章程修正案〉的决议》。主要是随着形势的发展，增写或修改总纲中的内容，大多集中在党的思想理论和基本路线、基本纲领、基本政策上。同时对条文中的一些表述作相应的改动。修改最少的十五大党章只改了 7 处 160 个字。

其中，十四大对党章总纲修改了八个方面，对条文修改了六个方面。十五大把邓小平理论确立为党的指导思想。十六大把"三个代表"重要思想和一系列重大理论观点和方针政策，包括依法治国、建设社会主义法治国家写入党章。十七大增写了关于科学发展观的内容，明确肯定改革开放和中国特色社会主义，强调要加强党的执政能力建设和先进性建设。

十八大对党章作了六个方面的修改：把科学发展观作为党的指导思想；增写了中国特色社会主义制度；增写了只有改革开放，才能发展中国、发展社会主义、发展马克思主义；充实了中国特色社会主义总体布局的内容；把生态文明建设列入总体布局；充实完善了党的建设的总体要求。

通过不断修改而日益完善的党章，构画了党应该具有的面貌，明确回答了"建设一个什么样的党、怎样建设党"的根本问题，成为党的一切行动赖以遵循的依据和规范。2017年，十九大又对党章作了新的重大修改。

10 党的路线的确立和完善

党的路线是党在一定历史时期或阶段的行动纲领，是统一全党意志的思想、政治和组织基础，是治国理政的方向、道路和保障。

以十一届三中全会为标志，中国共产党实现了政治路线、思想路线、组织路线的拨乱反正。此后，便经常将党的路线称作"十一届三中全会以来的路线""十一届三中全会路线"。

思想路线是党的路线的重要组成部分，对党的建设和事业发展具有极其重要的意义。在长期探索中国革命道路的实践中，党逐步形成了实事求是的思想路线。但由于"左"的错误的影响，党的思想路线一度受到破坏。

"文化大革命"结束后，经过真理标准问题的大讨论，十二大党章明确规定："党的思想路线是一切从实际出发，理论联系实际，实事求是，在实践中检验真理和发展真理"。十四大党章明确规定："坚持解放思想，实事求是。"十六大修改后的党章，在"坚持解放思想、实事求是"之后，加上了"与时俱进"。十八大党章又加了"求真务实"。

党的政治路线，在改革开放之后，曾称为"现代化建设的路线"。随后，逐步明确"一个中心、两个基本点"的要求。1987年的十三大，正式制定了党在社会主义初级阶段的基本路线。随着改革开放和现代化建设的推进，党的奋斗目标作了进一步充实。

十九大修改后的党章规定："中国共产党在社会主义初级阶段的基本路线是：领导和团结全国各族人民，以经济建设为中心，坚持四项基本原则，坚持改革开放，自力更生，艰苦创业，为把我国建设成为富强民主文明和谐美丽的社会主义现代化强国而奋斗。"

组织路线是加强党的建设、坚持和发展中国特色社会主义的重要保证。党在组织问题上提出了一系列方针政策，但与思想路线、政治路线有所不同的是，一直没有对组织路线的内涵作过明确而简要的界定。

2018年7月，在全国组织工作会议上，习近平第一次指出，新时代党的组织路线是："全面贯彻新时代中国特色社会主义思想，以组织体系建设为重点，着力培养忠诚干净担当的高素质干部，着力集聚爱国奉献的各方面优秀人才，坚持德才兼备、以德为先、任人唯贤，为坚持和加强党的全面领导、坚持和发展中国特色社会主义提供坚强组织保证。"这一概括和界定，是对党的组织路线的发展和创新。

建设成就要览之十二：长江大桥

长江大桥，有狭义广义之分，狭义上仅指宜宾岷江口以下长江段上的桥梁，广义上则泛指长江干流上的所有桥梁。通常把横跨长江及其较大支流具有较大工程性的桥梁称为长江大桥。

武汉长江大桥是中国在长江上修建的第一座铁路、公路两用桥梁。*1955*年*9*月动工，*1957*年*10*月*15*日正式通车。全长约*1670*米，被称为"万里长江第一桥"。（后宜宾大桥也被称为"万里长江第一桥"，是从地理位置上说的。）

南京长江大桥是长江上第一座由中国自行设计和建造的双层式铁路、公路两用桥梁，也是当时中国最大、桥梁技术最复杂的铁路、公路两用桥。大桥建设历经*10*年时间。*1968*年*9*月*30*日，铁路桥先行通车，举行了隆重的通车典礼。*12*月*29*日，公路桥竣工通车，南京长江大桥全线贯通。

改革开放以来，长江建桥水平和速度大幅提升。截至*2019*年*11*月，长江干流上共建成各类长江大桥*115*座；这*115*座，按桥型分共有梁桥*27*座、斜拉桥*57*座、悬索桥*22*座、拱桥*9*座；按功能分共有公铁两用桥*9*座、铁路桥*9*座、公轨两用桥*4*座、人行桥*2*座、管道桥*1*座，其余均为公路桥。

长江上比较著名的长江大桥，除了武汉长江大桥、南京长江大桥外，还有重庆长江大桥、润扬长江大桥、苏通长江大桥、崇明长江大桥等。

此外，还建设了一批过江隧道、大坝通道等。宜宾以上也建成了一大批桥梁，但不冠以"长江大桥"之名。

2020 年 7 月 1 日，沪苏通长江公铁大桥建成通车。大桥全长 11.072 千米，其中公铁合建桥梁长 6989 米，主航道桥为主跨 1092 米钢桁梁双塔斜拉桥，是世界上首座超过千米跨度的公路、铁路两用桥梁。主塔高 330 米，约 110 层楼高。大桥上层为双向六车道高速公路，下层为双向四线铁路。这座超级大桥工程规模之大，施工难度之大，创造了世界桥梁和中国桥梁建设的多个之最。

11 中国特色社会主义的创立和发展

中国的社会主义既立足于中国的国情，也曾经照搬了苏联的模式。经过艰难的探索后，党越来越认识到，社会主义不能照搬一种模式，必须从自己的国情出发。

改革开放后，邓小平总结历史的经验教训，一针见血地指出：搞社会主义，首先要搞清楚什么是社会主义、怎样建设社会主义。他明确指出：贫穷不是社会主义，发展太慢也不是社会主义；僵化封闭不能发展社会主义，照搬外国也不能发展社会主义；平均主义不是社会主义，两极分化也不是社会主义；没有民主就没有社会主义，没有法制也没有社会主义；不重视物质文明搞不好社会主义，不重视精神文明也搞不好社会主义。

1982 年 9 月，在十二大开幕词中，邓小平指出："我们的现代化建设，必须从中国的实际出发。无论是革命还是建设，都要注意学习和借鉴外国经验。但是，照抄照搬别国经验、别国模式，从来不能得到成功。这方面我们有过不少教训。把马克思主义的普遍真理同我国的具体实际结合起来，走自己的道路，建设有中国特色的社会主义，这就是我们总结长期历史经验得出的基本结论。"

按照这样的思路和方向，全党解放思想、实事求是，大力实行改革开放，逐步形成了一整套建设中国特色社会主义的路线、方针和政策，从而创立了中国特色社会主义。邓小平说："改革开放以来，我们立的章程并不少，而且是全方位的。经济、政治、科技、教育、文化、军事、外交等各个方面都有明确的方针和政策，而且有准确的表述语言。""如果说构想，这就是我们的构想。""总的来说，这条道路叫做建设有中国特色的社会主义的道路。"

随着改革开放的不断推进，党不断充实、丰富和发展中国特色社会主义的内容，坚定不移地高举中国特色社会主义伟大旗帜，把中国特色社会主义伟大事业推向前进。

改革开放以来我们取得一切成绩和进步的根本原因，归结起来就是：开辟了中国特色社会主义道路，形成了中国特色社会主义理论体系，确立了中国特色社会主义制度，发展了中国特色社会主义文化。

实践证明，中国特色社会主义是全面建成小康社会、加快推进社会主义现代化、实现中华民族伟大复兴的必由之路，是当代中国大踏步赶上时代、引领时代发展的康庄大道。

12　党的指导思想的与时俱进

中国共产党的指导思想是一个不断与时俱进的过程。

改革开放后，党把毛泽东的晚年错误与毛泽东思想加以区分，继续发挥毛泽东思想的指导作用，同时坚持在改革开放实践中不断丰富和发展党的指导思想。

十一届三中全会以来，以邓小平同志为主要代表的中国共产党人，总结新中国成立以来正反两方面的经验，解放思想，实事求是，实现全党工作中心向经济建设的转移，实行改革开放，开辟了社会主义事业发展的新时期，逐步形成了建设有中国特色社会主义的路线、方针、政策，阐明了在中国建设社会主义、巩固和发展社会主义的基本问题，创立了邓小平理论。

邓小平理论是马克思列宁主义的基本原理同当代中国实践和时代特征相结

合的产物，是毛泽东思想在新的历史条件下的继承和发展，是马克思主义在中国发展的新阶段，是当代中国的马克思主义，是中国共产党集体智慧的结晶，引导着我国社会主义现代化事业不断前进。

十三届四中全会以来，以江泽民同志为主要代表的中国共产党人，在建设中国特色社会主义的实践中，加深了对什么是社会主义、怎样建设社会主义和建设什么样的党、怎样建设党的认识，积累了治党治国新的宝贵经验，形成了"三个代表"重要思想。

"三个代表"重要思想是对马克思列宁主义、毛泽东思想、邓小平理论的继承和发展，反映了当代世界和中国的发展变化对党和国家工作的新要求，是加强和改进党的建设、推进我国社会主义自我完善和发展的强大理论武器，是中国共产党集体智慧的结晶，是党必须长期坚持的指导思想。始终做到"三个代表"，是我们党的立党之本、执政之基、力量之源。

十六大以来，以胡锦涛同志为主要代表的中国共产党人，坚持以邓小平理论和"三个代表"重要思想为指导，根据新的发展要求，深刻认识和回答了新形势下实现什么样的发展、怎样发展等重大问题，形成了以人为本、全面协调可持续发展的科学发展观。

科学发展观是同马克思列宁主义、毛泽东思想、邓小平理论、"三个代表"重要思想既一脉相承又与时俱进的科学理论，是马克思主义关于发展的世界观和方法论的集中体现，是马克思主义中国化重大成果，是中国共产党集体智慧的结晶，是发展中国特色社会主义必须长期坚持的指导思想。

十八大以来，以习近平同志为主要代表的中国共产党人，顺应时代发展，进一步创立了习近平新时代中国特色社会主义思想。

13 现代化建设的"三步走"战略

改革开放以后，邓小平提出到 20 世纪末世界将是什么面貌、中国将是什么面貌的问题，并于 1987 年 4 月提出了"三步走"的战略构想。

　　据此，十三大正式确定了中国现代化建设"三步走"的发展战略：第一步，从 1981 年到 1990 年国民生产总值翻一番，实现温饱；第二步，从 1991 年到 20 世纪末再翻一番，达到小康；第三步，到 21 世纪中叶再翻两番，达到中等发达国家水平。

　　"三步走"战略包含着丰富的内容，既制定了发展的战略目标，又提出了实现目标的步骤和手段；既描绘了总的战略布局，又确定了战略的重点，把我国社会主义现代化的进程具体化为切实可行的步骤，是激励全国人民为一个共同理想而努力奋斗的行动纲领，具有十分重要的战略指导意义。

　　按照"三步走"战略，党和国家在改革发展的路上不断前进，先后制定了连续几个国民经济和社会发展规划，把"三步走"的目标、任务一步步落到实处。首先在 1987 年提前三年实现了第一步翻一番的目标。1995 年，又提前五年实现了总量翻两番的目标。到 20 世纪末，整体上进入了小康社会。

　　随着 21 世纪的到来，为了把第三步的任务目标再细化，1997 年的十五大提出了新的小"三步走"战略，即到 2010 年实现国民生产总值比 2000 年翻

现代化建设"三步走"战略

一番，使人民的小康生活更加宽裕，形成比较完善的社会主义市场经济体制；到 2020 年，使国民经济更加发展，各项制度更加完善；到 21 世纪中叶新中国成立 100 年时，基本实现现代化。

经过将近 20 年的努力，新世纪前两步的目标又将实现。所以，2017 年的十九大，进一步规划了从 2020 年到 21 世纪中叶的战略目标和战略步骤，将 30 年分成两个阶段来安排：从 2020 年到 2035 年，在全面建成小康社会的基础上，再奋斗 15 年，基本实现社会主义现代化；从 2035 年到 21 世纪中叶，在基本实现现代化的基础上，再奋斗 15 年，把中国建成富强民主文明和谐美丽的社会主义现代化强国。

中国的社会主义现代化建设，一直按照"三步走"战略，稳步扎实地向前推进，并根据实施的成效、条件和新的要求，适时丰富、发展、细化，向前延伸和推进，统筹指导各方面的建设，取得了显著的成就。

建设成就要览之十三：南水北调

1958 年 *8* 月，《中共中央关于水利工作的指示》颁布，第一次正式提出南水北调。十一届三中全会后，南水北调正式提上议事日程。*1992* 年 *10* 月，十四大把"南水北调"列入中国跨世纪的骨干工程之一。

1995 年 *12* 月，南水北调工程开始全面论证。*2000* 年 *6* 月，工程规划有序展开。在分析比较 *50* 多种方案的基础上，形成了南水北调东线、中线和西线调水的基本方案。*2002* 年 *12* 月 *23* 日，国务院正式批复《南水北调总体规划》。

南水北调工程总体规划东线、中线和西线三条调水线路，连接长江、淮河、黄河、海河四条河流，形成"四横三纵"的水资源配置格局。

2002 年 *12* 月 *27* 日，南水北调工程开工典礼在北京人民大会堂和江苏省、山东省施工现场同时举行。

2013 年 *11* 月 *15* 日，东线一期工程正式通水。

2014 年 *12* 月 *12* 日，长 *1432* 公里、历时 *11* 年建设的中线一期工程正式通水，长江水正式进京。

南水北调工程规划最终调水规模 *448* 亿立方米，其中东线 *148* 亿立方米，中线 *130* 亿立方米，西线 *170* 亿立方米。工程规划的东、中、西线干线总长度 *4350* 公里。东、中线一期工程干线总长 *2899* 公里，沿线 *6* 省市一级配套支渠约 *2700* 公里。建设时间约需 *40—50* 年。

目前，正在加紧推进后续工程。东线要强力推进二期工程的前期工作，主要是在一期工程基础上增加向北京、天津、河北供水，同时扩大向山东和安徽供水，规划线路长度 **1785** 公里。中线，一是实施引江补汉工程，二是干线调蓄工程。中线工程总长 **1400** 多公里。

14 党和国家领导体制的改革

总结"文化大革命"的教训，邓小平明确指出，领导制度、组织制度是带有根本性、全局性、稳定性和长期性的问题。

1980 年 8 月 18 日，中央政治局召开扩大会议，邓小平作《党和国家领导制度的改革》的重要讲话。讲话在总结"文化大革命"教训的基础上，深刻分析党和国家领导体制的主要弊端，明确指出必须对党和国家领导制度实行重大改革，并提出了改革的一系列重要原则和措施。这篇讲话史称"8·18 讲话"，成为我国政治体制改革的纲领性文件。

新时期以来改革开放的一个重要内容，就是按这篇讲话的思路对党和国家领导制度进行改革。

1980 年 2 月 23 日至 29 日，十一届五中全会决定重新设立中央书记处，选举胡耀邦为中央委员会总书记。

1982 年 2 月，中央颁布《关于建立老干部退休制度的决定》，大批老干部离退休或退居二线。同时，按照革命化、年轻化、知识化、专业化的方针选拔年轻干部，实施干部队伍的新老交替。

1982 年五届全国人大五次会议通过的宪法规定：恢复设立国家主席、副主席；国家设立中央军事委员会；国家主席、副主席、全国人大常委会委员长、副委员长、国务院总理、副总理等国家领导人连续任职不得超过两届。这意味着废除了实际存在的高层领导职务终身制。

十二大强调要按照民主集中制的原则，改革和完善国家的政治体制和领导体制，并决定在中央和省一级设顾问委员会，作为新老干部交替的过渡性机构。

明确规定党中央不设主席，只设总书记。

十三大提出了政治体制改革的长远目标、近期目标和主要任务。

此后，党的历次代表大会都对改革党和国家领导制度提出了要求和任务。

十六大提出着重加强制度建设，实现社会主义民主政治的制度化、规范化和程序化。十七大指出，要坚持用制度管权、管事、管人，建立健全决策权、执行权、监督权既相互制约又相互协调的权力结构和运行机制。

党和国家领导制度的改革和完善，为推动改革开放和现代化建设事业提供了重要的制度保障。

15 引人注目的历次三中全会

改革开放以来，中国共产党召开了一系列中央全会，对党和国家的各项事业进行了全面部署。其中，很多次三中全会，都把研究和部署改革开放作为主要议题，对推动改革开放的步步深入发挥了重要作用。所以，三中全会的内容经常为世人瞩目。

1978 年 12 月的十一届三中全会，实现党和国家的伟大转折，作出了实行改革开放的历史性决策，成为改革开放和社会主义现代化建设新时期开始的标志。

1984 年 10 月的十二届三中全会，通过《中共中央关于经济体制改革的决定》，对加快以城市为重点的经济体制改革作出了全面部署。理论上的重要贡献，是确认我国社会主义经济是公有制基础上的有计划商品经济。

1993 年 11 月的十四届三中全会，通过《中共中央关于建立社会主义市场经济体制若干问题的决定》，把十四大确定的改革目标具体化，制定了建立社会主义市场经济体制的总体规划，是 90 年代进行经济体制改革的行动纲领。

1998 年 10 月的十五届三中全会，专题研究农业和农村问题，通过了《中共中央关于农业和农村工作若干重大问题的决定》。

2003 年 10 月的十六届三中全会，通过《中共中央关于完善社会主义市场经济体制若干问题的决定》，提出了进一步完善社会主义市场经济的任务和措施。还审议通过了《中共中央关于修改宪法部分内容的建议》。胡锦涛在会上正式提出了科学发展观。

2008 年 10 月的十七届三中全会，通过《中共中央关于推进农村改革发展若干重大问题的决定》，认为我国总体上已进入以工促农、以城带乡的发展阶段，对进一步推进农村改革发展作出再一次部署。

十八大以来的三中全会和其他一些中央全会，对全面深化改革作出了新的部署，发挥了重要作用。

新时期最鲜明的特征和最重要的任务是改革开放。按照工作安排，每一届中央委员会召开的一中全会，均是选举产生新的中央领导机构，二中全会一般是研究国家机构的人事问题，三中全会则主要研究经济和社会发展问题。而经济和社会发展的中心任务是推进改革开放，所以，三中全会的主题也就大都是改革开放了。

建设成就要览之十四：飞机制造

1954 年 **7** 月，南昌飞机制造厂试制成功初教-**5** 教练机。

到 **1978** 年年底，新中国先后试制成功歼-**5** 型、运-**5** 型、直-**5** 型、轰-**5** 型等多种飞机。

1970 年，中国开始制造自己的大型喷气客机，命名为"运 **10**"。**1980** 年 **9** 月 **26** 日首飞上天。但由于多方面原因，**80** 年代中期"运十"项目下马。

2007 年 **2** 月 **26** 日，国务院常务会议原则批准大型飞机研制重大科技专项正式立项。首型国产大型客机被命名为 **C919**。其中 **C** 是 **China**（中国）的首个字母；第一个"**9**"，寓意天长地久；"**19**"代表最大载客量为 **190** 座。

2009 年年底，**ARJ-21** 支线飞机投入运营。

2013 年 **1** 月 **26** 日，中国自主研制的运-**20** 大型运输机首次试飞取得圆满成功。**2016** 年 **7** 月 **6** 日，运-**20** 大型运输机正式列装空军航空兵部队。

2016 年 **11** 月 **1** 日，中国自主研制的新一代隐身战斗机歼-**20** 首次公开亮相参加中国珠海国际航展。**2018** 年 **2** 月 **9** 日，歼-**20** 开始列装空军作战部队。

2017 年 **5** 月 **5** 日，中国自主研制的 **C919** 大型客机首飞成功。这是中国首款按照最新国际适航标准研制、具有完全自主知识产权的干线民用飞机。

2017 年 7 月 9 日，中国民航局为 **ARJ21-700** 飞机颁发生产许可证，这是我国喷气客机首张生产许可证。**ARJ21-700** 新支线飞机是我国首次按照国际民航规章自行研制、具有自主知识产权的中短程新型涡扇支线飞机。

2018 年 10 月 20 日，中国自主研制的大型灭火 / 水上救援水陆两栖飞机 **AG600** 成功实施首次水上试飞任务。

16 不断深化的国有企业改革

国有企业，原称国营企业，也叫全民所有制企业，是指国家对其资本拥有所有权或者控制权的企业。国有企业是国民经济发展的中坚力量，是中国特色社会主义的支柱。国有企业改革是中国经济体制改革的中心环节。

长期以来，国营企业为国家经济建设发挥了支柱性作用，作出了历史性贡献。但是，国营企业长期称为"国营"，就是这种企业不仅在所有制上实际属于国家，而且其经营也是按照政府的意志和指令行事，几乎没有任何自主经营权。这种模式，能够确保国家意志的贯彻执行，办成一些大事难事，但也存在统得太死、管理僵化、缺乏内在活力和动力、严重忽视市场作用、不少企业效益低下等问题。

十一届三中全会后，国营企业作为经济体制改革的首要内容迅速展开。1993 年 3 月 29 日，八届全国人大一次会议通过宪法修正案，将"国营经济"改为"国有经济"。同时，国营企业对应更名为国有企业。

40 多年来，国有企业的改革经历了漫长的探索和发展过程。

1978 年到 1984 年，主要是放权让利，扩大企业自主权。

1984 年到 1986 年，主要是进一步扩大企业自主权，同时实行两步"利改税"。1983 年实行第一步利改税，1984 年 10 月实行第二步利改税。

1987 年到 1991 年，主要是完善企业经营机制，实行以"包死基数、确保上交、超收多留、歉收自补"为主要内容的承包制，打破"大锅饭"，调动企业和职工的积极性。

1992 年到 2002 年，主要是建立以"产权清晰，权责明确，政企分开，管理科学"为目标的现代企业制度，使企业真正成为市场主体。其中 1997 年到 2000 年，着眼于从整体上搞好国有经济，抓大放小，实施"有进有退"的战略性调整，完成了 3 年脱困的目标。

2003 年到 2012 年，主要是探索公有制特别是国有制的多种有效实现形式，深化国有企业公司制股份制改革，健全现代企业制度，优化国有经济布局和结构，完善各类国有资产管理体制和制度。

2012 年十八大之后，国有企业改革进入新时代。主要是分类推进国有企业改革，完善现代企业制度和国有资产管理体制，发展混合所有制经济，强化监督、防止国有资产流失，加强和改进党对国有企业的领导，增强国有经济活力、控制力、影响力，做强做优做大国有资本。

17 以城市为重点的经济体制改革

我国长期实行的计划经济体制，统得太死，缺乏活力。40 多年来，围绕从计划经济向市场经济的转变，经济体制改革不断深化发展。

从 1978 年到 1982 年，主要是在计划经济体制内部引入市场机制。进行扩大企业自主权的试点，在工商企业推行经济责任制，扩大地方自主权，发展多种经济形式，搞活流通，发挥经济杠杆的调节作用，推进企业改组和经济联合。

1982 年的十二大，提出"计划经济为主、市场调节为辅"，把计划调节区分为指令性计划和指导性计划。据此，加快实行两步"利改税"，进行以城市为中心的综合改革试点，改革流通体制、搞活市场，围绕搞活企业采取一系列改革措施。

从 1984 年到 1992 年，以城市为重点的经济体制改革全面展开，主要是发展有计划的商品经济。进一步简政放权，增强企业内部活力；发展横向经济联合，改变条块分割的状况；实行价格、工资改革、财政、金融、税收体制改革；改革招工制度；改进国家宏观调控的范围和方式。十三大后，按照计划与市场内在统一的要求，从单一公有制结构发展为以公有制为主体、多种经济成分并存的所有制结构；对计划、投资、财政、流通、价格、分配和社会保障等体制制度，进行以引进市场机制为主要内容的改革。

从 1992 年到 2003 年，全面展开以建立社会主义市场经济体制为主线的改革。通过建立现代企业制度，使企业成为真正的市场主体。实施宏观制度的创新，对财政、税收、外汇、金融、投资、外贸以及流通等体制进行综合配套改革。健全市场规则，整顿市场秩序，探索建立多层次的社会保障制度。

2003 年之后，主要是按照科学发展观的要求，在完善社会主义市场经济体制上下功夫。巩固发展基本经济制度，逐步改变城乡二元经济结构，形成促进区域经济协调发展的机制，建设统一开放竞争有序的现代市场体系，完善宏观调控体系、行政管理体制和经济法律制度，健全就业、收入分配和社会保障制度，促进经济社会可持续发展等。

2012 年十八大，标志着中国特色社会主义进入新时代，经济体制改革也进入全面深化改革的新阶段。

18 多种所有制经济的出现和发展

长期以来，我国所有制结构整齐划一，除了全民所有制和集体所有制以外，几乎没有其他经济成分。因而，经济发展严重缺乏活力和动力。

在改革开放进程中，以国有企业和农村集体经济为代表的公有制经济不断发展，其实现形式日益多样化。通过经营权与所有权的分离，增强了企业经营主体的活力。通过发展经济联合，增加了多种经济主体。随着社会主义市场经济的发展，国有企业、集体企业以多种方式与外资、民营企业等合作或合资，使所有制主体日益多元化。股份制经济发展后，进一步催生了大批混合所有制经济。

与此同时，各种非公有制经济迅速发展。在农村，随着家庭联产承包责任制的发展，农村商品经济日益兴旺，催生了各种个体、合作或联营的经济主体。许多农民主动创业，发展起个体、私营等民营企业。原有的集体经济很多实行改制，产生了多种经营形式，也出现了很多民营经济。城乡人口流动的限制放松以后，大量农民进城或到沿海地区务工，有的自己创业，促进了城镇多种所有制的发展。

在城镇，为了解决大量知青回城和新增劳动力的就业问题，国家逐步放宽就业限制，允许个体经济发展，随后又允许私营经济发展。在社会主义市场经济发展过程中，允许或鼓励职工"下海"，鼓励创办各种所有制形式的经济。原先国有的企事业单位，采用入股、合作、联营等方式，使所有制日益多样化。

多种所有制经济成分的并存和紧密合作，构成一幅万马奔腾的景象：公有制是领头的红马，并构成整个队伍的主体，引领着中国经济向前奔腾。而其他各种经济成分，如同各种不同颜色的骏马，也占有一定的地位，发挥着应有的作用，共同前进

引进外资，作为对外开放的重要举措，不仅大量增加了发展所需的资本，而且促进了多种所有制的形成。

多种经济成分的出现，顺应了人民群众的需要和愿望，显著促进了生产力的发展。但与传统的思想理论和政策有相当的冲突。因此，党和国家逐步解放思想，调整政策，允许和鼓励多种所有制经济的发展。

1997 年的十五大，把公有制为主体、多种所有制经济共同发展，确定为我国社会主义初级阶段的一项基本经济制度。

2002 年的十六大，强调"必须毫不动摇地巩固和发展公有制经济"，"必须毫不动摇地鼓励、支持和引导非公有制经济发展"。"不能把这两者对立起来。各种所有制经济完全可以在市场竞争中发挥各自优势，相互促进，共同发展"。

19 社会主义市场经济的建立和完善

市场经济，是一种通过市场进行商品交换，并根据市场供求变化来调节、引导和决定资源配置的经济形式和运行机制。

从十一届三中全会开始的经济体制改革，实际上就是不断引进、发挥、强化和扩大市场机制作用的过程。家庭联产承包责任制的推行，乡镇企业的异军突起，农村富余劳动力的转移，加速了农村经济市场化的进程，形成了在一定范围内运转的市场机制。此后开始的城市经济体制改革，促进了商品、劳动力、资金、技术、信息在城乡市场的广泛流动，初步显示出市场的作用和活力。特别是以市场调节为主的特区经济蓬勃发展，对外开放由沿海向内地扩展，有力地推动了我国经济与国际市场的接轨。

现实向排斥市场经济的传统观念发起了挑战。从 1979 年 11 月开始，邓小平就多次提出"社会主义也可以搞市场经济"的论断。1992 年年初，邓小平的南方谈话从根本上解除了把市场与计划对立起来，看作是资本主义性质的思想束缚。同年 6 月，江泽民明确提出"社会主义市场经济体制"的命题。

10月，十四大正式把建立社会主义市场经济体制确立为我国经济体制改革的目标。

1993年11月，十四届三中全会通过《中共中央关于建立社会主义市场经济体制若干问题的决定》。2003年10月，十六届三中全会通过《中共中央关于完善社会主义市场经济体制若干问题的决定》。从"建立"到"完善"，集中浓缩了中国发展社会主义市场经济的全部过程。

党和国家以建立和完善社会主义市场经济为主线，全面推进农村、国有企业、财政、税收、金融、外贸、外汇、投资、价格、社会保障、住房、科技、教育等各方面体制的改革，大力培育和发展社会主义市场经济体系，健全和完善国家宏观调控体系，加强市场经济的法律制度建设，实现了经济体制改革的最大跨越。

通过改革开放，市场发挥了越来越大的作用。十五大提出"使市场在国家宏观调控下对资源配置起基础性作用"，十六大提出"在更大程度上发挥市场在资源配置中的基础性作用"，十七大提出"从制度上更好发挥市场在资源配置中的基础性作用"，十八大提出"更大程度更广范围发挥市场在资源配置中的基础性作用"。到十八届三中全会，更进一步把市场在资源配置中的"基础性作用"改变为"决定性作用"。

20 五年计划的改革、制定和实施

从20世纪50年代初开始，编制并按五年计划进行经济建设，就成为我国谋划、组织和部署经济社会发展任务的基本手段和主要方法。到现在，已经制订和实施了13个五年计划（规划）。在一些特定时段还制订了十年规划纲要等跨5年的计划或规划。

改革开放前，五年计划是计划经济的主要载体。改革开放后，逐步实行社会主义市场经济。五年计划作为国家宏观调控的一个基本手段，仍然坚持了下来，但其内容和方式都进行了重要的改革，与社会主义市场经济更加紧密地结合了起来。

1980—1985 年的"六五"计划，第一次将"国民经济计划"改成了"国民经济和社会发展计划"。随后逐步将各种计划区分为指令性计划和指导性计划，将五年计划逐步改成了指导性计划；下放和减少中央特别是计划委员会的权力，计划委员会主要侧重于规划制订、宏观调控，而不是干预日常经济运行事务；计划制订更加及时，在新的五年计划期刚开始之时就制订出完整的五年计划，而不是边制订边执行；酌情制订中长期规划，所定指标总体上是预测性、指导性的；2006—2010 年的"十一五"规划，第一次将"五年计划"改成了"五年规划"。

十一届三中全会以来的经济社会发展，都是与改革开放紧紧联系在一起的，所以，这一时期的每个五年计划（规划），都包含着改革开放的主要任务、项目和措施，通过改革开放来促进经济社会的发展。

从 1976 年到现在，我国已经制定和实施了 9 个五年计划（规划）。其中，"六五"计划（1981—1985 年）和十年规划纲要是继"一五"计划后第一个比较完备的五年计划。"八五"计划（1991—1995 年）期间的最大成就是提前 5 年实现了国民生产总值较 1980 年翻两番的目标（从 2000 年提前到 1995 年）。"九五"计划（1996—2000 年）和十五年远景目标纲要是社会主义市场经济条件下的第一个中长期计划。"十五"计划（2001—2005 年）是跨入 21 世纪后的第一个五年计划。"十一五"规划（2006—2010 年）的最后一年，我国国内生产总值达到 39.8 万亿元，跃居世界第二位。"十二五"时期（2011—2015 年）是全面建设小康社会的关键时期。"十三五"时期（2016—2020 年）是全面建成小康社会的决胜阶段，到该规划最后一年将全面建成小康社会，实现"两个一百年"奋斗目标的第一个目标。

所有这些计划和规划，都是逐步向现代化迈进的蓝图。即使在实施中遇到过一些困难和波折，但都圆满完成了预定任务。通过这些计划和规划的实施，"三步走"战略一步步得以实现，中国的综合国力一步步增强，人民的生活水平一步步提高。

建设成就要览之十五：中国国内生产总值（GDP）在世界上的排名

1980 年，为 *3015* 亿美元，在世界上排名第八；也有的计算为第 *11* 名。

2000 年，为 *11928* 亿美元，超过西方七强中的意大利，在世界上排名第六。

2005 年，为 *22837* 亿美元，继超过意大利之后，又一次超越西方七强中的法国，在世界上排名第五。

2006 年，为 *27873* 亿美元，超过英国，在世界上排名第四。

2007 年，为 *34940* 亿美元，超过德国，成为世界第三大经济体。

2010 年，为 *58786* 亿美元，超过日本，在世界上排名第二。

（美元计算或有差异）

21 制定经济社会发展战略

战略，最初是指对于战争、军事问题的全局性的谋划、部署和指导，后来逐步扩展到其他领域，乃至上升为国家战略，包括国家安全战略、国家发展战略以及面向世界的国际战略等。

改革开放以来，党和国家以战略思维谋划、推进国家的改革、发展和稳定问题，将战略概念扩大运用于经济社会发展的各个领域，制定了不同层次、不同范围、不同时限的各种战略。中国的发展进步，都是建立在正确的国家发展战略基础上，按照这些战略规定的方向和部署不断前进的。

建设中国特色社会主义，这是当代中国最大最根本的战略。实现中华民族伟大复兴，是中国发展的长远战略目标。而"三步走"战略，则是一个长达100 年的战略设计，它将中国的战略目标分解为 3 个渐次递进的战略步骤。实施改革开放，是中国从中国和世界大局出发作出的战略抉择。

为了推进改革开放和现代化建设，党和国家先后制定了"五位一体"总体布局和"四个全面"战略布局，按照这两个布局，积极稳妥地推进各方面的事业。

除此之外，党和国家还在经济政治社会各领域制定了一系列重要战略。

1995 年 5 月，《中共中央、国务院关于加速科技进步的决定》首次提出"科教兴国"的战略。十四届五中全会把实现可持续发展作为一项重大战略。1997年，十五大把依法治国确定为治理国家的基本方略。1999 年，作出实施西部大开发的战略决策。21 世纪初，提出人才强国战略。2003 年 10 月，提出振兴东北地区等老工业基地。2006 年，提出促进中部地区崛起。在此基础上进一步统筹不同地区的发展战略，提出了区域发展总体战略。

十八大之后，党和国家又提出了一系列新的战略。

除此之外，党和国家还不断根据国内外形势和任务的发展变化，及时提出一系列重要的战略思想、战略原则、战略举措和战略要求。它们有的是重大发展战略的先声和谋划，有的是既定战略的实施和展开，有的是针对改革开放实际及时提出的重大要求。它们都对改革开放和现代化建设的发展发挥了重要作用。

建设成就要览之十六：西气东输

西气东输工程，是中国距离最长、口径最大、由西部向东部的输气管道工程。

1998 年，西气东输工程开始酝酿。**2000** 年，国务院批准西气东输工程项目立项。

"西气东输"有广义和狭义两个概念。从狭义上讲，特指新疆塔里木至长江三角洲的输气工程。从广义上讲，是将中国中西部地区六大含油气盆地以及国外的天然气输往东部地区。西气东输工程除了已建成的陕京天然气管线外，还要再建设 **3** 条天然气管线，即塔里木—上海、青海涩北—西宁—甘肃兰州、重庆忠县—湖北武汉的天然气管道。从更大的范围看，引进俄罗斯西西伯利亚的天然气管道将与西气东输大动脉相连接，还有引进俄罗斯东西伯利亚地区的天然气管道，这两条管道也属西气东输之列。

西气东输管道工程，采取干支结合、配套建设方式进行。一、二线工程干支线加上境外管线，长度达到 **15000** 多公里，这不仅是国内也是全世界距离最长的管道工程。惠及人口超过 **4** 亿，是惠及人口最多的基础设施工程。

2002 年 **7** 月 **4** 日，西气东输一线工程（新疆轮南至上海）开工典礼举行。**2004** 年 **10** 月 **1** 日全线建成投产，**12** 月 **30** 日实现全线商业运营。途经 **10** 省（区、市）**66** 个县，全长约 **4000** 公里。

2008 年 **2** 月 **22** 日，西气东输二线工程开工。至 **2011** 年 **6** 月，干线工程全线贯通。**2012** 年 **12** 月 **30** 日，来自中亚的天然气，经由西气东输二线最后一条投产的支干线广州—南宁段到达南宁，标志着西气东输二线工程 **1** 条干线 **8** 条支干线全部建成投产。

2012 年 10 月 16 日，西气东输三线工程开工。三线工程总长度约为 7378 公里，设计年输气量 300 亿立方米。主要气源来自中亚国家，国内塔里木盆地增产气和新疆煤制气为补充气源。三线工程建设总投资 1250 亿元。

2014 年 8 月 25 日，西气东输三线（后简称西三线）完成最后一道焊口，标志西三线西段全线贯通。

22　政治体制改革的提出和推进

中国的改革是全面的改革。邓小平明确指出，我们提出改革时，就包括政治体制改革。

在拨乱反正过程中，党和国家认识到，过去高度集中的政治体制，存在着很多弊端。1978 年 12 月，邓小平提出制度与人的关系问题，强调应该使制度不因领导人的改变而改变，不因领导人看法的改变而改变。

1980 年 8 月 18 日，在中央政治局扩大会议上，邓小平发表题为《党和国家领导制度的改革》的重要讲话，提出要肃清封建主义残余影响，切实改革并完善党和国家的制度。

1982 年 4 月，彭真在对宪法修改草案作说明时，首次使用了"国家政治体制的改革"的用语。

1986 年，邓小平又从与经济体制改革关系的角度，多次提出政治体制改革问题。强调政治体制改革同经济体制改革应该相互依赖、相互配合。不改革政治体制，就不能保障经济体制改革的成果。我们所有的改革最终能不能成功，还是决定于政治体制的改革。

此后的每次党代会和多次中央全会，都对政治体制改革提出了要求和任务。

随着改革开放的不断深化，政治体制改革逐步推进：努力改革和完善党的领导方式，扩大和发展人民民主，深化行政管理体制改革，改革干部人事制度，实施依法治国方略，改革和完善决策机制，完善民主监督制度，健全党的民主集中制，等等。

通过改革，人民民主逐步扩大。1979 年通过的选举法，恢复民主选举制度，把直接选举范围扩大到县级，改革等额选举为差额选举。1982 年第一次修改选举法，对农村地区人大代表和少数民族代表产生的比例作出适当调整。1986 年第二次修改选举法，简化选民登记手续，限制委托投票次数，防止非正常选举。1995 年第三次修改选举法，降低农村与城市代表分配名额之间比例，规范地方人大代表名额，进一步完善差额选举。2004 年 8 月，十届人大常委会对选举法再次进行修改，防止选举过程中出现"暗箱"操作和贿选的发生。十七大后，实行了城乡按相同人口比例选举人大代表。

在干部人事制度方面，废除领导干部职务终身制，建立离退休制度，实现干部队伍革命化、年轻化、知识化、专业化。还实行了公务员制度，并不断加以完善。

23 确立依法治国的基本方略

中国的法治建设走过了艰难曲折的历程。总结历史的经验教训，特别是吸取"文化大革命"的惨痛教训，1978 年的十一届三中全会指出，"为了保障人民民主，必须加强社会主义法制，使民主制度化、法律化，使这种制度和法律具有稳定性、连续性和极大的权威"。

从此，发展民主，健全法制，成为党和国家坚定不移的基本方针。

1982 年的十二大党章，第一次承认并写进了"党必须在宪法和法律的范围内活动"。1982 年 12 月，五届全国人大五次会议通过第四部《中华人民共和国宪法》，标志中国迈出健全和完善社会主义法制的坚定步伐。"法制"一词也第一次写进宪法。

1996 年，江泽民首次提出依法治国的要求。1997 年的十五大，确认依法治国是党领导人民治理国家的基本方略，是发展社会主义市场经济的客观需要，是社会文明进步的重要标志，是国家长治久安的重要保障，明确提出到2010年形成中国特色社会主义法律体系。

1999年3月，"依法治国"的基本方略和奋斗目标被写入了宪法。

依法治国的本质，就是崇尚法律在国家生活中的权威，不仅将法律作为治理国家的最基本方式之一，而且要求治理国家的所有行为都有法律的依据，都在法治的轨道上运行。把依法治国作为治国方略，标志着中国共产党的执政方式从主要依靠政策等手段转变为主要依靠法治等手段，把国家和社会的管理工作都纳入法治的范围。

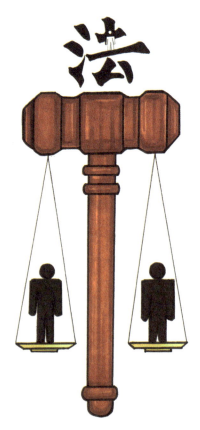

依法治国，要求依照宪法和法律的规定来治理国家，管理社会事务，保证国家一切事务都在法治的轨道上运行，严格做到有法可依、有法必依、执法必严、违法必究，实现国家政治生活、经济生活、社会生活的法治化和规范化

2002 年，十六大提出，发展社会主义民主政治，最根本的是要把坚持党的领导、人民当家作主和依法治国有机统一起来。

2004 年 3 月，十届全国人大二次会议通过《中华人民共和国宪法修正案》，将"国家尊重和保障人权"等规定载入宪法。

2007 年，十七大提出，依法治国是社会主义民主政治的基本要求，强调要全面落实依法治国基本方略，加快建设社会主义法治国家。

截至 2012 年 12 月底，中国已制定现行宪法和有效法律共 244 部、行政法规 721 部、地方性法规 8600 多部，涵盖社会关系各个方面的法律部门已经齐全，各个法律部门中基本的、主要的法律已经制定，相应的行政法规和地方性法规比较完备，法律体系内部总体做到科学和谐统一。

十八大之后，依法治国又迈开了新的步伐。

24 人民代表大会制度不断完善

人民代表大会制度是我国的根本政治制度。自 1954 年一届全国人大一次会议以来，人民代表大会制度经历了长期的发展过程。

1978 年 2 月至 3 月，五届全国人大一次会议举行，开始正常地履行自己的职能。人民代表大会制度进入以"坚持、巩固、改革、完善"为特点的新的发展阶段。

1979 年 6 月至 7 月召开的五届全国人大二次会议，对宪法有关规定作了 3 项重要修改：一是将地方各级革命委员会改为地方各级人民政府，二是在县和县以上的地方各级人民代表大会设立常务委员会，三是将县级人民代表大会代表改为由选民直接选举。

1982 年 11 月至 12 月，五届全国人大五次会议通过新修改的《中华人民共和国宪法》，加强了人民代表大会制度，扩大了全国人大常委会的职权，将原来属于全国人大的一部分职权交由常委会行使，同时增设一些专门委员会，并规定人大常委会委员不得同时在政府、法院和检察院担任职务。

1983年6月，召开六届全国人大一次会议。从此以后，全国人大每5年换届一次，人大活动和工作完全正常化。

每届全国人大一般举行5次全体会议，审议和批准上年度中央和地方预算执行情况和本年度中央和地方预算草案的报告，听取和审议全国人大常委会工作报告、政府工作报告、最高人民法院工作报告、最高人民检察院工作报告。

每届全国人大常委会举行几十次会议，制定和修改一批重要法律，听取和审议"一府两院"多个工作报告，组织开展执法检查、专题询问和专题调研，针对一些重要法律问题作出解释，对有关国家发展、安全和法治的一些问题作出决定。

地方人大及其常委会依法发挥了重要作用。

改革开放以来，人民代表大会制度不断发展、完善。按照宪法赋予的职权，各级人民代表大会及其常务委员会发挥作为国家权力机关的作用，成为同人民群众保持密切联系的代表机关。各级人大及其常委会加强自身建设，不断提高了代表人民行使国家权力的能力。

25　渐次深化的政府机构改革

由于长期实行高度集中的计划经济和政治体制，中国的政府机构一直存在着机构臃肿、人员庞杂的问题。改革开放之后，社会主义市场经济发展，政府的职能发生转换，及时进行政府机构改革成为一项重要的任务。

1982年、1988年、1993年、1998年、2003年、2008年、2013年、2018年，在不同的环境和条件下，党和国家先后进行了8次以机构改革为主要内容的行政管理体制改革。

1982年的机构改革是改革开放以来的第一次机构改革。主要内容是改革领导体制，精简机构和人员，较大幅度撤并经济管理部门，废除实际存在的领导干部职务终身制，实行干部离退休制度。加快干部队伍年轻化，下放管理权限。

1988 年的机构改革，第一次提出"转变政府职能是机构改革的关键"，改革的核心是政企分开、下放权力。撤并多个专业经济管理部门，第一次对各部门实行定职能、定机构、定编制的"三定"。

1993 年的机构改革，是在确立社会主义市场经济体制的背景下进行的。重点是转变政府职能。主要内容是改革综合经济部门，把工作重点真正转到宏观调控上来。将一些专业经济部门改为经济实体或行业总会，精简机构和人员。

1998 年的机构改革，是改革开放以来机构变动较大、人员调整较多的一次。主要是把政府职能切实转变到宏观调控、社会管理和公共服务方面来。完善国家公务员制度。加强宏观调控部门，调整和减少专业经济管理部门，适当调整社会服务部门，加强执法监督部门，发展社会中介组织。按照权责一致的原则，明确划分部门之间的职能分工，相同或相近的职能交由一个部门承担。

我国行政管理体制一直存在数量庞大，机构臃肿、人浮于事的现象。针对这一积弊，进行行政管理体制和机构改革的目的是精兵简政、转变政府职能、提高行政效率

同时加强行政体系的法制建设。

2003 年的机构改革，调整、设立了部分机构。重点是深化国有资产管理体制改革，完善宏观调控体系，健全金融监管体制，继续推进流通体制改革，加强食品安全和安全生产监管体制建设。

2008 年的机构改革，主要是围绕转变政府职能和理顺部门职责关系，探索实行职能有机统一的大部门体制，合理配置宏观调控部门职能，加强能源环境管理机构，整合完善工业和信息化、交通运输行业管理体制，以改善民生为重点加强与整合社会管理和公共服务部门。

十八大之后，又进行了两次机构改革。

26　中国共产党领导的多党合作和政治协商制度

中国共产党在长期的革命、建设、改革中，形成和发展了中国共产党领导的多党合作和政治协商制度。

中国国民党革命委员会、中国民主同盟、中国民主建国会、中国民主促进会、中国农工民主党、中国致公党、九三学社、台湾民主自治同盟等民主党派，大都建立于抗日战争后期和解放战争时期，与中国共产党有着不同程度的联系和合作共事关系，形成了人民民主统一战线。1949 年，共同筹备成立了中华人民共和国。中国人民政治协商会议第一届全体会议的召开，标志着中国共产党领导的多党合作和政治协商制度的正式确立。

十一届三中全会后，各民主党派积极参与改革开放和社会主义现代化建设事业，中国共产党领导的多党合作和政治协商制度得到巩固和发展。

1979 年 10 月，邓小平在《各民主党派和工商联是为社会主义服务的政治力量》的讲话中，第一次将多党合作制度提升到政治制度层面。

1982 年 9 月，十二大确立了中国共产党同民主党派"长期共存、互相监督、肝胆相照、荣辱与共"的方针。

1987 年，邓小平在审阅十三大报告稿时，在"中国共产党领导的多党合作"一句旁亲笔加上"协商"两个字，从而奠定了"共产党领导的多党合作和政治协商制度"这一重要概念的基础。

1989 年 12 月 30 日，中共中央颁发《关于坚持和完善中国共产党领导的多党合作和政治协商制度的意见》，明确指出"中国共产党领导的多党合作和政治协商制度是我国一项基本政治制度"，与中国共产党长期合作的民主党派是"参政党"。

1993 年 3 月，八届全国人大一次会议将"中国共产党领导的多党合作和政治协商制度将长期存在和发展"载入宪法。

2005 年 2 月，中共中央颁发《关于进一步加强中国共产党领导的多党合作和政治协商制度建设的意见》，在认真总结实践经验的基础上，着眼于推进社会主义政治文明建设，推进多党合作和政治协商的制度化、规范化、程序化，成为新世纪新阶段指导多党合作事业发展的纲领性文件。

中国共产党领导的多党合作和政治协商制度，既不同于西方国家的两党制或多党制，也有别于有的国家的一党制，是中国特色社会主义民主政治的重要组成部分。

27 人民政协的历程和职能

1949 年 9 月，中国人民政治协商会议第一届全体会议代行全国人民代表大会的职权，筹备成立了中华人民共和国。1954 年人民代表大会制度确立后，中国人民政治协商会议第二届全国委员会第一次会议通过《中国人民政治协商会议章程》，中国人民政治协商会议成为中国共产党领导的多党合作和政治协商制度的重要机构。

随后的人民政协走过了艰难曲折的历程。1978 年 2 月至 3 月，全国政协五届一次会议举行，人民政协恢复正常活动。此后，每 5 年换届一次成为常态。到现在，全国政协已经是第十三届，《中国人民政治协商会议章程》也作了多次修正。

改革开放以来，中国人民政治协商会议积极发挥爱国统一战线组织的重要作用，不断得到完善和发展。

1982年，人民政协的性质、作用被载入宪法，为人民政协履行职能、开展工作提供了宪法保障。

1994年3月，全国政协八届二次会议修订后的政协章程明确规定：人民政协的"主要职能是政治协商和民主监督，组织参加本会的各党派、团体和各族各界人士参政议政"。从此，参政议政与政治协商、民主监督一并被列为人民政协的三项主要职能。

1995年年初，中共中央转发《政协全国委员会关于政治协商、民主监督、参政议政的规定》，人民政协的各项工作从经常化走向制度化、规范化、程序化。

2005年以后，中共中央在颁布《关于进一步加强中国共产党领导的多党合作和政治协商制度建设的意见》的基础上，又颁布了《关于加强人民政协工作的意见》，这是中共中央第一次专门就人民政协工作颁发的文件。

十七大从发展社会主义民主政治、建设社会主义政治文明的战略高度，对加强和改进人民政协工作作出了部署。

现在，人民政协是中国人民爱国统一战线组织，是中国共产党领导的多党合作和政治协商的重要机构，是我国政治生活中发扬社会主义民主的重要形式，是国家治理体系的重要组成部分，是具有中国特色的制度安排。人民政协围绕团结和民主两大主题履行政治协商、民主监督、参政议政职能，在中国的政治和社会生活中发挥了不可替代的重大作用。

28　科教兴国成为国家战略

科技、教育在社会发展和进步中发挥着极其重要的作用。改革开放以来，党和国家高度重视科技、教育的发展，逐步将其放到国家战略的高度。

1985年，中共中央先后发出《关于科学技术体制改革的决定》和《关于教育体制改革的决定》。1988 年，邓小平进一步提出："科学技术是第一生产力。"

面对国际形势的挑战和国内发展的需要，1995 年 5 月，《中共中央、国务院关于加速科技进步的决定》首次提出"科教兴国"的战略。同月，中共中央、国务院在北京召开全国科学技术大会，全面部署落实这一决定。江泽民号召全党全国人民实施"科教兴国"战略。

1996 年 3 月，八届全国人大四次会议正式批准的《国民经济和社会发展"九五"计划和 2010 年远景目标纲要》，将科教兴国作为一条重要的指导方针和发展战略上升为国家意志。

科教兴国战略的主要内容是：在科学技术是第一生产力思想的指导下，坚持教育为本，把科技和教育摆在经济、社会发展的重要位置，增强国家的科技实力及向现实生产力转化的能力，提高全民族的科技文化素质，把经济建设转移到依靠科技进步和提高劳动者素质的轨道上来，加快建设富强民主文明和谐美丽的社会主义现代化强国。

实施科教兴国战略，要在全社会形成尊重知识、崇尚科学、尊重人才的氛围，鼓励科技人员在竞争中创新创业

1997 年，十五大再次强调，把科教兴国战略与可持续发展战略作为跨世纪的国家发展战略。

1998 年 1 月，中国科学院向中共中央和国务院呈报《迎接知识经济时代，建设国家创新体系》的报告。1999 年 1 月，国务院批转教育部《面向二十一世纪教育振兴行动计划》。

2002 年，十六大明确提出，要走新型工业化道路，大力实施科教兴国战略和可持续发展战略。

2007 年，十七大进一步指出，要更好实施科教兴国战略、人才强国战略、可持续发展战略，着力把握发展规律、创新发展理念、转变发展方式、破解发展难题，提高发展质量和效益，实现又好又快发展。

科教兴国战略把科技、教育进步作为经济和社会发展的强大动力，是确保经济社会持续、快速、健康发展，增强国际竞争力的根本措施，对现代化建设的不断推进具有重大的意义。

建设成就要览之十七：科技规划（二）

1978 年的科学大会，通过《一九七八——一九八五年全国科学技术发展规划纲要》。这是改革开放之后我国的第一个科技发展规划，也是我国发展科学技术的第三个长远规划。

规划对自然资源、农业、工业、国防、环境保护等 *27* 个领域和基础科学、技术科学两大门类的科学技术研究任务做了安排，确定了 *108* 个重点研究项目。其中，又把农业、能源、材料、电子计算机、激光、空间技术、高能物理、遗传工程 *8* 个影响全局的综合性科学技术领域，作为重中之重。

国家在实施科技发展规划的同时，实施了一系列国家指令性科技计划，如科技攻关计划、星火计划、"*863* 计划"、火炬计划等，形成了面向经济建设主战场、发展高新技术及其产业和加强基础性研究三个层次的纵深部署，构筑了中国新时期科技发展的战略框架。

1982 年开始实施国家科技攻关计划。这是第一个国家综合性的科技计划，也是 *20* 世纪中国最大的科技计划。主要解决国民经济和社会发展中带有方向性、关键性和综合性的问题。到"十一五"计划期间，国家科技攻关计划扩展为国家科技支撑计划。

1986 年年初，开始实施星火计划。宗旨是：把先进适用的技术引向农村，引导亿万农民依靠科技发展农村经济。

1986 年 *3* 月 *3* 日，著名科学家王大珩、王淦昌、陈芳允、杨嘉墀上书中共中央，提出发展高技术的建议。邓小平迅速批示。*11* 月 *18* 日，中共中央、国务院转发《高技术研究发展计划纲要》，提出生物技术、航天技术、信息技术、先进防御技术、自动化技术、能源技术和新材料等七个领域的 *15* 个主题项目，作为我国今后发展高技术的重点。该计划后被称为"*863* 计划"。

1988 年 *8* 月 *5* 日至 *8* 日，国家科委召开全国第一次"火炬"计划工作会议，"火炬"计划正式开始实施。"火炬"计划即高新技术产业发展计划，是促进高技术、新技术研究成果商品化，推动高技术、新技术产业形成和发展的部署和安排。

1997 年 *6* 月 *4* 日，国家决定制定和实施《国家重点基础研究发展规划》。随后，科技部组织实施国家重点基础研究发展规划（又称"*973* 计划"）。

1984 年，启动国家重点实验室建设计划，自 *1984* 至 *1997* 年，建成 *155* 个国家重点实验室。*2000* 年开始，推动学科交叉、综合集成的国家实验室（试点）工作。*2015* 年 *11* 月，科技部公布第三批企业国家重点实验室名单。

2018 年 *6* 月 *25* 日，科技部、财政部发布《关于加强国家重点实验室建设发展的若干意见》，规划到 *2020* 年，基本形成定位准确、目标清晰、布局合理、引领发展的国家重点实验室体系，总量保持在 *700* 个左右。到 *2025* 年，国家重点实验室体系全面建成，科研水平和国际影响力将大幅跃升。

建设成就要览之十八：科学考察

1976 年 *3* 月 *30* 日—*5* 月 *22* 日，万吨远洋科学调查船"向阳红 *5* 号"和"向阳红 *11* 号"在太平洋海域成功进行首次远洋科学调查。

1985 年 *2* 月 *20* 日，中国第一个南极考察站——长城站在南极乔治王岛建成。此后，又陆续建成南极中山站、昆仑站、泰山站。

2004 年 *7* 月 *28* 日，中国第一个北极科学考察站——黄河站在挪威斯匹次卑尔根群岛的新奥尔松建成并投入使用。

2005 年 *1* 月 *18* 日，中国南极内陆冰盖昆仑科考队确认找到南极内陆冰盖的最高点，这是人类首次登上南极内陆冰盖最高点。

2013 年 *5* 月 *15* 日，中国成为北极理事会正式观察员。

29 大力开展精神文明建设

十一届三中全会以来，党和国家在加强物质文明建设的同时，明确提出了"精神文明"的概念和理论，将"文明"作为现代化建设的战略目标之一，持之以恒地推动和加强社会主义精神文明建设。

十二大第一次明确提出："社会主义精神文明是社会主义的重要特征，是社会主义制度优越性的重要表现。"十三大将这一观点纳入"建设有中国特色的社会主义理论的轮廓"中。

1986年9月，十二届六中全会专门研究精神文明建设问题，作出《中共中央关于社会主义精神文明建设指导方针的决议》，对社会主义精神文明建设的战略地位、指导方针、根本任务、奋斗目标、基本内容以及有关政策和措施等，作了系统的阐发。

坚持在推进物质文明建设的同时，大力加强社会主义精神文明建设，做到"两手抓""两手硬"

时隔 10 年之后，1996 年的十四届六中全会又专门研究精神文明建设问题，作出《中共中央关于加强社会主义精神文明建设若干重要问题的决议》，系统地制定了跨世纪精神文明建设的战略。

围绕精神文明建设的目标任务，党和国家组织开展了一系列活动，推进了一系列重要工作。

20 世纪 80 年代，开展了以讲文明、讲礼貌、讲卫生、讲秩序、讲道德和心灵美、语言美、行为美、环境美为内容的"五讲""四美"文明礼貌活动。

持续开展学雷锋和其他英雄模范的活动。中共中央办公厅印发《关于深入开展学雷锋活动的意见》。组织学习张海迪，授予郭明义"当代雷锋"荣誉称号。

大力开展文明创建活动。建设"全国文明城市（区）""全国文明村镇""全国文明单位"，定期授予相应称号。

实施马克思主义理论研究和建设工程。自 2004 年启动以来，已成为思想理论建设的标志性工程，不断取得重大阶段性成果，推动了党的思想理论建设和哲学社会科学的繁荣发展。

加强社会主义核心价值观建设。大力倡导践行社会主义核心价值观。

加强道德建设。中共中央印发《公民道德建设实施纲要》，大力倡导"爱国守法、明礼诚信、团结友善、勤俭自强、敬业奉献"的基本道德规范。评选和表彰全国道德模范。

实施精神文明建设"五个一工程"，即定期评选一本好书、一台好戏、一部优秀影片、一部优秀电视剧（片）、一篇或几篇有创见有说服力的文章。

建设成就要览之十九：体育运动

1956 年，举重运动员陈镜开成为新中国第一个打破世界纪录的运动员。

1959 年 **4** 月 **5** 日，容国团获得第二十五届世界乒乓球锦标赛男子单打冠军。这是中国运动员第一次在世界锦标赛中获得冠军。

1960 年 **5** 月 **25** 日，中国登山队队员王富洲、贡布（藏族）、屈银华从北坡集体登上世界最高峰珠穆朗玛峰。人类第一次战胜珠峰北坡天险。

1981 年 *11* 月 *7* 日—*16* 日，中国女排在日本大阪举行的第三届世界杯女子排球赛上七战七捷，首次获得世界冠军。到 *1986* 年，中国女排在世界杯、世界锦标赛和奥运会上 *5* 次蝉联世界冠军。

1982 年，中国国家羽毛球队首次参加汤姆斯杯就勇夺冠军，从此成为中国体育军团的王牌之师，在世界大赛上多次夺得尤伯杯、汤姆斯杯、苏迪曼杯和奥运会、世锦赛冠军，多次包揽世界级大赛的全部冠军。

1984 年 *7* 月 *28* 日—*8* 月 *12* 日，中国体育代表团参加在美国洛杉矶举行的第 *23* 届奥运会，实现中国在奥运会金牌榜上"零"的突破。这是 *1979* 年 *11* 月 *26* 日中国奥委会在国际奥委会中的合法权利得到恢复后，首次派体育代表团参加奥运会。

1988 年 *9* 月 *17* 日—*10* 月 *2* 日，第二十四届夏季奥林匹克运动会在韩国汉城举行。中国运动员在本届奥运会上共获得金牌 *5* 枚、银牌 *11* 枚、铜牌 *12* 枚。

1990 年 *9* 月 *22* 日—*10* 月 *7* 日，第十一届亚洲运动会在北京举行。这是中国第一次承办的综合性国际体育大赛。来自 *37* 个国家和地区的 *6578* 人参加了这届亚运会。中国体育代表团位居金牌榜首位。

2008 年 *8* 月 *8* 日—*24* 日、*9* 月 *6* 日—*17* 日，第二十九届奥运会、第十三届残奥会在北京成功举办。这是中国首次举办夏季奥运会、残奥会（共有 *204* 个国家和地区的代表团 *1* 万多名运动员参加了奥运会）。中国体育代表团在奥运会上位居金牌榜首位，在残奥会上位居金牌榜和奖牌榜首位。

2010 年 *11* 月 *12* 日—*27* 日，第十六届亚运会在广州举办，主题是"激情盛会，和谐亚洲"。来自 *45* 个国家和地区的 *14000* 多名官员和运动员参加本届亚运会。中国体育代表团位居金牌榜和奖牌榜首位。

2015 年 *7* 月 *31* 日，北京获得第 *24* 届冬季奥林匹克运动会举办权。

1949—*2018* 年，我国运动员共获得世界冠军 *3458* 个。

30　党和国家的民族政策

　　中国是统一的多民族国家，少数民族有 1 亿多人口。《中华人民共和国宪法》和《中国共产党章程》都从不同的角度明确规定处理我国民族问题的基本原则是民族平等、民族团结、民族区域自治和各民族共同繁荣。

　　民族平等，是党的民族政策的基石。民族团结，是解决我国民族问题的重大原则。民族区域自治，是解决我国民族问题的基本政策，是我国的一项基本政治制度。实现各民族共同繁荣，是我们党在民族政策上的根本立场。

1949 年，党领导确立了民族区域自治制度。改革开放以来，党和国家继续坚持和完善民族区域自治制度，巩固和发展社会主义的民族关系，根据各少数民族的特点和需要，实行一系列优惠政策，不断加大对少数民族地区的扶持力度，帮助少数民族地区加速发展。

1982 年 12 月修订的《中华人民共和国宪法》规定："国家根据各少数民族的特点和需要，帮助各少数民族地区加速经济和文化的发展。"

1984 年 5 月，六届全国人大二次会议通过《中华人民共和国民族区域自治法》。2001 年，对《中华人民共和国民族区域自治法》作了修改，进一步适应了形势发展的需要。

1987 年 4 月 17 日，中共中央、国务院批转中央统战部、国家民委《关于民族工作几个重要问题的报告》，阐述了新时期民族工作总的指导思想和根本任务。

1992 年 1 月，召开中央民族工作会议，强调要加快发展少数民族和民族地区的经济文化等各项事业，促进各民族的共同繁荣。

1993 年 11 月，全国统战工作会议强调，要继续巩固和发展社会主义的民族关系，坚持和完善民族区域自治制度，加快民族地区的经济发展和社会进步。

江泽民提出，汉族离不开少数民族，少数民族离不开汉族，各少数民族之间也相互离不开。

2003 年 3 月，胡锦涛强调，各民族共同团结奋斗，共同繁荣发展是新世纪新阶段民族工作的主题。

十六大以后，中共中央、国务院发布了《关于进一步加强民族工作加快少数民族和民族地区经济社会发展的决定》（2005 年）。国务院颁发了《实施〈中华人民共和国民族区域自治法〉若干规定》，专门制定实施了扶持人口较少民族发展规划和《少数民族事业"十一五"规划》。

2009 年 9 月 29 日，国务院第五次全国民族团结进步表彰大会举行。胡锦涛讲话指出，60 年的经验归结到一点，就是必须坚持一切从我国民族问题实际出发，坚定不移走中国特色解决民族问题的正确道路。

十八大以后，民族区域自治制度和民族政策继续得到巩固和发展。2014年9月，中央民族工作会议暨国务院第六次全国民族团结进步表彰大会强调，要坚持把维护民族团结和国家统一作为各民族最高利益，把各族人民智慧和力量最大限度凝聚起来，同心同德为实现"两个一百年"奋斗目标、实现中华民族伟大复兴的中国梦而奋斗。10月12日，中共中央、国务院印发了《关于加强和改进新形势下民族工作的意见》。

31 党的宗教工作基本方针

中国是一个多宗教的国家。中国宗教徒信奉的主要有佛教、道教、伊斯兰教、天主教和基督教。中国共产党在妥善处理宗教问题的长期实践中，逐步形成了一整套方针政策，概括为党的宗教工作基本方针。

《中华人民共和国宪法》第三十六条规定："中华人民共和国公民有宗教信仰自由。""任何国家机关、社会团体和个人不得强制公民信仰宗教或者不信仰宗教，不得歧视信仰宗教的公民和不信仰宗教的公民。""国家保护正常的宗教活动。"同时也规定："任何人不得利用宗教进行破坏社会秩序、损害公民身体健康、妨碍国家教育制度的活动。""宗教团体和宗教事务不受外国势力的支配。"

1982年3月31日，中共中央印发《关于我国社会主义时期宗教问题的基本观点和基本政策》。

1990年12月，国务院召开全国宗教工作会议，江泽民要求贯彻党和政府的宗教信仰自由政策，保持宗教政策的稳定性和连续性，动员各级党委、政府和社会各方面更加关心、重视和做好宗教工作。

1991年2月5日，中共中央、国务院印发《关于进一步做好宗教工作若干问题的通知》，要求全面正确地贯彻执行宗教信仰自由政策，依法对宗教事务进行管理，充分发挥爱国宗教团体的作用，坚决打击利用宗教进行的犯罪活动，健全宗教工作机构，加强宗教工作干部队伍建设，加强党对宗教工作的领导。

1993 年 11 月 7 日，江泽民在全国统战工作会议上指出，要全面、正确地贯彻执行党的宗教政策，依法加强对宗教事务的管理，积极引导宗教与社会主义社会相适应。

2001 年 12 月 10 日，江泽民在全国宗教工作会议上指出，我国信仰各种宗教的群众有 1 亿多，他们也是建设有中国特色社会主义的积极力量。要全面贯彻党的宗教信仰自由政策，依法管理宗教事务，积极引导宗教与社会主义社会相适应，坚持独立自主自办的原则，巩固和发展党同宗教界的爱国统一战线。翌年 1 月 20 日，中共中央、国务院作出《关于加强宗教工作的决定》。

2004 年 7 月 7 日，国务院常务会议通过《宗教事务条例》。

2016 年 4 月 22 日，全国宗教工作会议召开。习近平强调，要坚持和发展中国特色社会主义宗教理论，全面提高新形势下宗教工作水平。积极引导宗教与社会主义社会相适应，一个重要的任务就是支持我国宗教坚持中国化方向。做好党的宗教工作，把党的宗教工作基本方针坚持好，关键是要在"导"上想得深、看得透、把得准，做到"导"之有方、"导"之有力、"导"之有效，牢牢掌握宗教工作主动权。

2017 年 6 月 14 日，国务院常务会议通过修订后的《宗教事务条例》，突出强调依宪依法保障公民宗教信仰自由；坚持宗教活动的宗教特性，遏制宗教商业化运作；打击宗教极端主义，维护国家安全和社会秩序。

32 基层民主建设

人民依法直接行使民主权利，管理基层公共事务和公益事业，是人民当家作主最有效、最广泛的途径。

1981 年，《关于建国以来党的若干历史问题的决议》指出，"在基层政权和基层社会生活中逐步实现人民的直接民主"。

1982 年的《中华人民共和国宪法》，把城市居民委员会和村民委员会作为基层群众性自治组织载入宪法。1992 年的十四大，第一次把中国基层民主的制度形式划定为三大组成部分，即村委会、居委会和职代会。

2007 年的十七大进一步提升了基层民主的战略地位，强调发展基层民主是人民当家作主最有效、最广泛的途径，必须作为发展社会主义民主政治的基础性工程重点推进。

经过不断实践、改革和发展，基层群众自治制度形成了"2+1"种主要形式。

一是村民自治组织。1987 年 11 月，六届全国人大常委会二十三次会议通过的《中华人民共和国村民委员会组织法（试行）》规定，"村民委员会是村民自我管理、自我教育、自我服务的基层群众性自治组织"。村民自治由此正式确立其法律地位。2009 年 4 月，中办、国办发出《关于加强和改进村民委员会选举工作的通知》。

二是城市居民自治组织。早在 1954 年，一届全国人大常委会四次会议便通过《城市居民委员会组织条例》，把居民委员会规定为"群众自治性的居民组织"。改革开放后，为适应城市社会的变化，七届全国人大常委会十一次会议于 1989 年 12 月通过和颁布《中华人民共和国城市居民委员会组织法》，将居民委员会与村民委员会作了同样的定性。2010 年 8 月，中办、国办发布《关于加强和改进城市社区居民委员会建设工作的意见》。

三是职工代表大会。1986 年中共中央、国务院颁布的《全民所有制工业企业职工代表大会条例》、1988 年七届全国人大一次会议通过的《中华人民共和国全民所有制工业企业法》，明确规定了职工代表大会的性质和职权。职工代表大会闭幕后，由企业工会委员会作为职代会的工作机构，负责职工代表大会的日常工作。职代会是基层民主制度，但在法律上没有规定其为"基层群众自治"制度。

广大人民在城乡基层群众性自治组织中，依法直接行使民主选举、民主决策、民主管理和民主监督的权利，对所在基层组织的公共事务和公益事业实行民主自治，正在成为当代中国最直接、最广泛的民主实践。

33 社会民生建设

加强经济建设，创造更多的物质财富，就是从根本上提高人民群众的生活水平，是全局性、基础性的民生建设。与此同时，各种家庭的民生问题，也需要妥善解决。改革开放以来，特别是进入 21 世纪以来，党和国家在抓紧经济建设的同时，愈益注意社会的全面发展，更加重视民生问题的解决。

十六大把"社会更加和谐"纳入全面建设小康社会的战略目标。十六届四中全会概括形成"和谐社会"的概念，要求不断提高构建社会主义和谐社会的能力。

2006 年 10 月，十六届六中全会通过《中共中央关于构建社会主义和谐社会若干重大问题的决定》，把构建社会主义和谐社会作为一个重大的战略目标，进一步提到全党和全国人民的面前。

党和国家进一步加大了社会和民生建设的力度。

2005 年 12 月 29 日，十届全国人大常委会十九次会议决定，自 2006 年 1 月 1 日起，废止一届全国人大常委会于 1958 年 6 月 3 日通过的《中华人民共和国农业税条例》。国家不再针对农业单独征税。全面取消农业税，标志着在我国延续了 2600 年的古老税种从此退出历史舞台。在此基础上，党和国家继续采取措施减轻农民负担。2006 年 6 月，国务院办公厅印发《关于做好当前减轻农民负担工作的意见》，2012 年 4 月，国务院办公厅又印发了《关于进一步做好减轻农民负担工作的意见》。

2007 年 7 月，国务院发出《关于在全国建立农村最低生活保障制度的通知》。8 月，发出《关于解决城市低收入家庭住房困难的若干意见》，要求以城市低收入家庭为对象，进一步建立健全城市廉租住房制度，加大棚户区、旧住宅区改造力度。2012 年 1 月 1 日起，为 2011 年 12 月 31 日前规定范围的企业退休人员再次提高基本养老金水平，实现了"八连增"。

社会建设还不断提高科技含量和现代化水平。党和政府明确提出"互联网＋"的战略要求和建设网络强国的战略。互联网的普及和不断创新发展，极大

民生建设涉及的领域非常广泛。要加强普惠性、基础性、兜底性民生建设，保障群众基本生活，满足人民多层次多样化需求，使改革发展成果更多更公平惠及全体人民

改变了中国人民的生产方式、消费方式和生活方式，成为改革开放的巨大成果之一。

国家还大力实施城乡一体化建设。2012年1月，国家统计局发布数据，2011年年底中国大陆城镇人口为69079万，农村人口为65656万。城镇人口占总人口比重达到51.27%，首次超过农村。

建设成就要览之二十：火箭发射

1971 年 *9* 月 *10* 日，中国洲际火箭首次飞行试验基本成功。

1980 年 *5* 月 *18* 日，向太平洋预定海域发射第一枚运载火箭获得圆满成功。

1982 年 *10* 月 *12* 日，首次以潜艇从水下向预定海上目标区发射运载火箭获得成功。

1984 年 *4* 月 *8* 日，首次成功发射试验通信卫星"东方红 *2* 号"，并定点于东经 *125* 度赤道上空。中国成为世界上第五个掌握卫星通信能力的国家。

1985 年 *10* 月 *26* 日，航天工业部负责人宣布：我国自行研制的"长征二号""长征三号"火箭投入国际市场，承揽国内外用户发射卫星业务。

1986 年 *2* 月 *1* 日，发射实用通信广播卫星定点成功。这是第二次成功发射地球同步卫星，标志着中国已经全面掌握运载火箭研制和发射、测控技术，卫星通信由试验阶段进入实用阶段。

1990 年 *4* 月 *7* 日，中国自行研制的"长征三号"运载火箭将美国休斯公司生产的"亚洲一号"卫星送入转移轨道，这是中国运载火箭首次成功地完成为国外发射商用卫星的服务。

1990 年 *7* 月 *16* 日，中国第一枚"长征二号"捆绑式大推力运载火箭发射成功，使中国的运载火箭系列增加了新的品种，表明中国已经具有发射重型卫星的能力。

1992 年 *8* 月 *14* 日，中国自行研制的"长征二号 *E*"捆绑式运载火箭成功把美国研制的澳大利亚"澳赛特 *B1*"通信卫星送入预定轨道。这是中国航天技术走向世界的一次跨越。

1994 年 *2* 月 *8* 日，中国新型运载火箭"长征三号甲"在西昌卫星发射中心首次发射成功。

2016 年 *11* 月 *3* 日，中国最大推力新一代运载火箭"长征五号"首次发射成功。

34　深化医药体制改革

改革开放以来，党和国家一直坚持探索和推进医药卫生体制改革，加快建立基本医疗卫生制度，大力发展医疗卫生服务，努力实现人人享有基本医疗服务的目标，不断取得了阶段性成果。

1996 年 4 月，国务院办公厅在江苏镇江召开全国职工医疗保障制度改革扩大试点工作会议，提出了建立职工社会医疗保险制度的 10 项基本原则。

1996 年 12 月，召开全国卫生工作会议。1997 年 1 月，中共中央、国务院作出《关于卫生改革与发展的决定》。

1998 年，开始推行"三项改革"，即医疗保险制度改革、医疗卫生体制改革、药品生产流通体制改革。

2006 年 2 月，国务院发出《关于发展城市社区卫生服务的指导意见》。

截至 2020 年年底，我国全口径基本医疗保险参保人数达到 13.6 亿人，
参保覆盖率稳定在 95% 以上

2007 年 1 月，全国卫生工作会议提出四大基本制度，即基本卫生保健制度、医疗保障体系、国家基本药物制度和公立医院管理制度。10 月，十七大报告中首次明确提出卫生医疗领域的"四大体系"，即"覆盖城乡居民的公共卫生服务体系、医疗服务体系、医疗保障体系、药品供应保障体系"。"四大体系"为医药卫生体制改革构建了新的框架。

2009 年 3 月 17 日，中共中央、国务院公布《关于深化医药卫生体制改革的意见》。18 日，国务院印发《医药卫生体制改革近期重点实施方案（2009—2011 年）》，提出切实缓解看病难、看病贵的五项重点改革措施和建立健全覆盖城乡居民的基本医疗卫生制度的长远目标。4 月，召开深化医药卫生体制改革工作会议。李克强出席并讲话指出，要切实有效地把基本医疗卫生制度作为公共产品向全民提供。

2010 年 5 月，专门举办全国深化医药卫生体制改革工作会议暨省部级领导干部深化医药卫生体制改革专题研讨班。

2012 年 3 月，国务院印发《"十二五"期间深化医药卫生体制改革规划暨实施方案》。4 月，召开全国深化医药卫生体制改革工作会议。李克强强调，"十二五"期间深化医改要抓住医保、医药、医疗 3 个重点环节，实行"三轮驱动"。

十八大之后，医药卫生体制改革进一步向纵深发展。

35 探索住房制度改革

改革开放前，我国的住房建设始终不能满足城镇居民的需求。长期实行的低租金福利分房制度，使国家和企业背上沉重的包袱。到 1978 年，全国城镇居民人均居住面积仅有 3.6 平方米。至于农村的居民住房，都是由农民自行解决。中国的贫穷落后，从住房就可以直接感受到。

实践证明，计划经济体制下住房建设和分配的路子已经走入死胡同。要真正解决中国人的住房问题，就不能不实行改革。

从 1978 年开始，国家一方面加快住房建设步伐，另一方面开始探索住房制度改革。1980 年 4 月，邓小平明确指出，住房改革要走商品化的路子。由此，揭开了住房制度改革的大幕。此后，进行了非常复杂和艰难的探索，先后提出过多种方案，进行过试点、研究。

1991 年 6 月，国务院发出《关于继续积极稳妥地进行城镇住房制度改革的通知》。11 月，国务院办公厅下发《关于全面推进城镇住房制度改革的意见》，确定房改的总目标是：从改革公房低租金制度入手，从公房的实物福利分配逐步转变为货币工资分配，由住户通过买房或租房取得住房的所有权或使用权，使住房作为商品进入市场，实现住房资金投入、产出的良性循环。这是我国住房制度改革的一个纲领性文件。

1994 年 7 月，国务院下发《关于深化城镇住房制度改革的决定》，开启了城镇住房商品化的大门，标志着我国住房市场化改革的全面推进。各地纷纷制订本地区的房改实施方案，在建立住房公积金、提高公房租金、出售公房等方

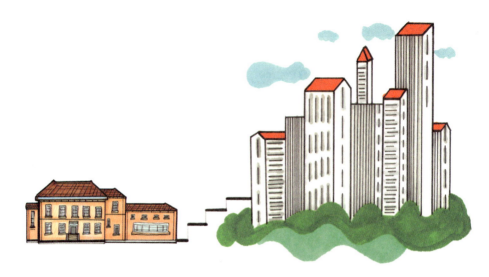

面取得较大进展。到 1998 年中,全国城镇自有住房比例已经超过 50%,部分省份已超过 60%。

1998 年 7 月,国务院发布《关于进一步深化城镇住房制度改革加快住房建设的通知》,宣布从同年下半年开始全面停止住房实物分配,实行住房分配货币化,首次提出建立和完善以经济适用住房为主的多层次城镇住房供应体系。

到 1998 年年底,全面停止实物分房,中国城镇住房制度发生了一次根本性的转变。但在改革中,也出现了很多问题,经济适用住房并没有成为供应主渠道。

2003 年以后,一方面继续推进住房制度改革,一方面加大对房地产市场的调控力度。国务院先后颁发"前国八条""后国八条""国六条"等一系列文件,提出在稳定住房价格,特别是普通商品住房和经济适用住房价格的同时,加快建立和完善适合我国国情的住房保障制度。

几十年来住房制度改革的最大成果,是绝大多数城镇居民都有了属于自己的住房,住房条件也不断改善。但后来商品房的价格迅速上升,成为影响经济社会发展和人民生活的一个重大问题。所以,住房制度的改革重点,转为如何遏制房价过快上涨。

迄今，如何破解住房和房价难题，依然是一项极为复杂的任务。

36 党的建设新的伟大工程

改革开放以来，中国共产党形成了思想、政治、组织、作风、纪律、制度、反腐倡廉各方面建设相辅相成、全面推进的整体部署。十四届四中全会将其称为"新的伟大的工程"。

十一届三中全会后，邓小平明确提出"执政党应该是一个什么样的党，执政党的党员应该怎样才合格，党怎样才叫善于领导"的问题。在坚持党的领导的同时，着力改善党的领导。1980年，十一届五中全会通过《关于党内政治生活的若干准则》。1982年，十二大制定了新党章。大力推进干部队伍"四化"建设。从1983年10月至1987年5月，分期分批进行了一次全面整党，采取措施反对改革开放中出现的不正之风和腐败现象。

十三届四中全会后，以江泽民同志为核心的第三代中央领导集体，深入思考和创造性地回答了建设一个什么样的党、怎样建设党的问题，提出"三个代表"重要思想，认真解决提高领导水平和执政水平、增强拒腐防变能力两大课题。

1989年8月，中央政治局会议通过《关于加强党的建设的通知》。1990年3月，十三届六中全会通过《关于加强党同人民群众联系的决定》。1994年9月，十四届四中全会通过《关于加强党的建设几个重大问题的决定》。十五大进一步明确党的建设新的伟大工程的总目标。1998年11月至2000年年底，在县级以上党政领导班子、领导干部中深入开展以"讲学习、讲政治、讲正气"为主要内容的党性党风教育。2001年9月，十五届六中全会通过《关于加强和改进党的作风建设的决定》。

十六大以后，以胡锦涛为总书记的党中央，把党的执政能力和先进性建设作为主线，以改革创新精神开创党的建设新的伟大工程的新局面。

十六大提出加强党的执政能力建设的任务。2004 年 9 月，十六届四中全会通过《关于加强党的执政能力建设的决定》。从 2005 年 1 月至 2006 年 6 月，在全党开展了以实践"三个代表"重要思想为主要内容的保持共产党员先进性教育活动。十七大要求以改革创新精神全面推进党的建设新的伟大工程。2008 年 9 月至 2010 年 2 月底，在全党开展了深入学习实践科学发展观活动。2009 年 9 月，十七届四中全会通过《关于加强和改进新形势下党的建设若干重大问题的决定》。

反腐败斗争是党的建设新的伟大工程的重要内容。十一届三中全会后恢复了各级纪委。20 世纪 80 年代，针对改革开放中出现的一些消极现象，中央强调要从党和国家生死存亡的高度认识党风廉政建设的重要性和紧迫性。随后不断加大反腐败斗争的力度，查处了一大批腐败分子。2005 年 1 月，中共中央制定并颁发《建立健全教育、制度、监督并重的惩治和预防腐败体系实施纲要》。

十八大之后，中国特色社会主义进入新时代，党的建设新的伟大工程也进入了全面从严治党的新时代。

37　党的思想理论建设

思想理论建设是党的建设新的伟大工程的重要内容。随着改革开放的发展，党的思想理论建设不断向前推进。

经过真理标准问题的讨论，全党形成了解放思想、实事求是的思想路线。通过制定《关于建国以来党的若干历史问题的决议》，确立了对于毛泽东思想的科学态度。

1982 年，邓小平第一次提出"建设有中国特色的社会主义"的崭新命题。随后在改革开放的实践中，党逐步走出了一条中国特色社会主义道路，形成了邓小平理论、"三个代表"重要思想和科学发展观。十八大之后，又形成了习近平新时代中国特色社会主义思想。

十四大提出理论武装的任务。党中央组织编辑出版了《邓小平文选》。邓小平亲自审定了第三卷的全部文稿。党中央连续举办 4 期省部级主要领导干部理论研讨班，学习《邓小平文选》第三卷。十五大后，全党兴起学习邓小平理论的热潮。党中央组织编写了多种《学习纲要》，连续举办新进中委的中央委员、候补中央委员研讨班和其他各种研讨班，并形成惯例。

中央领导带头学习现代化建设所需要的各方面的知识，在中南海连续举办中央政治局集体学习的讲座。针对现实中的重大问题，在中央党校组织各种专题研讨班。

十六大后，先后掀起学习"三个代表"重要思想和科学发展观的热潮。党中央组织编辑出版《江泽民文选》和多种"三个代表"重要思想学习纲要。中央政治局带头学习党的历史经验和当代哲学社会科学以及国际形势等各方面知识，并将学习情况公之于众，引领全党全社会的学习。十六届中央政治局一共组织了 44 次集体学习。

全党形成了一系列学习培训的制度。所有县处级干部在 5 年任期之内，都要到党校或干部学院接受为期 3 个月以上的脱产培训，提拔干部必须经过这个程序。中央党校和地方各级党校发挥重要作用。还新建了中国浦东干部学院、井冈山干部学院、延安干部学院，开展体验式等培训。

2004 年，中央开始实施马克思主义理论研究和建设工程。其中一个重要项目是重新修订和编译马克思主义经典作家的重要著作。

十六大把"形成全民学习、终身学习的学习型社会，促进人的全面发展"纳入全面建设小康社会的目标。十六届四中全会提出建设学习型政党的任务。连续制定和实施全国党员教育培训工作规划。

十八大以后，党的思想理论建设继续深入发展。

 干部人事制度改革

十一届三中全会以来，干部人事制度和干部工作进行了一系列重大改革。

最初的改革主要是解决干部新老交替和"四化"问题。1980 年 4 月，中共中央政治局通过《中共中央关于丧失工作能力的老同志不当十二大代表和中央委员会候选人的决定》，这是废除实际上存在的干部职务终身制和逐步更新领导班子的一个重要步骤。1981 年，陈云、邓小平先后提出成千上万地提拔培养中青年干部的问题。1982 年 1 月，在中共中央政治局会议上，邓小平提出干部队伍革命化、年轻化、知识化、专业化的"四化"方针。1982 年 2 月，中共中央作出《关于建立老干部退休制度的决定》。同年年底，五届全国人大第五次会议通过的新宪法，对各类国家机构领导干部的任免、职责、任期等作出了明确规定。1985 年 9 月的十二届四中全会和党的全国代表会议对中委、中顾委和中纪委的成员进行了调整。在这前后，一大批年富力强的干部走上了领导岗位。

1987 年的十三大至 1992 年的十四大，干部管理进入法制化轨道，重点

是推行国家公务员制度。1993 年 8 月，《国家公务员暂行条例》发布，并于
10 月 1 日开始施行。9 月，中共中央、国务院专门召开全国推行国家公务员
制度和工资制度改革工作会议。11 月，《国家公务员制度实施方案》由国务院
颁发。国家公务员制度开始在全国范围内正式推行。2005 年 4 月，十届全国
人大常委会十五次会议通过《中华人民共和国公务员法》。

企事业单位人事制度改革也全面展开。事业单位的管理人员实行职员制，
专业技术人员实行专业技术职务聘任制。国有企业探索建立现代企业人事制度，
实行按岗位管理。

对干部选拔、任用、交流等也作出了制度规定。1990 年 7 月，中共中央
作出《关于实行党和国家机关领导干部交流制度的决定》。1995 年 2 月，中共
中央印发《党政领导干部选拔任用工作暂行条例》。2002 年 7 月，该条例经修
订后重新颁布。2014 年、2019 年该条例又两次修订。

1997 年十五大以后，党中央和国务院着力加强对干部的任用管理及考核
监督，出台了一批法规性文件。2000 年 6 月，制定了 2001—2010 年《深化
干部人事制度改革纲要》。这是新中国成立以来第一次作出深化干部人事制度
改革的总体规划。

2007 年，十七大提出"提高选人用人公信度"，努力构建"靠制度选人、
重民意用人"的选人用人机制。2010 年年初，中共中央办公厅印发《2010—
2020 年深化干部人事制度改革规划纲要》。中央还先后出台了一系列干部管理
的制度。

39 党内民主建设

随着改革开放的深入，党持续推进党内民主建设，逐步形成了一系列制度
和要求。

"文化大革命"结束以后，党总结历史的经验教训，着力清除封建主义余
毒，反对个人崇拜和个人专断；加强集体领导，改革党和国家的领导制度，取

消实际上的领导职务终身制；倡导党内平等，相互不称职务而称同志；要求少宣传个人，加强党内监督；鼓励积极探索，大胆试验，创造性地开展工作。

党的全国代表大会制度走向规范，定期召开，切实发挥党的最高领导机关的作用。党内民主逐步发展，党内思想逐步活跃。

十二大党章健全和完善了民主集中制的各项制度，明确规定党禁止任何形式的个人崇拜，不允许任何领导人实行个人专断和把个人凌驾于组织之上。十三大规定改进党内选举制度，逐步实行差额选举。十四大要求实行决策的科学化、民主化，疏通和拓宽党内民主渠道。十五大要求完善党的代表大会制度，加快干部制度改革。

十六大第一次提出"党内民主是党的生命，对人民民主具有重要的示范和带动作用"。党中央先后制定《中国共产党党内监督条例（试行）》《中国共产党党员权利保障条例》。实行重大决策征求意见制度，扩大差额选举的范围和比例，实行政治局向中央委员会报告工作、中央政治局常委会向政治局通报民主生活会情况的制度。推进党务公开，把党内监督的重点明确为党的各级领导

党员干部是改革发展稳定的中坚力量，要强化纪律意识，以高度的责任感和使命感带头守纪律、守规矩，增强"四个意识"，做到"两个维护"

机关和领导干部，特别是各级领导班子的主要负责人。

十七大要求尊重党员主体地位，保障党员民主权利，推进党务公开，营造党内民主讨论环境；完善党的代表大会制度，实行党的代表大会代表任期制；完善党的地方各级全委会、常委会工作机制，发挥全委会对重大问题的决策作用；健全集体领导与个人分工负责相结合的制度，推行地方党委讨论决定重大问题和任用重要干部票决制，改进候选人提名制度和选举方式，逐步扩大基层党组织领导班子成员直接选举范围。

十八大要求积极发展党内民主，增强党的创造活力。落实和完善党的代表大会代表任期制，试行乡镇党代会年会制，实行党代会代表提案制。规范差额提名、差额选举。完善常委会议事规则和决策程序，推行党员旁听基层党委会议、党代会代表列席同级党委有关会议等做法。

"一国两制"与香港、澳门回归

1949 年中华人民共和国成立时，由于种种复杂的原因，香港和澳门没有收回，台湾则被国民党当局占据，祖国统一大业尚未最后完成。

20 世纪 70 年代末 80 年代初，国际国内形势发生了很大变化。1979 年元旦，全国人大常委会发表《告台湾同胞书》，宣布和平统一祖国的大政方针，并建议两岸恢复通商、通邮、通航。当年 1 月，邓小平在访美期间指出，我们不再使用"解放台湾"的提法，只要实现祖国统一，我们将尊重台湾的现实和现行制度。

1981 年 9 月底，叶剑英发表《关于台湾回归祖国实现和平统一的方针政策》，具体阐述了实现祖国统一的九条方针。1982 年 1 月，邓小平指出："这实际上就是'一个国家两种制度'。在国家统一的大前提下，国家主体实行社会主义制度，台湾实行资本主义制度。"

"一国两制"构想是从解决台湾问题开始的，但首先运用于解决香港问题。从 1981 年年初开始，根据邓小平的指示，中央有关部门对香港问题进行研究讨论，于 1982 年起草完成了关于 1997 年后对香港的基本方针政策的报告，形成了以"一国两制"方针为核心的 12 条基本方针政策，确定了"一国两制"的基本内容。

1982 年 9 月，邓小平在会见英国首相撒切尔夫人时，按照"一国两制"的方针，阐明了中国政府解决香港问题的立场。当年 12 月通过的《中华人民共和国宪法》，增加了设立特别行政区的规定，为"一国两制"的实施提供了法律依据。

1984 年 12 月 19 日，中英双方正式签署了关于香港问题的联合声明。从 1985 年开始，全国人大着手起草《中华人民共和国香港特别行政区基本法》，1990 年 4 月由七届全国人大三次会议正式批准。

1997 年 6 月 30 日午夜至 7 月 1 日凌晨，中英两国政府举行了香港政权交接仪式，中华人民共和国国旗和香港特别行政区区旗在香港升起，江泽民庄严宣告："中国对香港恢复行使主权。中华人民共和国香港特别行政区正式

香港、澳门回归祖国，是"一国两制"的具体实践，是中国人民在完成祖国统一大业的道路上树立的一座历史丰碑，是中国共产党对于中华民族的历史性贡献

成立。"

1987 年，中葡两国政府经过近两年的谈判，签署了中葡关于澳门问题的联合声明。经过 4 年多的努力，1993 年 3 月 31 日八届全国人大一次会议正式通过《中华人民共和国澳门特别行政区基本法》。

1999 年 12 月 19 日午夜至 20 日凌晨，中葡两国政府举行了澳门政权交接仪式。中华人民共和国国旗和澳门特别行政区区旗在澳门升起，澳门回归祖国。

41　两岸关系发展变化

台湾自古以来就是中国的领土。经过对台工作实践，特别是解决香港问题、澳门问题的实践，中共和中国政府确立了"和平统一、一国两制"的基本方针及其完整的政策体系。

面对大陆方面和平统一的呼吁，1987 年，国民党当局有条件开放台湾民众赴大陆探亲。长达 38 年之久的两岸隔绝状态被打破。为因应两岸交往需要，两岸分别成立得到授权的民间团体——台湾方面的海峡交流基金会、大陆方面的海峡两岸关系协会。1992 年，两会达成"各自以口头方式表述海峡两岸均坚持一个中国原则"的共识（2000 年后被称为"九二共识"）。1993 年，两会领导人在新加坡举行首次会谈，签署四项协议，标志着两岸关系迈出历史性的重要一步。

1995 年 1 月 30 日，江泽民发表《为促进祖国统一大业的完成而继续奋斗》的重要讲话，提出发展两岸关系、推进祖国和平统一进程的八项主张。

2005 年 3 月 14 日，十届全国人大三次会议通过《反分裂国家法》。4 月，中共中央和胡锦涛邀请中国国民党主席连战来访，国共两党领导人进行了 60 年来的首次会谈，共同发布了"两岸和平发展共同愿景"，掀开了国共两党关系新的一页。

2008 年 12 月 15 日，海峡两岸分别在北京、天津、上海、福州、深圳以及台北、高雄、基隆等城市同时举行海上直航、空中直航以及直接通邮的启动和庆祝仪式。两岸"三通"迈出历史性步伐。

2008年12月31日，胡锦涛发表《携手推动两岸关系和平发展同心实现中华民族伟大复兴》的重要讲话，首次全面系统阐述了两岸关系和平发展的重要思想，并提出推动两岸关系和平发展的六点意见。

对于李登辉、陈水扁分裂祖国的活动，大陆方面进行了坚决斗争，充分显示了维护国家主权和领土完整的坚定决心，沉重打击了"台独"分裂势力。

十八大后，党和国家继往开来，在新的历史起点上进一步推进对台工作，推动两岸关系和平发展，反对"台独"分裂活动，取得了新的进展。

2019年1月2日，《告台湾同胞书》发表40周年。习近平总书记在纪念会上发表《为实现民族伟大复兴、推进祖国和平统一而共同奋斗》讲话，全面阐述立足新时代、在民族复兴伟大征程中推进祖国和平统一的五项重大政策主张：第一，携手推动民族复兴，实现和平统一目标；第二，探索"两制"台湾方案，丰富和平统一实践；第三，坚持一个中国原则，维护和平统一前景；第

两岸"三通"增加了两岸政治上的互信，增强了民族凝聚力，促使两岸经贸和民间交流不断密切

四，深化两岸融合发展，夯实和平统一基础；第五，实现同胞心灵契合，增进和平统一认同。

42 时代主题变化和独立自主的和平外交政策

如何认识和判断国际形势，制定什么样的国际战略和外交政策，对于改革开放和社会主义现代化建设事业，具有极其重大的意义。

十一届三中全会之后，党改变了过去认为战争不可避免，而且迫在眉睫的看法。到 80 年代中期，邓小平进一步提出了和平与发展是当代世界两大问题的著名论断。据此，党和国家在对外政策和国际战略上实行重大的调整。1980 年，邓小平指出："我们的对外政策，就本国来说，是要寻求一个和平的环境来实现四个现代化。"1982 年，十二大强调"坚持独立自主的对外政策"。

按照这样的方针，中国积极开展双边和多边外交活动，改善和发展同世界许多国家的关系，广泛参与各种国际组织，增进对外交流与合作。

1978 年 8 月 12 日，中日和平友好条约在北京签字。1978 年 12 月 16 日，中美两国政府同时发表联合公报，决定自 1979 年 1 月 1 日起建立外交关系。1979 年 1 月 29 日至 2 月 5 日，邓小平应邀对美国进行正式访问。1989 年，苏联总统戈尔巴乔夫访华，中苏两国实现关系正常化。1991 年 5 月 16 日至 19 日，江泽民对苏联进行正式访问。

党中央总结过去处理与外国党关系方面的经验教训，恢复和改善与外国政党的关系。1980 年 5 月 31 日，邓小平提出处理同兄弟党关系的原则。1982 年，十二大正式提出："我们党坚持在马克思主义的基础上，按照独立自主、完全平等、互相尊重、互不干涉内部事务的原则，发展同各国共产党和其他工人阶级政党的关系。"根据这四项原则，顺利解决了与很多共产党的历史遗留问题。后又扩大运用于同各种类型外国党的关系上。

1989 年春夏之交的政治风波后，以美国为首的西方国家对中国实行"制裁"。90 年代初，东欧剧变，苏联解体。在这重要的历史关头，邓小平高瞻远瞩，提出了冷静观察、稳住阵脚、沉着应付、韬光养晦、善于守拙、决不当头、有所作为的战略策略方针。他特别强调，我们千万不要当头，这是一个根本国策。

在这一方针指导下，中国继续坚持以经济建设为中心，深入推进改革开放。在国际上，高举和平与发展两面旗帜，坚持原则，顶住压力，利用矛盾，多做工作，不断开拓对外工作的新局面。

进入 21 世纪后，党和国家一再强调时代主题没有改变。十七大指出："当今世界正处在大变革大调整之中。和平与发展仍然是时代主题，求和平、谋发展、促合作已经成为不可阻挡的时代潮流。"十八大强调："当今世界正在发生深刻复杂变化，和平与发展仍然是时代主题。"

党和国家坚定不移走和平发展道路，取得了新的成就。2005 年 9 月 15 日，胡锦涛在联合国成立 60 周年首脑会议上，提出与国际社会共同建设持久和平、共同繁荣的和谐世界。2010 年 5 月 1 日至 10 月 31 日，中国在上海举办了 2010 年世界博览会。2011 年 1 月 18 日至 21 日，胡锦涛对美国进行国事访问，两国确认共同努力建设相互尊重、互利共赢的中美合作伙伴关系。中国在国际事务中的代表性和话语权进一步增强，为改革发展争取了有利国际环境。

★★　　大事辑要之三　　★★

1978 年　▶▶　11 月 10 日—12 月 15 日　中央工作会议召开。
12 月 18 日—22 日　十一届三中全会召开，实现伟大历史转折。

1979 年　▶▶　1 月 1 日　全国人大常委会发表《告台湾同胞书》。
6 月 18 日—7 月 1 日　五届全国人大二次会议召开，修改宪法，通过 7 部法律。
7 月 15 日　决定试办出口特区。1980 年 5 月 16 日正式改名为"经济特区"。

1980 年 ➤ **2 月 23 日—29 日** 十一届五中全会召开，通过《关于党内政治生活的若干准则》和为刘少奇平反的决议。

8 月 18 日 邓小平发表《党和国家领导制度的改革》讲话。

1981 年 ➤ **6 月 27 日—29 日** 十一届六中全会召开，通过《关于建国以来党的若干历史问题的决议》。

1982 年 ➤ **1 月 1 日** 中共中央批转《全国农村工作会议纪要》，肯定包产到户等各种生产责任制。

9 月 1 日—11 日 中共十二大举行。邓小平提出建设有中国特色的社会主义。

1983 年 ➤ **10 月 11 日—12 日** 十二届二中全会召开，决定用 3 年时间整党。1987 年 5 月基本结束。

1984 年 ➤ **1 月 22 日—2 月 17 日** 邓小平视察深圳、珠海、厦门 3 个经济特区和上海，充分肯定试办经济特区和对外开放的决策。

10 月 1 日 首都举行庆祝中华人民共和国成立 35 周年阅兵仪式和群众游行。

10 月 20 日 十二届三中全会通过《关于经济体制改革的决定》，部署以城市为重点的经济体制改革。

1985 年 ➤ **5 月 23 日—6 月 6 日** 中央军委扩大会议决定裁军 100 万。

1986 年 ➤ **3 月 5 日** 邓小平对 4 位科学家的建议作出批示。随后制定"八六三"计划。

9 月、11 月 邓小平四次谈政治体制改革问题。

9 月 28 日 十二届六中全会召开，通过《关于社会主义精神文明建设指导方针的决议》。

1987 年 ➤ **10 月 25 日—11 月 1 日** 中共十三大举行，制定基本路线和"三步走"战略。

1988 年 ➤ **3 月 25 日—4 月 13 日** 七届全国人大一次会议召开。通过《中华人民共和国宪法修正案》，确认私营经济是社会主义公有制经济的补充。

1989 年 ➤ **春夏之交** 北京和其他一些城市发生政治风波。

6 月 23 日—24 日 十三届四中全会召开。江泽民任中央委员会总书记。

11月6日—9日　十三届五中全会召开，通过《关于进一步治理整顿和深化改革的决定》。邓小平辞去中央军委主席职务。

12月30日　中共中央发出《关于坚持和完善中国共产党领导的多党合作和政治协商制度的意见》。

1990年　**3月9日—12日**　十三届六中全会召开，通过《关于加强党同人民群众联系的决定》。

4月18日　中共中央、国务院同意上海市加快浦东地区的开发开放。

1992年　**1月18日—2月21日**　邓小平视察武昌、深圳、珠海、上海等地并发表谈话。

10月12日—18日　中共十四大举行。确定中国经济体制改革的目标是建立社会主义市场经济体制；确立邓小平建设有中国特色社会主义理论在全党的指导地位。

1993年　**11月11日—14日**　十四届三中全会召开，通过《关于建立社会主义市场经济体制若干问题的决定》。

1994年　**3月19日**　全国政协八届二次会议通过《中国人民政治协商会议章程（修正案）》，把政治协商、民主监督、参政议政并列为人民政协的主要职能。

4月15日　国务院印发《国家八七扶贫攻坚计划》。

9月25日—28日　十四届四中全会召开，提出党的建设新的伟大工程。

1995年　**5月6日**　确定实施科教兴国战略。

1996年　**10月7日—10日**　十四届六中全会召开，通过《关于加强社会主义精神文明建设若干重要问题的决议》。

1997年　**2月19日**　邓小平逝世。

6月30日午夜—7月1日凌晨　中英两国政府香港政权交接仪式在香港举行。

下半年　成功应对亚洲金融危机。

9月12日—18日　中共十五大举行。提出21世纪前50年"三步走"的发展战略，把邓小平理论确立为党的指导思想。

1998 年 ➤ **6 月中旬—9 月上旬**　组织抗洪抢险斗争。

11 月 21 日　开始"三讲"教育，到 2000 年年底基本结束。

12 月 18 日　纪念十一届三中全会召开 20 周年大会举行。

1999 年 ➤ **10 月 1 日**　首都举行庆祝中华人民共和国成立 50 周年阅兵仪式和群众游行。

12 月 19 日午夜—20 日凌晨　中葡两国政府举行澳门政权交接仪式。

2000 年 ➤ **10 月 9 日—11 日**　十五届五中全会召开，通过制定"十五"计划的建议。

2001 年 ➤ **9 月 24 日—26 日**　十五届六中全会召开，通过《关于加强和改进党的作风建设的决定》。

12 月 11 日　中国正式成为世贸组织成员。

2002 年 ➤ **11 月 8 日—14 日**　中共十六大举行。"三个代表"重要思想被确立为党的指导思想。胡锦涛当选为中央委员会总书记。

2003 年 ➤ **春**　抗击非典型性肺炎重大疫情。

10 月 11 日—14 日　十六届三中全会召开，通过《关于完善社会主义市场经济体制若干问题的决定》。

2004 年 ➤ **9 月 16 日—19 日**　十六届四中全会召开，通过《关于加强党的执政能力建设的决定》。

2005 年 ➤ **1 月 3 日**　中共中央印发《建立健全教育、制度、监督并重的惩治和预防腐败体系实施纲要》。

1 月 14 日　保持共产党员先进性教育活动开始。2006 年 6 月基本结束。

4 月 29 日　胡锦涛在北京与中国国民党主席连战举行正式会谈。

9 月 3 日　纪念中国人民抗日战争暨世界反法西斯战争胜利 60 周年大会举行。

10 月 8 日—11 日　十六届五中全会召开，通过制定"十一五"规划的建议。

2006 年 ➤ **1 月 1 日**　废除农业税。

10 月 8 日—11 日　十六届六中全会召开，通过《关于构建社会主义和谐社会若干重大问题的决定》。

2007 年 ➤ **10 月 15 日—21 日**　中共十七大举行。

2008年 ⯈⯈ **5月12日** 四川汶川发生里氏8级特大地震。随后，党和国家组织大规模抗震救灾活动。

9月14日 开始在全党开展深入学习实践科学发展观活动。2010年2月底基本结束。

12月18日 纪念十一届三中全会召开30周年大会举行。

2009年 ⯈⯈ **9月15日—18日** 十七届四中全会召开，通过《关于加强和改进新形势下党的建设若干重大问题的决定》。

10月1日 首都举行庆祝中华人民共和国成立60周年的阅兵仪式和群众游行。

2010年 ⯈⯈ **10月15日—18日** 十七届五中全会召开，通过制定"十二五"规划的建议。

2011年 ⯈⯈ **10月18日** 十七届六中全会通过《中共中央关于深化文化体制改革推动社会主义文化大发展大繁荣若干重大问题的决定》。

第 四 编

2012

中国特色社会主义新时代

党在新时代的奋进历程

　　党的十八大以后，以习近平同志为核心的党中央，确立中华民族伟大复兴的中国梦，明确"两个一百年"奋斗目标，提出一系列新理念新思想新战略，统筹推进"五位一体"总体布局、协调推进"四个全面"战略布局，出台一系列重大方针政策，推出一系列重大举措，推进一系列重大工作，团结带领全党全国各族人民，胜利完成"十二五"规划，制定和实施"十三五"规划，全面开创了党和国家事业发展的新局面。

　　在十八大与十九大之间，党中央召开七次全会，分别就政府机构改革和职能转变、全面深化改革、全面推进依法治国、制定"十三五"规划、全面从严治党等重大问题作出决定和部署。提出全面深化改革总目标，着力增强改革系统性、整体性、协同性，推出1600多项改革方案。坚持稳中求进工作总基调，解决了许多长期想解决而没有解决的难题，办成了许多过去想办而没有办成的大事，推动党和国家事业发生历史性变革、取得历史性成就，中国特色社会主义进入了新时代。

　　以习近平同志为核心的党中央通过总结实践、展望未来，深刻回答了新时代坚持和发展什么样的中国特色社会主义、怎样坚持和发展中国特色社会主义这个重大时代课题，创立了习近平新时代中国特色社会主义思想，对党和国家事业发挥了重要的指导作用。

　　党的十九大明确中国共产党人的初心和使命就是为中国人民谋幸福，为中华民族谋复兴。以习近平同志为核心的党中央继续推进新时代的中国特色社会主义事业，连续召开了十九届一中、二中、三中、四中全会，提出修改宪法的建议，决定对党和国家机构进行系统性、整体性、重构性的改革，举行庆祝改革开放40周年大会。隆重庆祝中华人民共和国成立70周年，举行盛大阅兵仪式。对坚持和发展中国特色社会主义制度、推进国家治理体系和治理能力现代化作出全面部署。

　　坚持稳中求进工作总基调，深入推进改革开放，着力推动高质量发展，经济运行保持在合理区间，三大攻坚战取得关键进展，科技创新捷报频传，脱贫攻坚成效显著，民生事业加快发展，国防和军队改革扎实推进，全方位外交成果丰硕，全面建成小康社会取得新的重大进展。隆重庆祝澳门回归祖国 20 周年，坚决维护香港、澳门繁荣稳定。针对美国政府挑起的中美经贸摩擦，采取有力措施加以应对。

进入全面建成小康社会的最后一年，面对突然爆发的新冠肺炎疫情，发挥举国体制优势，共同进行抗击疫情的人民战争、总体战、阻击战，取得了决定性成果。同时，全面做好稳增长、促改革、调结构、惠民生、防风险、保稳定工作，决胜全面建成小康社会，坚决打赢脱贫攻坚战。

建设成就要览之二十一：通信设施

1969 年 *10* 月 *7* 日，新华社报道，中国自行设计制造的第一套全自动长途电话设备生产成功。

1982 年 *10* 月 *5* 日，中国第一次在国内进行的卫星通信和电视传播试验取得成功，为以后建立卫星通信网奠定了技术物质基础。

1986 年 *7* 月 *8* 日，中国国内卫星通信网正式建成。

2000 年 *10* 月 *31* 日零时零 *2* 分，中国自行研制的第一颗导航定位卫星——"北斗导航试验卫星"在西昌卫星发射中心发射升空，并准确进入预定轨道。"北斗导航系统"是全天候、全天时提供卫星导航信息的区域导航系统。

2007 年 *4* 月 *14* 日，成功发射第一颗北斗二号导航卫星，正式开始独立自主建设我国第二代卫星导航系统。*2017* 年 *11* 月 *5* 日，北斗三号第一、二颗组网卫星以"一箭双星"方式成功发射，标志着北斗卫星导航系统全球组网的开始。这是和美国全球定位系统（GPS）、俄罗斯格洛纳斯系统、欧洲伽利略系统并列的全球卫星导航系统。

2018 年 *12* 月 *27* 日，北斗三号基本系统宣告建成，并开始提供全球服务。

2020 年 *6* 月 *23* 日，北斗三号最后一颗组网卫星成功发射。*30* 个月内，北斗三号的 *30* 颗导航卫星全部被成功送上天空。历时 *20* 多年后，北斗全球卫星导航系统正式建设完成。北斗卫星导航系统是中国迄今为止，规模最大、覆盖范围最广、服务性能要求最高的巨型复杂航天系统。

2013 年 *4* 月 *26* 日，中国成功发射高分辨率对地观测系统首星高分一号。*2014* 年 *8* 月 *19* 日，高分二号卫星成功发射，标志着中国遥感卫星进入亚米级"高分时代"。*2015* 年 *12* 月 *29* 日，高分四号卫星成功发射。*2016* 年 *8* 月 *10* 日，高分三号卫星成

功发射。**2016** 年 **12** 月 **15** 日，北极卫星地面站建成并投入试运行。**2018** 年 **5** 月 **9** 日，高分五号卫星成功发射。**2018** 年 **6** 月 **2** 日，高分六号卫星成功发射。

2019 年 **3** 月 **30** 日，中国首个行政区域 **5G** 网络在上海建成并开始试用。**6** 月 **6** 日，工业和信息化部向 **4** 家运营商颁发 **5G** 牌照，中国通信行业进入 **5G** 时代。

2 继往开来的十八大

2012 年 11 月 8 日至 14 日，中国共产党第十八次全国代表大会在北京举行。大会应出席代表 2268 人，特邀代表 57 人，共 2325 人。代表全国 8200 多万名党员。胡锦涛作《坚定不移沿着中国特色社会主义道路前进，为全面建成小康社会而奋斗》的报告。

十八大是在我国进入全面建成小康社会决定性阶段召开的一次十分重要的大会。大会将科学发展观正式确立为"党必须长期坚持的指导思想"。强调中国特色社会主义道路，中国特色社会主义理论体系，中国特色社会主义制度，是党和人民 90 多年奋斗、创造、积累的根本成就，必须倍加珍惜、始终坚持、不断发展。

十八大明确提出要"确保到二〇二〇年实现全面建成小康社会宏伟目标"。"全面建成小康社会"，"实现国内生产总值和城乡居民人均收入比二〇一〇年翻一番"。

十八大明确指出："建设中国特色社会主义，总依据是社会主义初级阶段，总布局是五位一体，总任务是实现社会主义现代化和中华民族伟大复兴。"

大会通过了胡锦涛所作的报告，审查批准了中央纪律检查委员会的工作报告，审议并一致通过了《中国共产党章程（修正案）》。

随后的十八届一中全会选举习近平为中央委员会总书记；决定习近平为中央军委主席；批准王岐山为中央纪委书记。

十八大在党的发展方向、指导思想、奋斗目标、总体布局、改革开放、党的建设、各个领域的建设和工作上，都体现了承先启后、继往开来的特点。

十八大按照党章规定，实现了党的中央领导集体的又一次新老交替，实际上是我们党在历史上第二次由党代会来正常地实行中央主要负责人和中央领导机构的新老交替，而且是第一次全部和完整的交替。它说明，我们党的组织制度、党代会制度、选人用人制度，又向制度化、规范化走出了重要的一步。

3 中华民族伟大复兴中国梦

近代以来，救亡和进步，是中华民族的两大历史性任务；实现中华民族伟大复兴，一直是中国人民憧憬的理想。

20 世纪与 21 世纪之交，江泽民曾以诗一般的语言指出：中华民族的伟大复兴，已是跃出东方地平线的一轮绚丽红日，这轮红日是注定要高高升起来的，它的美丽霞光正在照耀祖国的大好河山。

2012 年 11 月 29 日，刚刚当选为中共中央总书记的习近平，率领十八届中央政治局常委来到国家博物馆，参观《复兴之路》基本陈列。习近平总书记第一次提出中国梦的概念："现在，大家都在讨论中国梦，我以为，实现中华民族伟大复兴，就是中华民族近代以来最伟大的梦想。"

随后，在 2013 年十二届全国人大一次会议的闭幕会上，习近平总书记进一步论述了中国梦的概念和主张，号召为实现中华民族伟大复兴的中国梦而努力奋斗。

习近平总书记明确指出，中国梦概括起来，就是实现国家富强、民族振兴、人民幸福；就是全面建成小康社会、建成富强民主文明和谐的社会主义现代化国家；就是实现中华民族伟大复兴。

实现中国梦，意味着中国的经济实力和综合国力、国际地位和国际影响力大大提升，意味着中华民族以更加奋发向上、文明开放的姿态屹立于世界民族之林，意味着中国人民的物质生活和精神生活更加富足、安康和美好。

习近平总书记强调，中国梦是国家之梦、民族之梦，也是每一个中国人的梦，归根到底是中国人民的梦。实现中国梦必须走中国道路，必须弘扬中国精神，必须凝聚中国力量。

在十九大上，习近平总书记进一步指出：“实现中华民族伟大复兴是近代以来中华民族最伟大的梦想。”党和人民的共同任务，就是不忘初心，牢记使命，高举中国特色社会主义伟大旗帜，决胜全面建成小康社会，夺取新时代中国特色社会主义伟大胜利，为实现中华民族伟大复兴的中国梦不懈奋斗。

建设成就要览之二十二：载人航天工程（神舟、天宫）

1999—2003 年，神舟号飞船进行了 *4* 次不载人发射。

神舟一号　中国第一艘无人航天试验飞船，*1999* 年 *11* 月 *20* 日 *6* 时 *30* 分在酒泉卫星发射基地顺利升空，经过 *21* 小时的飞行后顺利返回地面。

神舟二号　*2001* 年 *1* 月 *10* 日凌晨发射成功，在轨飞行 *6* 天 *18* 小时后返回地面。是第一艘正样无人飞船。

神舟三号　携带“模拟人”，*2002* 年 *3* 月 *25* 日发射升空，*4* 月 *1* 日返回地面，绕地球飞行 *6* 天 *18* 小时。

神舟四号　*2002* 年 *12* 月 *30* 日 *0* 时 *30* 分成功发射，突破了我国低温发射的历史纪录。*2003* 年 *1* 月 *5* 日安全返回。

此后，从神舟五号到神舟七号为载人飞行，进入中国载人航天工程的第一阶段。

神舟五号　为中国第一艘载人飞船，首位航天员杨利伟。*2003* 年 *10* 月 *15* 日成功发射。在太空飞行 *14* 圈、*21* 小时 *23* 分钟，标志中国成为世界上继俄罗斯和美国之后第三个能够独立开展载人航天活动的国家。

神舟六号　中国第二艘载人飞船，也是多人飞船，*2005* 年 *10* 月 *12* 日成功发射，航天员费俊龙、聂海胜。*17* 日凌晨，在经过 *115* 小时 *32* 分钟的太空飞行后，返回舱顺利着陆。

神舟七号　第三艘载人飞船，*2008* 年 *9* 月 *25* 日成功发射，三名航天员翟志刚、刘伯明、景海鹏顺利升空。*27* 日，翟志刚在刘伯明辅助下，进行了 *19* 分 *35* 秒的出舱活动。中国成为世界上第三个掌握空间出舱活动技术的国家。同时完成在轨道上释放卫星伴飞。*28* 日傍晚时分飞船成功返回。

从神舟八号开始是中国载人航天工程的第二阶段任务，主要是发射和运行空间实验室。这期间，发射了 *2* 艘天宫号实验室、*4* 艘神舟飞船。

天宫一号是中国第一个目标飞行器和空间实验室，于 *2011* 年 *9* 月 *29* 日 *21* 时 *16* 分 *3* 秒发射进入近地轨道。

神舟八号　*2011* 年 *11* 月 *1* 日 *5* 时由改进型“长征二号 *F*”遥八火箭发射升空，

进行不载人飞行。**3** 日凌晨，神舟八号与此前发射的天宫一号成功交会对接。**14** 日，进行第二次自动对接。**17** 日返回地面。中国成为继美、俄之后世界上第三个完全独立掌握太空交会对接技术的国家。

神舟九号 **2012** 年 **6** 月 **16** 日 **18** 时 **37** 分由"长征二号 **F**"遥九火箭发射升空。这是长征火箭的第 **165** 次发射，也是神舟飞船的第四次载人飞行。景海鹏、刘旺、刘洋第一次入住"天宫"。刘洋也成为中国第一个飞向太空的女性。**18** 日和 **24** 日，飞船先后与天宫一号实现自动和手控交会对接，航天员进入天宫一号并值守，开展了一系列科学实验和技术试验。**6** 月 **29** 日飞船安全返回。

神舟十号 **2013** 年 **6** 月 **11** 日—**26** 日，搭载聂海胜、张晓光、王亚平 **3** 位航天员的载人飞船成功发射并顺利返回着陆。在轨飞行期间，与天宫一号目标飞行器成功进行自动和手控交会对接，并首次开展中国航天员太空授课活动。

神舟十一号和天宫二号 **2016** 年 **9** 月 **15** 日、**10** 月 **17** 日，天宫二号空间实验室和搭载景海鹏、陈冬两位航天员的神舟十一号载人飞船先后成功发射。在轨飞行期间，首次实现我国航天员为期 **30** 天的中期在轨驻留，考核面向长期飞行的乘员生活、健康和工作保障相关技术；开展航天医学、空间科学和空间技术等试验，**4** 次对接天宫号实验室，均圆满成功。

到 **2016** 年年底，中国载人航天工程"三步走"发展战略已经完成了前两步。第三步将是建立永久性的空间试验室。

2017 年 **4** 月 **20** 日，我国自主研制的首艘货运飞船天舟一号成功发射。在轨期间，先后顺利完成空间站货物补给、推进剂在轨补加、自主快速交会对接等多项拓展应用和相关试验。

2020 年 **5** 月 **5** 日，为中国载人空间站工程研制的长征五号 **B** 运载火箭，搭载着新一代载人飞船试验船和柔性充气式货物返回舱试验舱成功发射，**5** 月 **8** 日成功降落在酒泉东风回收着陆场预定区域。

2021 年 **6** 月 **17** 日 **9** 时 **22** 分，神舟十二号载人飞船发射成功。

2021 年 **6** 月 **17** 日 **18** 时 **48** 分，聂海胜、刘伯明、汤洪波先后进入天和核心舱，标志着中国人首次进入自己的空间站。

按计划，中国空间站将于 **2022** 年前后完成建造，并一共规划 **12** 次飞行任务。将先后发射核心舱、实验舱 Ⅰ 和实验舱 Ⅱ，进行空间站基本构型的在轨组装建造。其间，还规划发射 **4** 艘神舟载人飞船和 **4** 艘天舟货运飞船，进行航天员乘组轮换和货物补给。当国际空间站"退休"之后，中国空间站将成为人类在轨的唯一空间站。

4 中国特色社会主义进入新时代

2017 年的十九大明确指出："经过长期努力，中国特色社会主义进入了新时代，这是我国发展新的历史方位。"

以往党代会和党的文件，都是在世界历史发展主题、潮流的意义上使用"时代"概念，而十九大使用的"时代"，却超越常规，直接对十八大后中国特色社会主义的发展历程作出界定，称其为一个新时代。

这个新时代，不是从十九大开始，而是从十八大开始的。

报告总结十八大以来的成就，肯定"五年来，我们党以巨大的政治勇气和强烈的责任担当，提出一系列新理念新思想新战略，出台一系列重大方针政策，推出一系列重大举措，推进一系列重大工作，解决了许多长期想解决而没有解决的难题，办成了许多过去想办而没有办成的大事，推动党和国家事业发生历史性变革"。

报告明确指出："十八大以来的五年，是党和国家发展进程中极不平凡的五年。""五年来的成就是全方位的、开创性的，五年来的变革是深层次的、根本性的。"因此，无论从理论还是从实践来说，中国特色社会主义都进入了一个新时代。

这个新时代，是承前启后、继往开来、在新的历史条件下继续夺取中国特色社会主义伟大胜利的时代；是决胜全面建成小康社会、进而全面建设社会主义现代化强国的时代；是全国各族人民团结奋斗、不断创造美好生活、逐步实现全体人民共同富裕的时代；是全体中华儿女勠力同心、奋力实现中华民族伟大复兴中国梦的时代；是我国日益走近世界舞台中央、不断为人类作出更大贡献的时代。

五个方面，五个角度，汇总起来，既是新时代中国特色社会主义的基本内涵，也是新时代中国特色社会主义的任务和要求。

十九大报告强调，中国特色社会主义进入新时代，在中华人民共和国发展史上、中华民族发展史上具有重大意义，在世界社会主义发展史上、人类社会发展史上也具有重大意义。

2018 年 3 月，十三届全国人大一次会议通过宪法修正案，将"习近平新时代中国特色社会主义思想"写进了《中华人民共和国宪法》。因此，宪法中也第一次出现了"新时代"的概念。

5 登高望远的十九大

2017 年 10 月 18 日至 24 日，中国共产党第十九次全国代表大会在北京举行。确认资格的应出席代表 2280 人，特邀代表 74 人，共 2354 人。代表全国 8900 多万名党员。

习近平总书记作题为《决胜全面建成小康社会，夺取新时代中国特色社会主义伟大胜利》的报告。

报告的导语中使用了一个词——登高望远。这是对全党的要求，也体现了报告起草的指导思想和风格。

总揽将近 100 年的奋斗历程，十九大将中国共产党的初心和使命归结为"为中国人民谋幸福，为中华民族谋复兴"。

大会确立了习近平新时代中国特色社会主义思想的历史地位，提出了新时代坚持和发展中国特色社会主义的基本方略。

大会对我国社会主要矛盾作出重大调整，确认"我国社会主要矛盾已经转化为人民日益增长的美好生活需要和不平衡不充分的发展之间的矛盾"。

大会提出新时代的"四个伟大"，强调实现伟大梦想，必须进行伟大斗争，必须建设伟大工程，必须推进伟大事业。

大会第一次规划了从 2020 年到本世纪中叶总共 30 年"两步走"的战略安排。第一个阶段，从 2020 年到 2035 年，在全面建成小康社会的基础上，再奋斗 15 年，基本实现社会主义现代化。第二个阶段，从 2035 年到本世纪中叶，在基本实现现代化的基础上，再奋斗 15 年，把我国建成富强民主文明和谐美丽的社会主义现代化强国。

大会对新时代中国特色社会主义和决胜全面建成小康社会、全面建设现代

十九大站在历史、时代和大局的高度，回顾、总结、思考、回答了一系列具有全局性、战略性、前瞻性的问题，阐述了未来一个时期党和国家事业发展的大政方针和行动纲领，提出了一系列新的重要思想、重要观点、重大判断、重大举措，勾画了一幅立足新时代、展望新目标、肩负新使命、开启新征程的宏伟蓝图

化强国作出了全面部署，鲜明地提出了"决胜全面建成小康社会"的号召。

大会对党的建设和全面从严治党作出了系统的部署。对党章进行了重大修改，把十八大以来的理论实践成果和十九大报告确立的重大理论观点和重大战略思想写入了党章。

随后的十九届一中全会选举习近平为中央委员会总书记；决定习近平为中央军事委员会主席；批准赵乐际为中央纪律检查委员会书记。

中国共产党党员数量增长情况（1978—2017 年）

年份	数量
1978年年底	3698万名
1982年十二大时	3900多万名

续表

年份	数量
1987年十三大时	4600多万名
1992年十四大时	5100多万名
1997年十五大时	5800多万名
2002年十六大时	6600多万名
2007年十七大时	7300多万名
2012年十八大时	8200多万名
2017年十九大时	8900多万名

6 习近平新时代中国特色社会主义思想

十九大第一次提出了"习近平新时代中国特色社会主义思想"的新概念。

十九大指出，党的十八大以来，围绕回答新时代坚持和发展什么样的中国特色社会主义、怎样坚持和发展中国特色社会主义这个重大时代课题，我们党紧密结合新的时代条件和实践要求，以全新的视野深化对共产党执政规律、社会主义建设规律、人类社会发展规律的认识，进行艰辛理论探索，取得重大理论创新成果，形成了习近平新时代中国特色社会主义思想。

十九大报告用"八个明确"概括了习近平新时代中国特色社会主义思想的核心内容：明确坚持和发展中国特色社会主义，总任务是实现社会主义现代化和中华民族伟大复兴，在全面建成小康社会的基础上，分两步走在本世纪中叶建成富强民主文明和谐美丽的社会主义现代化强国；明确新时代我国社会主要矛盾是人民日益增长的美好生活需要和不平衡不充分的发展之间的矛盾，必须坚持以人民为中心的发展思想，不断促进人的全面发展、全体人民共同富裕；明确中国特色社会主义事业总体布局是"五位一体"、战略布局是"四个全面"，强调坚定道路自信、理论自信、制度自信、文化自信；明确全面深化改革总目标是完善和发展中国特色社会主义制度、推进国家治理体系和治理能力现代化；明确全面推进依法治国总目标是建设中国特色社会主义法治体系、建设社会主义法治国家；明确党在新时代的强军目标是建设一支听党指挥、能打胜仗、作风优良的人民军队，把人民军队建设成为世界一流军队；明确中国特色大国外交要推动构建新型国际关系，推动构建人类命运共同体；明确中国特色社会主义最本质的特征是中国共产党领导，中国特色社会主义制度的最大优势是中国共产党领导，党是最高政治领导力量，提出新时代党的建设总要求，突出政治建设在党的建设中的重要地位。

在此基础上，十九大党章指出："习近平新时代中国特色社会主义思想，是对马克思列宁主义、毛泽东思想、邓小平理论、'三个代表'重要思想、科学发展观的继承和发展，是马克思主义中国化最新成果，是党和人民实践经验和集体智慧的结晶，是中国特色社会主义理论体系的重要组成部分，是全党全国人民为实现中华民族伟大复兴而奋斗的行动指南，必须长期坚持并不断发展。"

7　新时代坚持和发展中国特色社会主义的基本方略

在阐述习近平新时代中国特色社会主义思想的基础上，十九大提出了"新时代坚持和发展中国特色社会主义的基本方略"。

基本方略，是党的十九大提出的重要概念，也是将近100年来中国共产党党章中第一次出现的概念。

基本方略一共14条：（1）坚持党对一切工作的领导。（2）坚持以人民为中心。（3）坚持全面深化改革。（4）坚持新发展理念。（5）坚持人民当家作主。（6）坚持全面依法治国。（7）坚持社会主义核心价值体系。（8）坚持在发展中保障和改善民生。（9）坚持人与自然和谐共生。（10）坚持总体国家安全观。（11）坚持党对人民军队的绝对领导。（12）坚持"一国两制"和推进祖国统一。（13）坚持推动构建人类命运共同体。（14）坚持全面从严治党。

这些方略，有的是历史上早就有的，现在重新给予强调；有的是历史上已经形成，十八大以来作了新的发展和充实；有的是改革开放以来形成的基本政

地球生态和谐，人类与环境息息相关。"坚持人与自然和谐共生"是新时代坚持和发展中国特色社会主义的 14 条基本方略之一。在它的指导下，我们必须坚定不移走生产发展、生活富裕、生态良好的文明发展道路，建设人与自然和谐共生的现代化国家

策、基本方略，十八大以来又作了新的推进，增加了新的内容和新的要求；有的在十八大之前已有认识和举措，十八大之后提升到更加重要的地位，并作了很大程度的发挥和拓展；有的则是十八大以来第一次提出。

这些方略，是习近平新时代中国特色社会主义思想的重要内容，是习近平新时代中国特色社会主义思想在治国理政中的转化、实践和应用。

十九大修改后的党章，在"改革开放以来我们取得一切成绩和进步的根本原因"一段中，增写了"贯彻党的基本理论、基本路线、基本方略"一句。在党的建设基本要求的第一条中，将原来的"基本理论、基本路线、基本纲领、基本经验"，改成了"基本理论、基本路线、基本方略"。

十九大要求，全党同志必须全面贯彻党的基本理论、基本路线、基本方略，更好引领党和人民事业发展。

8 "五位一体" 总体布局

1986 年 9 月，十二届六中全会在《关于社会主义精神文明建设指导方针的决议》中，第一次明确规定了"我国社会主义现代化建设的总体布局"。

1987 年，十三大制定了以"一个中心、两个基本点"为主要内容的社会主义初级阶段基本路线。邓小平说："十三大确定了'一个中心、两个基本点'的战略布局。""这个战略布局我们一定要坚持下去，永远不改变。"

20 世纪 90 年代，党和国家规定了中国特色社会主义经济、政治和文化建设的基本政策和基本要求。当时虽然没有明确使用"总体布局"一词，但实际上构成了经济、政治、文化三位一体建设中国特色社会主义的总体布局。

十六大后，党中央提出构建和谐社会的要求。胡锦涛强调，这表明，中国

随着我国经济向高质量发展阶段转化，"中国制造"升级为"中国智造"。要以推进数字化、网络化、智能化制造为抓手，加快培育制造业新模式、新业态、新产品

特色社会主义事业的总体布局，更加明确地由经济建设、政治建设、文化建设三位一体发展为经济建设、政治建设、文化建设、社会建设四位一体。

十七大第一次使用了"生态文明"的概念。十八大将生态文明建设正式纳入总体布局，从而使中国特色社会主义的总体布局由四位一体变成了五位一体。

因此，2012年的十八大明确宣布："建设中国特色社会主义，总依据是社会主义初级阶段，总布局是五位一体，总任务是实现社会主义现代化和中华民族伟大复兴。"

"五位一体"总体布局，要求牢牢抓好执政兴国的第一要务，始终代表中国先进生产力的发展要求，坚持以经济建设为中心，聚精会神搞建设，一心一意谋发展；要求坚持创新、协调、绿色、开放、共享的发展理念，全面推进经济建设、政治建设、文化建设、社会建设、生态文明建设，促进现代化建设各个环节、各个方面相协调；要求统筹兼顾，正确认识和妥善处理中国特色社会主义事业中的重大关系，促进现代化建设各方面相协调，生产关系与生产力、上层建筑与经济基础相协调。

9 "四个全面"战略布局

十八大以后，以习近平同志为核心的党中央，坚持改革开放以来中国特色社会主义的战略规划，坚持"五位一体"总体布局，同时，又针对新形势下的机遇、挑战和历史任务，提出了"四个全面"战略布局。

"四个全面"中的每一个"全面"，自改革开放以来，逐步形成，逐步发展，不断丰富，不断升华。十八大以来，又有了新的扩充，展示出新的特点。

在逐个强调每一个"全面"的基础上，习近平总书记从治国理政大思路的高度，进一步对"四个全面"进行重要整合，明确提出了"四个全面"的概念，使这"四个全面"成为一个相互关联的有机整体。

在十八届四中全会上，习近平总书记明确说明了"体现全面建成小康社会、全面深化改革、全面推进依法治国这'三个全面'的逻辑联系"的指导思想。

2014年12月13日至14日，习近平总书记在江苏南京、镇江调研时，首次将"四个全面"并提，要求协调推进全面建成小康社会、全面深化改革、全面推进依法治国、全面从严治党，推动改革开放和社会主义现代化建设迈上新台阶。

2015年2月2日，在省部级主要领导干部研讨班开班式上，习近平总书记指出："党的十八大以来，党中央从坚持和发展中国特色社会主义全局出发，提出并形成了全面建成小康社会、全面深化改革、全面依法治国、全面从严治党的战略布局。"这是第一次将"四个全面"作为战略布局提到全党全国人民面前。

2017年，党的十九大将"协调推进'四个全面'战略布局"作为习近平新时代中国特色社会主义思想和治国方略的重要内容，并且写进了党章。

"四个全面"为推动改革开放和现代化建设迈上新台阶、开创新局面，提供了顶层设计和战略导引，对于党和国家的全部工作都具有重要的指导意义。

以开始实施"十四五"规划为标志，我国将全面建成小康社会，进入全面建设社会主义现代化国家的新阶段。"四个全面"战略布局的内涵也发生了一个重要的变化。十九届五中全会审议通过的《中共中央关于制定国民经济和社会发展第十四个五年规划和二〇三五年远景目标的建议》要求：协调推进全面建设社会主义现代化国家、全面深化改革、全面依法治国、全面从严治党的战略布局。用"全面建设社会主义现代化国家"代替了原先的"全面建设小康社会"。这样一个布局，比原来的要求更高、任务更重、时间更长。未来中国的发展进步，将要在局部调整后的新的"四个全面"战略布局基础上向前推进。

🔟 决胜全面建成小康社会

2012年的十八大，在原来"全面建设小康社会"的基础上，进一步提出

抓住人民最关心最直接最现实的利益问题保障和改善民生，在更高水平
上实现幼有所育、学有所教、劳有所得、病有所医、老有所养、住有所居、
弱有所扶

到 2020 年"全面建成小康社会"的任务。从"建设"到"建成"，一字之改，
目标更加明确，任务更加具体，时间更加紧迫。

全面建成小康社会，是 21 世纪前 50 年中国发展的一个重要台阶，也是
把前 20 年与后 30 年连接起来的一个重要环节，是实现现代化建设第三步战
略目标必经的承上启下的发展阶段。

十八大确定全面建成小康社会的目标，是对历史、对现实、对人民、对民
族、对世界作出的一个庄严承诺。党执政的成效如何，这是一个重要的检验。

所以，在时间向 2020 年逼近的时刻，十九大报告标题的第一句，就是
"决胜全面建成小康社会"。使用"决胜"一词，表明已经到了最后阶段和最关
键的时刻。现在最紧迫、最重大的任务，就是要以巨大的努力，确保全面建成
小康社会目标的如期实现。

十九大明确指出："从现在到二〇二〇年，是全面建成小康社会决胜期。"全党全国人民要按照十六大、十七大、十八大提出的全面建成小康社会各项要求，紧扣我国社会主要矛盾变化，统筹推进经济建设、政治建设、文化建设、社会建设、生态文明建设，坚定实施科教兴国战略、人才强国战略、创新驱动发展战略、乡村振兴战略、区域协调发展战略、可持续发展战略、军民融合发展战略，突出抓重点、补短板、强弱项，特别是要坚决打好防范化解重大风险、精准脱贫、污染防治的攻坚战，使全面建成小康社会得到人民认可、经得起历史检验。

这一要求，内容丰富，目标明确，统筹兼顾，重点突出，对决胜全面建成小康社会作了整体性的布局和部署。

十九大之后，全党全国人民团结奋斗，打响了决胜全面建成小康社会之战。习近平总书记强调，全面建成小康社会，是我们对全国人民的庄严承诺。我们要立下愚公移山志，咬定目标、苦干实干，确保实现到 2020 年全面建成小康社会的战略目标。

建设成就要览之二十三：深海探测

2002 年，中国启动蛟龙号载人深潜器的自行设计、自主集成研制工作。

2009 年 **8** 月 **18** 日，蛟龙号进行最初的 **50** 米海试，首潜 **38** 米，迈出了中国载人深潜第一步。

2010 年 **5** 月—**7** 月，蛟龙号在南海进行 **3000** 米级海上试验，最大潜深达到 **3759** 米。

2011 年 **7** 月—**8** 月，蛟龙号在东北太平洋海域进行 **5000** 米级海试，实现最大潜深 **5188** 米。

2012 年 **6** 月 **27** 日，蛟龙号最大下潜深度达到 **7062** 米。中国海底载人科学研究和资源勘探能力达到国际领先水平。

从 **2013** 年起，蛟龙号正式进入试验性应用阶段。**2017** 年 **6** 月 **13** 日，蛟龙号深海载人潜水器圆满完成为期 **5** 年的试验性应用航次全部下潜任务，其中 **11** 个潜次作业水深超过 **6500** 米。截至 **2018** 年 **11** 月，蛟龙号已成功下潜 **158** 次。

2016 年 **6** 月 **22** 日—**8** 月 **12** 日，中国"探索一号"科考船在马里亚纳海域开展首次综合性万米深渊科考活动。其中，"海斗号"无人潜水器最大潜深达 **10767** 米，中国成为第 **3** 个研制出万米级无人潜水器的国家。

开启建设社会主义现代化强国新征程

按照"三步走"战略，全面建成小康社会之后，还有第二个"一百年"的目标，就是到 2049 年中华人民共和国成立 100 周年时，实现社会主义现代化。

随着"三步走"战略目标的一个个递次实现，十九大第一次明确规划了从 2020 年到本世纪中叶的战略目标和战略步骤，将 30 年分成两个阶段来安排。

第一个阶段，从 2020 年到 2035 年，在全面建成小康社会的基础上，再奋斗 15 年，基本实现社会主义现代化。原来"三步走"的战略目标，是到 21 世纪中叶基本实现现代化，而现在提前到 2035 年就基本实现，提前了 15 年。

到 2035 年这个目标实现时，我国经济实力、科技实力将大幅跃升，跻身创新型国家前列；人民平等参与、平等发展权利得到充分保障，法治国家、法治政府、法治社会基本建成，各方面制度更加完善，国家治理体系和治理能力现代化基本实现；社会文明程度达到新的高度，国家文化软实力显著增强，中华文化影响更加广泛深入；人民生活更为宽裕，中等收入群体比例明显提高，城乡区域发展差距和居民生活水平差距显著缩小，基本公共服务均等化基本实现，全体人民共同富裕迈出坚实步伐；现代社会治理格局基本形成，社会充满活力又和谐有序；生态环境根本好转，美丽中国目标基本实现。

第二个阶段，从 2035 年到 21 世纪中叶，在基本实现现代化的基础上，再奋斗 15 年，把我国建成富强民主文明和谐美丽的社会主义现代化强国。

这个目标是"现代化强国"，而不是原来的"中等发达国家水平"，标准和要求更高了。"强国"前面，用了 5 个修饰词。"富强民主文明"是十三大在基本路线中用的；"和谐"是十七大加的；"美丽"是十九大加的。这五大目标，与"五大建设"相对应，与"五位一体"相吻合。

到 21 世纪中叶，这个强国目标实现时，我国物质文明、政治文明、精神文明、社会文明、生态文明将全面提升，实现国家治理体系和治理能力现代化，成为综合国力和国际影响力领先的国家，全体人民共同富裕基本实现，我国人民将享有更加幸福安康的生活，中华民族将以更加昂扬的姿态屹立于世界民族之林。

这是新时代中国特色社会主义发展的战略安排，是未来 30 年中国发展的宏伟蓝图。以 2021 年中国共产党成立 100 周年为标志，党和国家开启了建设社会主义现代化强国的新征程。

建设成就要览之二十四：中国 GDP 连续跨过的关口

1952 年，**679** 亿元

1956 年，突破 **1000** 亿元人民币

1978 年，**3679** 亿元

1982 年，跨过 **5000** 亿元

1986 年，跨过 **1** 万亿，达到 **10309** 亿元

2001 年，跨过 **10** 万亿，达到 **110270** 亿元

2012 年，跨过 **50** 万亿，达到 **534123** 亿元

2014 年，跨过 **60** 万亿，达到 **63.6139** 万亿元

2016 年，跨过 **70** 万亿，达到 **74.4127** 万亿元

2017 年，跨过 **80** 万亿，达到 **82.71** 万亿元

2018 年，跨过 **90** 万亿，达到 **90.0309** 万亿元

2020 年，跨过 **100** 万亿，达到 **101.5986** 万亿元

12　全面从严治党

从改革开放一开始，邓小平就反复强调"党要管党、从严治党"。十八大以后，以习近平同志为核心的党中央坚持全面从严治党，推动管党治党更加"严紧硬"，使党的建设新的伟大工程发生了格局性和根本性的变化。

2012 年 12 月 4 日，中共中央政治局会议审议通过《十八届中央政治局关于改进工作作风、密切联系群众的八项规定》。全党按照这些规定的精神，严厉查处经费管理、国内差旅、因公临时出国（境）、培训、公务接待、公务

用车、会议活动、办公用房、基层党建活动、资源节约等方面的作风问题。

十八大之后，组织党员干部深入学习贯彻习近平总书记系列重要讲话精神和治国理政新理念新思想新战略。从 2013 年 6 月至 2014 年 9 月底，在全党深入开展党的群众路线教育实践活动。从 2015 年 4 月开始，在县处级以上领导干部中开展"三严三实"专题教育。2016 年，在全体党员中开展"学党章党规、学系列讲话，做合格党员"学习教育。

严格管理各级干部和所有党员，压紧压实各种规矩和责任。落实新时期好干部标准，修订颁布干部任用条例。完善干部管理监督制度体系。建立健全领导干部报告个人有关事项制度。集中开展对超职数配备干部、"裸官"、干部档案造假等突出问题专项整治，规范党政领导干部亲属经商办企业行为。建立机关公务员职务与职级并行制度。推动全面从严治党向基层延伸，严格党员日常教育管理。

严肃开展大规模巡视工作，严格搜寻发现一切可能存在的问题。十九大前实现了对省区市和新疆生产建设兵团、中央和国家机关、国有重要骨干企业、

党的十八大以来，以习近平同志为核心的党中央坚持有腐必反、有贪必肃，彰显了我们党惩治腐败的坚强决心

中央金融单位和中管高校的巡视全覆盖。

严格用制度管人管事，把纪律挺在前面，强力推动党的建设制度。2015年10月印发《中国共产党廉洁自律准则》和《中国共产党纪律处分条例》。2016年10月，十八届六中全会通过《关于新形势下党内政治生活的若干准则》和《中国共产党党内监督条例》，明确习近平同志为党中央的核心、全党的核心。

2017年的十九大，进一步提出新时代党的建设总要求，全面加强党的政治建设、思想建设、组织建设、作风建设、纪律建设，把政治建设放在各项建设的首位，把制度建设贯穿其中，深入开展反腐败斗争。2018年8月，中共中央印发再次修订的《中国共产党纪律处分条例》。从2019年6月开始，以县处级以上领导干部为重点，在全党分两批开展了"不忘初心、牢记使命"主题教育。

13　以高压态势加强反腐败斗争

全面从严治党的一个重要内容，是深入开展党风廉政建设和反腐败斗争。十八大以来，反腐败斗争以更大的规模和力度展开，"老虎""苍蝇"一起打，坚决遏制腐败蔓延势头。

2012年12月6日，中央纪委公布四川省委副书记李春城涉嫌严重违纪接受组织调查，拉开了十八大以来查处腐败大案要案的序幕。

2015年3月，中央反腐败协调小组国际追逃追赃工作办公室首次启动针对外逃腐败分子的"天网"行动。4月，国际刑警组织中国国家中心局集中公布100名涉嫌犯罪外逃国家工作人员、重要腐败案件涉案人等人员的红色通缉令。从2014年至2018年9月，共从120多个国家和地区追回外逃人员4719人，追赃103.72亿元，"百名红通人员"有54名落网。

依法查处湖南衡阳破坏选举案、四川南充拉票贿选案和辽宁拉票贿选案。辽宁拉票贿选案是新中国成立以来查处的第一起发生在省级层面严重破坏党内

"老虎"喻指位居高层的腐败官员，"苍蝇"则指身处基层的腐败官员。
党的十八大以来，以习近平同志为核心的党中央以壮士断腕的勇气和零容忍
的态度，坚决惩治腐败分子，推动全面从严治党

选举制度和人大选举制度的重大案件。

从十八大到十九大的 5 年间，查处了周永康、薄熙来、郭伯雄、徐才厚、孙政才、令计划等严重违纪违法案件。

根据中央纪委提交十九大的报告，十八大以来的 5 年间，经党中央批准立案审查的省军级以上党员干部及其他中管干部 440 人。其中，十八届中央委员、候补委员 43 人，中央纪委委员 9 人。全国纪检监察机关共接受信访举报 1218.6 万件（次），处置问题线索 267.4 万件，立案 154.5 万件，处分 153.7 万人，其中厅局级干部 8900 余人，县处级干部 6.3 万人，涉嫌犯罪被移送司法机关处理 5.8 万人。

五年共立案审查违反政治纪律案件 1.5 万件，处分 1.5 万人，其中中管干部 112 人。坚决整治群众身边的腐败，共处分基层党员干部 27.8 万人。印发严重违纪违法中管干部忏悔录，剖析典型案例，发挥警示教育作用。

以反腐败斗争为重点，党风廉政建设全面推进。纪检监察工作进一步加强。强化制度建设，推进标本兼治，着力形成不敢腐的惩戒机制、不能腐的防范机制、不易腐的保障机制。

到党的十九大，反腐败斗争压倒性态势已经形成并巩固发展。2018 年 12 月 18 日，在庆祝改革开放 40 周年大会上，习近平总书记宣布："反腐败斗争取得压倒性胜利。"之后，反腐败斗争继续前进。

14　全面加强党的领导

从十八大以来，习近平总书记不断强调全面加强党的领导，党中央采取一系列实际步骤，加强党中央权威和集中统一领导，明确和维护习近平总书记党中央领导核心、全党领导核心的地位。

2015 年 1 月 16 日，中共中央政治局常委会召开会议，专门听取全国人大常委会、国务院、全国政协、最高人民法院、最高人民检察院党组工作汇报。此后，这一做法成为实现党中央集中统一领导的一项制度性安排。

中共中央先后印发《中国共产党党组工作条例（试行）》《干部教育培训工作条例》《中国共产党地方委员会工作条例》《中国共产党巡视工作条例》，中共中央办公厅先后印发《关于加强社会组织党的建设工作意见（试行）》《党委（党组）意识形态工作责任制实施办法》等文件，通过这些制度压紧压实政治责任，确保习近平总书记的核心地位。

2015 年 7 月，中共中央办公厅印发《关于在深化国有企业改革中坚持党的领导加强党的建设的若干意见》。2016 年 10 月，全国国有企业党的建设工作会议举行。习近平总书记强调，要坚持党对国有企业的领导不动摇。

2016 年 10 月党的十八届六中全会具有重大意义的一个内容，是明确习近平总书记为党中央的核心、全党的核心，号召全党紧密团结在以习近平同志为核心的党中央周围，牢固树立政治意识、大局意识、核心意识、看齐意识，坚定不移维护党中央权威和党中央集中统一领导。

2017年，十九大要求毫不动摇坚持和完善党的领导，明确提出"加强党的全面领导"，突出了"全面"二字。

在修改后的党章总纲中，写进了习近平总书记提出的："中国共产党的领导是中国特色社会主义最本质的特征，是中国特色社会主义制度的最大优势。"同时，删去了从十二大开始就一直写在党章里的"党的领导主要是政治、思想和组织的领导"一句话，改而重申毛泽东的要求，强调"党政军民学，东西南北中，党是领导一切的"。在党章的具体条文中，明确和充分体现了党领导一切的思想。

十九大明确把党的政治建设摆在首位，强调政治建设是党的根本性建设。政治建设的首要任务是保证全党服从中央，坚持党中央权威和集中统一领导。

十九大后，党在一切工作中的全面领导进一步加强。

截至 2021 年 6 月 5 日党员队伍状况

党员总数：9514.8万名

党员性别、民族和学历：
女党员2745.0万名，占党员总数的28.8%
少数民族党员713.5万名，占7.5%
大专及以上学历党员4951.3万名，占52.0%

28.8%　　　52.0%
7.5%

党员年龄：

30岁及以下党员1255.3万名

31至35岁党员1112.6万名

36至40岁党员939.0万名

41至45岁党员876.0万名

46至50岁党员938.2万名

51至55岁党员867.1万名

56至60岁党员833.7万名

61岁及以上党员2693.0万名

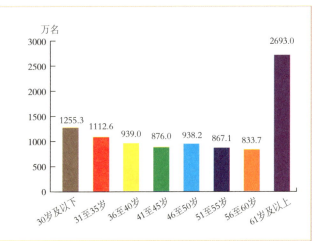

党员入党时间：

新中国成立前入党的13.4万名

新中国成立后至党的十一届三中全会前入党的1455.5万名

党的十一届三中全会后至党的十八大前入党的6094.3万名

党的十八大以来入党的1951.6万名

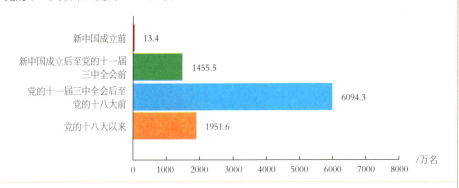

党员的职业：

工人（工勤技能人员）648.1万名

农牧渔民2581.7万名

企事业单位、社会组织专业技术人员1507.5万名

企事业单位、社会组织管理人员1061.2万名

党政机关工作人员777.3万名

学生306.7万名

其他职业人员720.5万名

离退休人员1911.8万名

（依据《中国共产党党内统计公报》，《人民日报》2021年7月1日）

15 全面深化改革

党的十八大统一提出了全面建成小康社会和全面深化改革开放的目标，强调必须以更大的政治勇气和智慧，不失时机深化重要领域改革。

2013 年 11 月召开的十八届三中全会，通过了《中共中央关于全面深化改革若干重大问题的决定》。全会高度评价了党的十一届三中全会召开 35 年来改革开放的成功实践和伟大成就，研究了全面深化改革若干重大问题，认为改革开放是党在新的时代条件下带领全国各族人民进行的新的伟大革命，是当代中国最鲜明的特色，是决定当代中国命运的关键抉择，是党和人民事业大踏步赶上时代的重要法宝。面对新形势新任务，全面建成小康社会，进而建成富强民主文明和谐的社会主义现代化国家、实现中华民族伟大复兴的中国梦，必须在新的历史起点上全面深化改革。全会对全面深化改革作出系统部署，确定"全面深化改革的总目标是完善和发展中国特色社会主义制度，推进国家治理体系和治理能力现代化"。全会分析了形势和任务，强调全党同志要把思想和行动统一到中央关于全面深化改革重大决策部署上来，谱写改革开放伟大事业历史新篇章，为全面建成小康社会、不断夺取中国特色社会主义新胜利、实现中华民族伟大复兴的中国梦而奋斗！

党中央把全面深化改革的重要举措分解为 336 个项目，制定了专门的分工方案。做到有布置、有督促、有检查，确保不折不扣完成。成立中央全面深化改革领导小组，习近平任组长，加强了对改革的顶层设计。至 2017 年 8 月，中央全面深化改革领导小组共召开 38 次会议，审议通过一大批改革文件。

十九大肯定，过去五年，全面深化改革取得重大突破。蹄疾步稳推进全面深化改革，坚决破除各方面体制机制弊端。改革全面发力、多点突破、纵深推进，着力增强改革系统性、整体性、协同性，压茬拓展改革广度和深度，推出 1500 多项改革举措，重要领域和关键环节改革取得突破性进展，主要领域改革主体框架基本确立。中国特色社会主义制度更加完善，国家治理体系和治理能力现代化水平明显提高，全社会发展活力和创新活力明显增强。

十九大把"坚持全面深化改革"作为新时代坚持和发展中国特色社会主义基本方略的第三条，并对各方面改革作出了进一步部署，要求深化供给侧结构

党的十八大以来，我们党以前所未有的力度推进全面深化改革，推出了 1600 多项改革方案（截至 2018 年年底），着力提升人民群众获得感、幸福感、安全感，让人民共享经济、政治、文化、社会、生态等各方面发展成果，不断促进人的全面发展、全体人民共同富裕

性改革，建设现代化经济体系，把发展经济的着力点放在实体经济上，把提高供给体系质量作为主攻方向，显著增强我国经济质量优势。

2018 年 2 月召开的十九届三中全会，通过了《中共中央关于深化党和国家机构改革的决定》和《深化党和国家机构改革方案》。全会提出，深化党和国家机构改革是推进国家治理体系和治理能力现代化的一场深刻变革。党和国家机构职能体系是中国特色社会主义制度的重要组成部分，是我们党治国理政的重要保障。全会提出了深化党和国家机构改革的目标、首要任务等。

2018 年 12 月 18 日，习近平总书记在庆祝改革开放 40 周年大会上，回顾改革开放的历程，总结改革开放的成就和经验，指出："从以经济体制改革为主到全面深化经济、政治、文化、社会、生态文明体制和党的建设制度改革，党和国家机构改革、行政管理体制改革、依法治国体制改革、司法体制改革、外事体制改革、社会治理体制改革、生态环境督察体制改革、国家安全体制改革、国防和军队改革、党的领导和党的建设制度改革、纪检监察制度改革等一系列重大改革扎实推进，各项便民、惠民、利民举措持续实施，使改革开放成为当代中国最显著的特征、最壮丽的气象。"

16 推进国家治理体系和治理能力现代化

随着改革开放的进展，十八届三中全会将推进国家治理体系和治理能力现代化作为全面深化改革的总目标之一。

2019 年 10 月，十九届四中全会在党的历史上第一次专门研究国家制度和国家治理问题，审议通过了《中共中央关于坚持和完善中国特色社会主义制度、推进国家治理体系和治理能力现代化若干重大问题的决定》（以下简称《决定》）。

《决定》系统总结我国革命、建设、改革进程中的制度演变、制度创新、理论成果、实践成果，把坚持和完善中国特色社会主义制度、推进国家治理体系和治理能力现代化，作为一项重大战略任务，提到了全党全国人民面前。

《决定》列举了 13 个大的方面的制度、体制和制度体系。要求：坚持和完善党的领导制度体系、人民当家作主制度体系、中国特色社会主义法治体系、中国特色社会主义行政体制、社会主义基本经济制度、繁荣发展社会主义先进文化的制度、统筹城乡的民生保障制度、共建共治共享的社会治理制度、生态文明制度体系、党对人民军队的绝对领导制度、"一国两制"制度体系、独立自主的和平外交政策、党和国家监督体系。

在现实生活中，如何提高治理水平是一个紧迫的问题。比如不少地方野蛮拆迁、暴力拆迁，不讲法律、合同、协议、承诺，不做沟通协商工作，很多连补偿赔偿都不给，写上一个"拆"字，就把老百姓用毕生血汗换来的房子一推而平，造成了很多社会问题，严重影响了党和政府的信誉和形象。

所以，十九届四中全会之后改革的一个基础性、战略性任务，就是按照《决定》的部署，以坚持和完善中国特色社会主义制度、推进国家治理体系和治理能力现代化为主轴，把制度建设和治理能力建设摆到更加突出的位置，继

国家治理体系和治理能力现代化是中国现代化的重要组成部分。要通过制度安排和宏观顶层设计，不断解决党和国家机构臃肿、各行其道等问题，使国家治理体系日趋科学规范，国家治理能力愈加运行有效

续深化各领域各方面体制机制改革，推动各方面制度更加成熟更加定型，加强治理体系和治理能力的建设，加强系统治理、依法治理、综合治理、源头治理，真正把中国特色社会主义的制度优势转化为国家治理的效能。

17 全面依法治国

依法治国是党领导人民治理国家的基本方略，法治是治国理政的基本方式。十八大要求加快建设社会主义法治国家，全面推进依法治国。

2014 年 10 月的十八届四中全会，第一次把法治建设作为中央全会的专门议题，审议通过《中共中央关于全面推进依法治国若干重大问题的决定》。这是中国共产党成立将近 100 年、中华人民共和国成立将近 70 年来，第一次专题研究法治建设的中央全会，在中国共产党领导建设法治国家的征程上树起了一座新的里程碑。

全会直面我国法治建设的突出问题，确定全面依法治国的总目标是，建设中国特色社会主义法治体系，建设社会主义法治国家。在中国共产党领导下，坚持中国特色社会主义制度，贯彻中国特色社会主义法治理论，形成完备的法律规范体系、高效的法治实施体系、严密的法治监督体系、有力的法治保障体系，形成完善的党内法规体系，坚持依法治国、依法执政、依法行政共同推进，坚持法治国家、法治政府、法治社会一体建设，实现科学立法、严格执法、公正司法、全民守法，促进国家治理体系和治理能力现代化。

全面依法治国的重大任务是：完善以宪法为核心的中国特色社会主义法律体系，加强宪法实施；深入推进依法行政，加快建设法治政府；保证公正司法，提高司法公信力；增强全民法治观念，推进法治社会建设；加强法治工作队伍建设；加强和改进党对全面推进依法治国的领导。

全会确定了 180 多项重大改革举措。在十八大后的五年中，中国的法治建设进入了一个新阶段，民主法治建设迈出重大步伐。科学立法、严格执法、公正司法、全民守法深入推进，法治国家、法治政府、法治社会建设相互促进，

过节请客送礼一度非常盛行，败坏了党和政府的形象。党的十八大以来，以习近平同志为核心的党中央，强调制度治党，制定或修订了一系列党内法规，形成了比较完善的党内法规制度体系，努力营造风清气正的政治生态

中国特色社会主义法治体系日益完善，全社会法治观念明显增强。国家监察体制改革试点取得实效，行政体制改革、司法体制改革、权力运行制约和监督体系建设有效实施。

　　2017 年的十九大，将"坚持全面依法治国"作为坚持和发展中国特色社会主义的一条基本方略。中央还专门成立了全面依法治国领导小组，加强对法治中国建设的统一领导。特别要求各级党组织和全体党员带头尊法学法守法用法，任何组织和个人都不得有超越宪法法律的特权，绝不允许以言代法、以权压法、逐利违法、徇私枉法。

18　对宪法的最新一次修改

　　改革开放以来，全国人民代表大会先后于 1988 年、1993 年、1999 年、2004 年四次通过《中华人民共和国宪法修正案》，对 1982 年宪法进行了修改。

进入新时代，习近平总书记高度重视宪法的作用。2017 年 9 月 29 日，中央政治局会议决定启动宪法修改工作，成立宪法修改小组。

这次宪法修改遵循四个原则：一是坚持党对宪法修改的领导。把坚持党中央集中统一领导贯穿宪法修改全过程，确保宪法修改的正确政治方向。二是严格依法按程序推进宪法修改。先形成《中共中央关于修改宪法部分内容的建议（草案）》，经党中央全会审议和通过；再依法形成《中华人民共和国宪法修正案（草案）》，由全国人大常委会提请全国人民代表大会审议和通过。三是充分发扬民主、广泛凝聚共识。贯彻科学立法、民主立法、依法立法的要求，注重从政治上、大局上、战略上分析问题，注重从宪法发展的客观规律和内在要求上思考问题。四是坚持对宪法作部分修改、不作大改，保持宪法的连续性、稳定性、权威性。

2017 年 11 月 13 日，党中央发出征求对修改宪法部分内容意见的通知。12 月 12 日，将修宪建议草案稿下发党内一定范围征求意见。宪法修改小组先后举行 13 次工作班子会议、4 次全体会议，对各方面意见和建议汇总梳理、逐一研究。

2018 年 1 月 18 日至 19 日，十九届二中全会对宪法修改建议草案进行讨论。1 月 26 日，中共中央委员会向全国人大常委会提出《中国共产党中央委员会关于修改宪法部分内容的建议》。1 月 29 日至 30 日，十二届全国人大常委会召开第三十二次会议，讨论中共中央修宪建议，决定提请十三届全国人大一次会议审议。

3 月 5 日至 20 日，十三届全国人大一次会议举行。受十二届全国人大常委会委托，王晨向大会作关于宪法修正案草案的说明。代表们对宪法修正案草案进行了审议。出席全国政协十三届一次会议的全国政协委员，也围绕宪法修正案草案进行了讨论。

2018 年 3 月 11 日，十三届全国人大一次会议经投票表决，通过了《中华人民共和国宪法修正案》。这是改革开放以来对宪法的第五次修改，也是最大的一次修改。

19 深化党和国家机构改革

1981 年以来，党中央部门进行了 4 次改革，国务院机构进行了 7 次改革，逐步建立起具有中国特色的党和国家机构职能体系。

十八大后，党和国家机构改革继续深化。2013 年 11 月，十八届三中全会提出，统筹党政群机构改革，理顺部门职责关系。2015 年，习近平总书记要求对深化机构改革进行调研。2017 年，十九大要求深化机构和行政体制改革。统筹考虑各类机构设置，科学配置党政部门及内设机构权力、明确职责。2018 年 2 月 26 日至 28 日，十九届三中全会专门研究深化党和国家机构改革问题。习近平总书记作了说明。全会审议通过了《中共中央关于深化党和国家机构改革的决定》和《深化党和国家机构改革方案》，同意把《深化党和国家机构改革方案》的部分内容按照法定程序提交十三届全国人大一次会议审议。

2018 年 3 月 13 日至 17 日，十三届全国人大一次会议审议通过了关于国务院机构改革方案的决定。3 月 21 日，中共中央公布了《深化党和国家机构改革方案》。

这次深化党和国家机构改革的主要内容是：完善坚持党的全面领导的制度，优化政府机构设置和职能配置，统筹党政军群机构改革，合理设置地方机构，推进机构编制法定化。

这次改革，打破了以往机构改革大多局限于政府机构改革的做法，既横向统筹党政军群，又纵向统筹中央地方乃至基层，充分发挥党总揽全局、协调各方的优势，并使其进一步制度化。改革后，党中央机构共计减少 6 个，国务院机构共计减少 15 个。改革涉及的中央和国家机关部门、直属单位超过 80 个。

按照改革落地的时间表和路线图，中央和国家机关机构改革在 2018 年年底前落实到位；省级党政机构改革方案在 2018 年 9 月底前报党中央审批，2018 年年底前机构调整基本到位；省以下党政机构改革由省级党委统一领导，在 2018 年年底前报党中央备案。所有地方党政机构改革任务在 2019 年 3 月底前基本完成。

2019 年 7 月 5 日，深化党和国家机构改革总结会议在北京召开。习近平总书记在会议上讲话指出，深化党和国家机构改革是对党和国家组织结构和管理体制的一次系统性、整体性重构，为完善和发展中国特色社会主义制度、推进国家治理体系和治理能力现代化提供了有力组织保障。

20 协商民主广泛多层制度化发展

十八大把"健全社会主义协商民主制度"正式写入党代会的报告中，对如何坚持协商民主提出了一系列要求。

十八届三中全会强调，要在党的领导下，以经济社会发展重大问题和涉及群众切身利益的实际问题为内容，在全社会开展广泛协商，坚持协商于决策之前和决策实施之中。

2014 年 9 月 21 日，中共中央、全国政协举行庆祝中国人民政治协商会议成立 65 周年大会，习近平总书记在讲话中强调，社会主义协商民主，是中国社会主义民主政治的特有形式和独特优势，是中国共产党的群众路线在政治领域的重要体现。要推进社会主义协商民主广泛多层制度化发展。人民政协要发挥专门协商机构的作用，把协商民主贯穿履行职责全过程。

2015 年 1 月 5 日，中共中央印发《关于加强社会主义协商民主建设的意见》，对新形势下开展政党协商、人大协商、政府协商、政协协商、人民团体协商、基层协商、社会组织协商等作出全面部署，推进社会主义协商民主广泛多层制度化发展。

2017 年的十九大指出，要发挥社会主义协商民主重要作用。有事好商量，众人的事情由众人商量，是人民民主的真谛。协商民主是实现党的领导的重要方式，是我国社会主义民主政治的特有形式和独特优势。要推动协商民主广泛、多层、制度化发展，保证人民在日常政治生活中有广泛持续深入参与的权利。

人民政协充分发挥协商民主重要渠道和专门协商机构的作用,坚持团结和民主两大主题,推进政治协商、民主监督、参政议政制度建设,不断提高人民政协协商民主制度化、规范化、程序化水平。加强政协协商与党委和政府工作的有效衔接。认真落实由党委、人大、政府、民主党派、人民团体等提出议题的规定,探索由界别和委员联名提出议题。规范年度协商计划的制定,由党委常委会会议专题讨论并列入党委年度工作要点。

十二届全国政协在继承"双周座谈会"历史传统基础上,创设了"双周协商座谈会"的新的协商形式。2013年10月22日,俞正声主持召开第一次双周协商座谈会,至2017年9月,十二届全国政协共召开了74次双周协商座谈会。

十三届全国政协坚持以协商民主凝聚强大正能量,以改革创新激发工作新活力,加强政协系统的理论学习和党的建设。汪洋要求政协在建言资政和凝聚共识两方面双向发力。通过创立委员移动履职平台、开展网络议政远程协商等方式,推动政协工作和协商民主进一步"提质增效"。

21　提出和贯彻新发展理念

在改革开放进程中,党和国家逐步形成了一系列重要的发展理念。2015年10月,十八届五中全会指出,实现"十三五"时期发展目标,破解发展难题,厚植发展优势,必须牢固树立并切实贯彻创新、协调、绿色、开放、共享的发展理念。这是关系我国发展全局的一场深刻变革。

十八届五中全会公报全文共5900余字,其中关于"创新、协调、绿色、开放、共享"发展理念的内容就占了3000多字。新发展理念,是这次会议最重要的亮点,也是指导制定"十三五"规划的灵魂。

习近平总书记指出,面对经济社会发展新趋势新机遇和新矛盾新挑战,发展理念搞对了,目标任务就好定了,政策举措也就跟着好定了。2016年1月,在省部级主要领导干部学习贯彻十八届五中全会精神专题研讨班上,习近平总书记强调，要深入学习领会创新、协调、绿色、开放、共享的新发展理念，推动"十三五"时期我国经济社会持续健康发展，确保如期实现全面建成小康社会奋斗目标。

新发展理念，是对改革开放以来中国发展经验的总结，是中国共产党对中国发展规律的新认识、新揭示，集中体现了"十三五"乃至更长时期中国的发展思路、发展方向、发展着力点。

新发展理念具有直接的针对性，也包含着丰富的内容。创新是引领发展的第一动力，协调是持续健康发展的内在要求，绿色是永续发展的必要条件和人民对美好生活追求的重要体现，开放是国家繁荣发展的必由之路，共享是中国特色社会主义的本质要求。

新发展理念是不可分割的整体，相互联系、相互贯通、相互促进，要一体坚持、一体贯彻，不能顾此失彼，也不能相互替代。

按照新发展理念，党和国家把经济社会建设继续推向前进，并提出了高质量发展的要求。2017 年 12 月 18 日，习近平总书记在中央经济工作会议上指出，推动高质量发展是当前和今后一个时期确定发展思路、制定经济政策、实施宏观调控的根本要求，必须加快形成推动高质量发展的指标体系、政策体系、标准体系、统计体系、绩效评价、政绩考核，创造和完善制度环境，推动我国经济在实现高质量发展上不断取得新进展。

新发展理念深刻揭示了实现更高质量、更有效率、更加公平、更可持续发展的必由之路，有力指导了我国新的发展实践

建设成就要览之二十五：前沿探索

1965 年 **9** 月 **17** 日，中国在世界上首次人工合成结晶牛胰岛素。

1988 年 **9** 月 **7** 日，中国成功发射自行研制的第一颗命名为"风云一号"的极地轨道气象星，填补了中国应用气象卫星的空白，使我国跨入世界上少数几个有能力自己研制、发射和运行气象卫星的国家的行列，结束了中国只能从地面观测天气的历史。

1988 年 **10** 月 **16** 日，中国第一座高能加速器——北京正负电子对撞机对撞成功。这是继原子弹、氢弹爆炸成功、卫星上天之后，我国在高科技领域的又一重大突破。**1990** 年 **7** 月 **21** 日，北京正负电子对撞机工程正式通过国家验收，性能达到 **80** 年代国际先进水平。

1999 年 **9** 月，中国加入 **1990** 年启动的国际人类基因组计划，负责测定人类基因组全部序列的 **1%**，中国因此成为参与这一研究计划的唯一发展中国家。

2001 年 **2** 月 **12** 日，中、美、日、德、法、英等 **6** 国科学家和美国塞莱拉公司联合公布人类基因组图谱及初步分析结果。

2015 年 **12** 月 **17** 日，中国成功发射暗物质粒子探测卫星"悟空"，在太空中开展高能电子及高能伽马射线探测任务，探寻暗物质存在的证据。

2016 年 **8** 月 **16** 日，中国成功发射世界首颗量子科学实验卫星"墨子号"。**2017** 年 **6** 月、**8** 月，"墨子号"卫星先后在国际上首次成功实现千公里级卫星和地面之间的量子纠缠分发、量子密钥分发和量子隐形传态。

2016 年 **9** 月 **25** 日，世界最大单口径巨型射电望远镜——**500** 米口径球面射电望远镜（**FAST**）在贵州平塘落成启动。

22　进入新发展阶段

所谓新发展阶段，就是以实施"十四五"规划为标志开始进入的一个新发展阶段，就是全面建设社会主义现代化国家、向第二个百年奋斗目标进军的阶段。这是实现新的更大发展的关键阶段。习近平总书记强调："进入新发展阶段，是中华民族伟大复兴历史进程的大跨越。"

新发展阶段是对我国所处历史方位的客观判断。"十四五"时期是新发展阶段的第一个五年。在这个阶段，世界大变局加速演进，我国将由中等收入国家迈向高收入国家行列。新发展阶段落实到较为具体的层面，也包含高质量发展阶段。目前，我国正处于转变发展方式、优化经济结构、转换增长动力的攻坚期。当前和今后一个时期，我国发展仍处于重要战略机遇期，但机遇和挑战都有新的发展变化。

新发展阶段要实现 2035 年和 2050 年两个战略目标。2035 年基本实现社会主义现代化，2050 年建成富强民主文明和谐美丽的社会主义现代化强国。这就意味着，党和国家今后的任务，是在全面建成小康社会之后，开启全面建设社会主义现代化国家的新征程。

如同全面建成小康社会一样，未来我们所要建设的现代化是全面的现代化，特别是人的现代化。中国的现代化具有许多重要的特点。比如，是人口规模巨大的现代化，是全体人民共同富裕的现代化，是两个文明共同发展的现代化，是人与自然和谐共生的现代化，是走和平发展道路的现代化。了解这些，有助于加深我们对中国现代化的认识和理解。但归结起来，就是党的基本路线已经明确规定的"把我国建成富强民主文明和谐美丽的社会主义现代化强国"。"富强、民主、文明、和谐、美丽"五个词，就是实现全面现代化的基本要求。其中每个词都包含着丰富的内容。对照这些，我们其实还有很多差距，有的差距还很大。从全面建成小康社会，到全面建成社会主义现代化强国，还有漫长的道路要走。

所以，新发展阶段是全面建设社会主义现代化国家的新阶段，而不是已经进入了全面现代化的阶段，这一阶段的重点是"建设"。全面建成小康社会之后，我们具备了继续前进、全面建设现代化的基础和条件，但离目标还有距离。所以，我们不能停步、不能休息，更不能倒退，必须继续以更大的勇气和决心向现代化迈进。

23 加快构建新发展格局

新发展格局，就是以国内大循环为主体、国内国际双循环相互促进的发展格局。习近平总书记指出："构建新发展格局，是与时俱进提升我国经济发展水平的战略抉择，也是塑造我国国际经济合作和竞争新优势的战略抉择。"

构建新发展格局是以习近平同志为核心的党中央把握全球政治经济环境的深刻变化、基于我国新发展阶段的历史任务和比较优势作出的重大战略决策，是习近平新时代中国特色社会主义经济思想的最新理论成果。提出构建以国内大循环为主体、国内国际双循环相互促进的新发展格局，体现了我们党对经济发展客观规律的正确把握和实践运用，是面对新的更加错综复杂新形势的战略决策，是新发展阶段更好发挥我国比较优势的重大战略部署。

构建新发展格局，关键要着力打通经济循环堵点，构建完整的生产、分配、流通、消费体系，促进形成高效通畅的全国统一大市场；着力深化国内国际循环的战略链接，进一步提升我国对外开放深度和国际市场参与程度。

构建新发展格局的主攻方向和重要着力点，是要形成强大的国内市场。为此，要坚持扩大内需这个战略基点，加快培育完整内需体系，使生产、分配、流通、消费更多依托国内市场，形成国民经济良性循环。

构建新发展格局，要坚持深化改革和扩大开放同步推进，破除制约国内大循环和国内国际双循环畅通的制度、观念和利益障碍，构建高水平社会主义市场经济体制，推动实现高质量引进来和高水平走出去。

构建新发展格局，要坚持供给侧结构性改革的战略方向，把实施扩大内需战略同深化供给侧结构性改革有机结合起来，提升供给体系对国内需求的适配性，打通经济循环堵点，提升产业链、供应链的完整性，使国内市场成为最终需求的主要来源，实现需求牵引供给、供给创造需求的更高水平动态平衡。

构建新发展格局，要完善自立自强的科技支撑体系，以创新驱动、高质量供给引领和创造新需求。

新发展格局强调的是国内国际双循环，不是国内经济的单循环；是开放的国内国际双循环，决不是封闭的国内循环。构建新发展格局，决不意味着对外开放地位的下降，更不意味着关上已经开放了40多年的对外大门。习近平总书记说，推动形成宏大顺畅的国内经济循环，就能更好吸引全球资源要素，既满足国内需求，又提升我国产业技术发展水平，形成参与国际经济合作和竞争新优势。

构建新发展格局是长期战略，不是权宜之计，必须长期坚持。

24 建设美丽中国

2007 年的十七大第一次使用了"生态文明"的概念，强调必须坚持生产发展、生活富裕、生态良好的文明发展道路，在全社会牢固树立生态文明观念。

2012 年的十八大，进一步把生态文明建设纳入中国特色社会主义事业"五位一体"总体布局，首次把"美丽中国"作为生态文明建设的宏伟目标。十八大还提出了"走向社会主义生态文明新时代"的预言和号召。

于是，美丽一词，成了生态文明的代名词。建设美丽中国，不仅成为建设生态文明的目标，而且上升为建设社会主义现代化强国的战略目标。

习近平总书记强调："我们既要绿水青山，也要金山银山。""绿水青山就是金山银山。""走向生态文明新时代，建设美丽中国，是实现中华民族伟大复兴的中国梦的重要内容。"

2013 年 9 月，国务院印发《大气污染防治行动计划》。2015 年 4 月，印发《水污染防治行动计划》。2016 年 5 月，印发《土壤污染防治行动计划》。至此，针对大气、水、土壤环境污染问题的 3 个行动计划全部出台，治污攻坚战向纵深挺进。

2015 年 4 月，中共中央、国务院印发《关于加快推进生态文明建设的意见》，明确了生态文明建设的总体要求、目标愿景、重点任务、制度体系。9 月 18 日，《生态文明体制改革总体方案》出台，明确了生态文明体制改革的"四梁八柱"。

5 年中，中央审议通过 40 多项生态文明建设和环境保护具体改革方案，各地结合实际推出实施办法，生态文明建设的制度日臻完善。

国家出台了"1+6"生态文明体制改革的制度体系，提出到 2020 年，构建起由自然资源资产产权制度、国土空间开发保护制度等八项制度构成的产权

"绿水青山就是金山银山"阐明了经济与生态的辩证统一关系。经济发展与生态保护二者不可分割，构成一个有机的整体

清晰、多元参与、激励约束并重、系统完整的生态文明制度体系。

十九大把"坚持人与自然和谐共生"作为 14 条基本方略之一，强调建设生态文明是中华民族永续发展的千年大计。

建设成就要览之二十六：三北防护林工程

三北防护林工程，是指在中国西北、华北和东北地区建设的大型人工林业生态工程。*1979* 年决定把这项工程列为国家经济建设的重要项目，规划期限 *70* 年。

按照总体规划，三北防护林工程东西长 *4480* 公里，南北宽 *560—1460* 公里。包括 *13* 个省自治区直辖市的 *559* 个县（旗、市、区）。工程建设总面积 *406.9* 万平方公里，占全国陆地总面积的 *42.4%*。

建设进程和期限是：

1979—1999 年为第一阶段，分三期工程。*1979—1984* 年为一期工程，*1985—1994* 年为二期工程，*1995—1999* 年为三期工程；

2000—2019 年为第二阶段，分两期工程。*2000—2009* 年为四期工程，*2010—2019* 年为五期工程；

> *2020—2049* 年为第三阶段，分三期工程。*2020—2029* 年为六期工程，*2030—2039* 年为七期工程，*2040—2049* 年为八期工程。
>
> 三北防护林工程要在保护好现有森林草原植被基础上，采取人工造林、飞机播种造林、封山封沙育林育草等方法，营造防风固沙林、水土保持体、农田防护林、牧场防护林以及薪炭林和经济林等，形成乔、灌、草植物相结合，林带、林网、片林相结合，多种林、多种树合理配置，农、林、牧协调发展的防护林体系。
>
> 三北防护林工程建设 *40* 年来，累计完成造林保存面积 *3014.9* 万公顷，工程区森林覆盖率由 *1979* 年的 *5.05%* 提高到了 *2019* 年的 *13.59%*，活立木蓄积量由 *7.4* 亿立方米提高到 *33.3* 亿立方米。

25 推进供给侧结构性改革

十九大后继续推进的一项集中和重要的改革，是供给侧结构性改革。

供给侧结构性改革始于十九大前。2015 年 11 月 10 日，习近平总书记主持召开中央财经领导小组第十一次会议，研究经济结构性改革和城市工作。2016 年 1 月 26 日，习近平总书记主持召开中央财经领导小组第十二次会议，研究供给侧结构性改革方案。

2017 年 10 月，十九大指出，必须坚持质量第一、效益优先，以供给侧结构性改革为主线，推动经济发展质量变革、效率变革、动力变革，提高全要素生产率。这是党和国家对供给侧结构性改革这条经济发展和经济工作主线的新定位、新要求。

供给侧结构性改革，是相对于以往需求侧改革而提出的新概念和新思路，指从过去着重强调需求扩张提供动力，转变到着重提高供给体系质量和效率来提供新动力。重点是推进产业结构、区域结构、要素投入结构、排放结构、经济增长动力结构和收入分配结构等六个方面的结构性改革，促进经济转型升级。

推进供给侧结构性改革，要在适度扩大总需求的同时，去产能、去库存、去杠杆、降成本、补短板，从生产领域加强优质供给，减少无效供给，扩大有效供给，提高供给结构适应性和灵活性，提高全要素生产率，使供给体系更好

去产能，即化解产能过剩，是指为了解决因产品供过于求而引起产品恶性竞争的问题，对生产设备及产品进行转型和升级。去产能的行业主要包括钢铁、煤炭、煤电、水泥、电解铝、平板玻璃、船舶等

适应需求结构变化。

供给侧结构性改革的措施主要包括：持续扩大去产能，这是优化存量资源配置的根本途径；因城施策去库存，这是改善房地产市场供求关系的重要举措；积极稳妥去杠杆，这是防范化解金融风险的重要内容；综合施策降成本，这是增强企业竞争力、扩大优质增量供给的重要举措；扎实有效补短板，这是扩大有效供给的重要手段。

供给侧结构性改革，是十八大以来大力推进的主要改革，是经济体制等方面的改革在新时代的发展和深化。

经过几年的努力，供给侧结构性改革取得了重要阶段性成效。但是我国经济运行的主要矛盾仍然是供给侧结构性的。因此，必须坚持以供给侧结构性改革为主线不动摇，更多采取改革的办法，更多运用市场化、法治化手段，在"巩固、增强、提升、畅通"八个字上下功夫。

26 实施创新驱动发展战略

创新，作为一个具有指导性、方针性、战略性的要求和范畴，从 20 世纪 90 年代以来，经历了一个逐步扩展的过程。

2012 年，十八大把"实施创新驱动发展战略"作为"加快完善社会主义市场经济体制和加快转变经济发展方式"的重要内容和措施之一。强调要坚持走中国特色自主创新道路，提高原始创新、集成创新和引进消化吸收再创新能力，更加注重协同创新。

2015 年 3 月，中共中央、国务院印发《关于深化体制机制改革加快实施创新驱动发展战略的若干意见》。2016 年 1 月，中共中央、国务院又印发《国家创新驱动发展战略纲要》。

2017 年的十九大，要求加快建设创新型国家，强调创新是引领发展的第一动力，是建设现代化经济体系的战略支撑。

创新驱动，就是将创新作为引领发展的第一动力，坚持科技创新与制度创新、管理创新、商业模式创新、业态创新和文化创新相结合，推动发展方式向依靠持续的知识积累、技术进步和劳动力素质提升转变，促进经济向形态更高

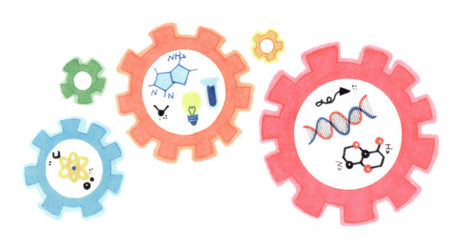

创新是引领发展的第一动力，是建设现代化经济体系的战略支撑

级、分工更精细、结构更合理的阶段演进。

实施创新驱动发展战略，要求实现六大转变：发展方式从以规模扩张为主导的粗放式增长向以质量效益为主导的可持续发展转变；发展要素从传统要素主导发展向创新要素主导发展转变；产业分工从价值链中低端向价值链中高端转变；创新能力从"跟踪、并行、领跑"并存、"跟踪"为主向"并行、领跑"为主转变；资源配置从以研发环节为主向产业链、创新链、资金链统筹配置转变；创新群体从以科技人员的小众为主向小众与大众创新创业互动转变。

创新驱动的战略目标分"三步走"：第一步，到 2020 年，进入创新型国家行列；第二步，到 2030 年，跻身创新型国家前列；第三步，到 2050 年，建成世界科技创新强国。从"行列"到"前列"，再到"强国"，形成一个"三级跳"。

实施创新驱动发展战略，取得了一系列重大成果。科技创新的系统能力显著提升，某些创新指标进入世界前列。在量子通信、光量子计算机、高温超导、中微子振荡、干细胞、合成生物学、结构生物学、纳米催化、极地研究等领域取得一批重大原创成果。创新对供给侧结构性改革发挥了显著的支撑引领作用。

建设成就要览之二十七：探月工程（嫦娥工程）

探月工程，是利用航天器对月球进行的各种探测活动。中国探月工程，又称"嫦娥工程"。

1994 年，中国航天科技工作者开始进行探月活动的研究工作。*2004* 年，国务院正式批准开展月球探测工程。整个探月工程分为三期完成，要突破"绕""落""回"*3* 大关键技术。

2007 年 *10* 月 *24* 日，中国第一颗绕月探测卫星嫦娥一号发射成功，*11* 月 *5* 日进入环月轨道。在经历了长达 *494* 天的飞行、圆满完成各项使命后，*2009* 年 *3* 月 *1* 日 *16* 时 *13* 分，按预定计划受控成功撞击月球，为我国月球探测的一期工程画上了圆满句号。

2010 年 *10* 月 *1* 日，嫦娥二号成功发射，主要任务是获得更清晰更详细的月球表面影像数据和月球极区表面数据。*11* 月 *8* 日上午，首次公布了嫦娥二号卫星传回的嫦娥三号预选着陆区——月球虹湾地区的局部影像图。

2013 年 *12* 月 *2* 日，嫦娥三号探测器发射成功。它还携带了中国的第一艘月球车即巡视器，命名为玉兔号。*12* 月 *14* 日，嫦娥三号着陆器着陆月球虹湾区域。*15* 日，嫦娥三号着陆器和巡视器玉兔号月球车互拍成像。探月工程第二步战略目标圆满完成，中国成为世界上第三个月球软着陆和巡视探测的国家。嫦娥三号探测器设计寿命一年，现已超期服役，*2019* 年 *12* 月 *7* 日被成功唤醒，开启了第 *75* 昼的新征程。

2018 年 *12* 月 *8* 日，嫦娥四号探测器成功发射。*2019* 年 *1* 月 *3* 日，实现世界首次月球背面软着陆，并开展就位探测与巡视探测。

2020 年 *10* 月底前后，将用长征五号运载火箭择机发射嫦娥五号，实现月面无人采样返回，完成探月工程三步走的总体规划目标。

在探月基础上，还将奔向火星。*2020* 年，将通过长征五号发射火星探测器，一次实现火星环绕、着陆和巡视探测。

27 京津冀协同发展战略

2013 年 8 月，习近平总书记在北戴河主持会议研究河北发展问题，提出推动京津冀协同发展。2014 年 2 月 26 日，习近平总书记听取京津冀协同发展专题汇报，强调实现京津冀协同发展是重大国家战略，对京津冀协同发展战略的重大意义、推进思路和重点任务作了全面阐述。

2014 年 12 月 26 日，京津冀协同发展工作推进会议举行，研究京津冀协同发展规划。2015 年 6 月，中共中央、国务院颁布《京津冀协同发展规划纲要》，从战略意义、总体要求、定位布局、有序疏解北京非首都功能、推动重点领域率先突破、促进创新驱动发展、统筹协同发展相关任务、深化体制机制改革、开展试点示范、加强组织实施等方面，描绘了京津冀协同发展的蓝图。

根据规划，京津冀整体定位是"以首都为核心的世界级城市群、区域整体协同发展改革引领区、全国创新驱动经济增长新引擎、生态修复环境改善示范区"。北京市是"全国政治中心、文化中心、国际交往中心、科技创新中心"；天津市是"全国先进制造研发基地、北方国际航运核心区、金融创新运营示范区、改革开放先行区"；河北省是"全国现代商贸物流重要基地、产业转型升

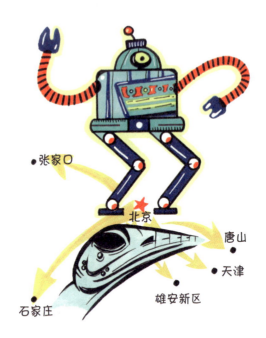

京津冀协同发展战略的核心是有序疏解北京的非首都功能，调整区域经济结构和空间结构，走出一条内涵集约发展的新路子，探索出一种人口经济密集地区优化开发的模式，促进区域协调发展，形成新的增长极

级试验区、新型城镇化与城乡统筹示范区、京津冀生态环境支撑区"。

2016 年 5 月 27 日，中共中央政治局会议审议《关于规划建设北京城市副中心和研究设立河北雄安新区的有关情况的汇报》。2017 年 3 月 28 日，中共中央、国务院发出通知，决定设立河北雄安新区。4 月 1 日对外公布。习近平总书记强调，建设北京城市副中心和雄安新区两个新城，是千年大计、国家大事。

2018 年 11 月，中共中央、国务院明确要求以疏解北京非首都功能为"牛鼻子"，推动京津冀协同发展，调整区域经济结构和空间结构，推动河北雄安新区和北京城市副中心建设，探索超大城市、特大城市等人口经济密集地区有序疏解功能、有效治理"大城市病"的优化开发模式。

京津冀协同发展战略实施以来，从规划纲要到跨行政区的京津冀"十三五"规划，再到 12 个专项规划，京津冀协同发展规划体系不断落实落细。北京市四套班子已经迁入副中心办公。《河北雄安新区总体规划（2018—2035 年）》已经批复，雄安新区的建设正在抓紧推进。

28 长江经济带发展战略

长江，是中国和亚洲的第一大河，世界第三大河。改革开放以来，长江流域得到更快发展，成为我国综合实力最强、战略支撑作用最大的区域之一。

2013 年 7 月，习近平总书记在武汉调研时指出，长江流域要加强合作，发挥内河航运作用，把全流域打造成黄金水道。2016 年 1 月，习近平总书记在重庆召开推动长江经济带发展座谈会并发表重要讲话，全面深刻阐述了长江经济带发展战略的重大意义、推进思路和重点任务。李克强也多次强调，让长江经济带这条"巨龙"舞得更好，关乎当前和长远发展的全局。

2016 年 3 月 25 日，中共中央政治局会议审议通过了《长江经济带发展规划纲要》。5 月 30 日，中共中央、国务院印发《长江经济带发展规划纲要》。

长江经济带的战略定位是将其打造成为具有全球影响力的内河经济带、东中西互动合作的协调发展带、沿海沿江沿边全面推进的对内对外开放带、生态

长江经济带发展的格局是"一轴、两翼、三极、多点"："一轴"是以长江黄金水道为依托，发挥上海、武汉、重庆的核心作用；"两翼"分别指沪瑞和沪蓉南北两大运输通道；"三极"指的是长江三角洲、长江中游和成渝三个城市群；"多点"是指发挥三大城市群以外地级城市的支撑作用

文明建设的先行示范带。

长江经济带建设的任务，具体包括保护和修复长江生态环境，建设综合立体交通走廊，创新驱动产业转型，新型城镇化，构建东西双向、海陆统筹的对外开放新格局等。

推动长江经济带发展遵循5条基本原则：一是江湖和谐、生态文明；二是改革引领、创新驱动；三是通道支撑、协同发展；四是陆海统筹、双向开放；五是统筹规划、整体联动。

切实保护好长江的生态系统，是一件关系千秋万代的大事情。长江经济带发展的基本思路是生态优先、绿色发展，而不是又鼓励新一轮的大干快上。共抓大保护，不搞大开发，这是长江经济带战略区别于其他战略的最重要的要求。

2018年4月26日，习近平总书记在武汉主持召开深入推动长江经济带发展座谈会并发表重要讲话。11月，中共中央、国务院要求充分发挥长江经济带横跨东中西三大板块的区位优势，以共抓大保护、不搞大开发为导向，以生态优先、绿色发展为引领，依托长江黄金水道，推动长江上中下游地区协调发展和沿江地区高质量发展。

在长江经济带发展战略带动下，沿江各地区加快改革创新，狠抓政策落实，经济发展取得了新的成就。特别是坚持绿色发展，谱写了大保护的新篇章。

29　"一带一路"倡议

"一带一路"，是"丝绸之路经济带"和"21世纪海上丝绸之路"的简称，是十八大后扩大对外开放的重要倡议和举措。

2013年9月，习近平主席访问哈萨克斯坦，在纳扎尔巴耶夫大学发表演讲时建议用创新的合作模式，共同建设"丝绸之路经济带"，以点带面，从线到片，逐步形成区域大合作。2013年10月3日，习近平主席在印度尼西亚国会发表演讲，提出共同建设"21世纪海上丝绸之路"的倡议。

2014 年 11 月，加强互联互通伙伴关系对话会在北京举行。习近平主席宣布中国出资 400 亿美元成立丝路基金，为"一带一路"项目建设提供投融资支持。

2014 年 12 月，中共中央、国务院印发《丝绸之路经济带和 21 世纪海上丝绸之路建设战略规划》，对推进"一带一路"建设工作作出全面部署。2015 年 3 月，国家发改委、外交部、商务部经国务院授权发布《推动共建丝绸之路经济带和 21 世纪海上丝绸之路的愿景与行动》，全面阐述了"一带一路"倡议的内涵。

2016 年 8 月 17 日，推进"一带一路"建设工作座谈会举行。习近平总书记强调，要聚焦政策沟通、设施联通、贸易畅通、资金融通、民心相通，聚焦构建互利合作网络、新型合作模式、多元合作平台，聚焦携手打造绿色丝绸之路、健康丝绸之路、智力丝绸之路、和平丝绸之路。

"一带一路"建设是对外开放的新深化、经济转型的新引擎、互利合作的新拓展，也是完善全球发展模式和全球治理、推进经济全球化健康发展的重要途径

2017 年 5 月 14 日至 15 日，中国在北京成功地举办了"一带一路"国际合作高峰论坛。来自 29 个国家的国家元首、政府首脑与会，来自 130 多个国家和 70 多个国际组织的 1500 多名代表参会，覆盖了五大洲各大区域。会议通过《"一带一路"国际合作高峰论坛圆桌峰会联合公报》，并发表"一带一路"国际合作高峰论坛成果清单。

2019 年 4 月 25 日至 27 日，中国在北京成功主办了第二届"一带一路"国际合作高峰论坛。其间举行了高峰论坛开幕式、领导人圆桌峰会、高级别会议、12 场分论坛和 1 场企业家大会。包括中国在内，38 个国家的元首和政府首脑等领导人以及联合国秘书长和国际货币基金组织总裁共 40 位领导人出席圆桌峰会。来自 150 个国家、92 个国际组织的 6000 余名外宾参加了论坛。圆桌峰会一致通过了联合公报。各方达成了 283 项务实成果，签署了 640 多亿美元的项目合作协议。

30　粤港澳大湾区建设

建设粤港澳大湾区，是新时代推动形成全面开放新格局的新举措，也是推动"一国两制"事业发展的新实践。

粤港澳大湾区包括香港特别行政区、澳门特别行政区和广东省广州市、深圳市、珠海市、佛山市、惠州市、东莞市、中山市、江门市、肇庆市，总面积5.6 万平方公里，2017 年年末总人口约 7000 万人，是我国开放程度最高、经济活力最强的区域之一，在国家发展大局中占有重要战略地位。

改革开放以来，特别是香港、澳门回归祖国后，粤港澳合作不断深化实化。2009 年 10 月 28 日，粤港澳三地政府有关部门联合发布《大珠江三角洲城镇群协调发展规划研究》，提出构建珠江口湾区，粤港澳共建世界级城镇群。

2016 年 3 月，"十三五"规划纲要明确提出"支持港澳在泛珠三角区域合作中发挥重要作用，推动粤港澳大湾区和跨省区重大合作平台建设"；国务院印发《关于深化泛珠三角区域合作的指导意见》，明确要求广州、深圳携手港澳，共同打造粤港澳大湾区，建设世界级城市群。2017 年 7 月 1 日，《深化粤港澳合作、推进大湾区建设框架协议》在香港签署。

2017 年 10 月 18 日，十九大报告指出："要支持香港、澳门融入国家发展大局，以粤港澳大湾区建设、粤港澳合作、泛珠三角区域合作等为重点，全面推进内地同香港、澳门互利合作，制定完善便利香港、澳门居民在内地发展的政策措施。"

2018 年 5 月 10 日和 5 月 31 日，中央政治局常委会会议和中央政治局会议，先后对《粤港澳大湾区发展规划纲要》进行审议。2019 年 2 月 18 日，中共中央、国务院印发了《粤港澳大湾区发展规划纲要》。

建设粤港澳大湾区，就是要将粤港澳大湾区打造成为充满活力的世界级城市群、具有全球影响力的国际科技创新中心、"一带一路"建设的重要支撑、内地与港澳深度合作示范区、宜居宜业宜游的优质生活圈。

粤港澳大湾区建设的主要内容是：建设国际科技创新中心；加快基础设施互联互通；构建具有国际竞争力的现代产业体系；推进生态文明建设；建设宜居宜业宜游的优质生活圈；紧密合作共同参与"一带一路"建设；共建粤港澳合作发展平台。

粤港澳大湾区建设战略实施以来，已经取得了显著的成绩。

31 乡村振兴战略

2005 年 10 月，十六届五中全会提出建设社会主义新农村的任务。12 月，中共中央、国务院发出《关于推进社会主义新农村建设的若干意见》，要求按照"生产发展、生活宽裕、乡风文明、村容整洁、管理民主"的要求，协调推进农村各方面建设。

十八大之后，党和国家进一步加强"三农"建设。2017 年 10 月，习近平在十九大报告中明确提出实施乡村振兴战略。2018 年的中央一号文件，就是《中共中央、国务院关于实施乡村振兴战略的意见》。5 月 31 日，中共中央政

建设生态宜居的美丽乡村，是实施乡村振兴战略的一项重要任务。要强化生态理念，发展生态经济，抓实生态治理，改善农村人居环境，推动乡村生产、生活、生态和谐共生

治局召开会议，审议《乡村振兴战略规划（2018—2022 年）》。9 月，中共中央、国务院印发了《乡村振兴战略规划（2018—2022 年）》，并发出通知，要求各地区各部门结合实际认真贯彻落实。

2018 年 9 月 21 日，中共中央政治局就实施乡村振兴战略进行第八次集体学习。习近平总书记在主持学习时强调，乡村振兴战略是党的十九大提出的一项重大战略，是关系全面建设社会主义现代化国家的全局性、历史性任务，是新时代"三农"工作总抓手。

实施乡村振兴战略，就是坚持农业农村优先发展，按照"产业兴旺、生态宜居、乡风文明、治理有效、生活富裕"的总要求，建立健全城乡融合发展体制机制和政策体系，统筹推进农村经济建设、政治建设、文化建设、社会建设、生态文明建设和党的建设，加快推进乡村治理体系和治理能力现代化，加快推进农业农村现代化，走中国特色社会主义乡村振兴道路，让农业成为有奔头的产业，让农民成为有吸引力的职业，让农村成为安居乐业的美丽家园。

相较于社会主义新农村建设的 20 字要求，实施乡村振兴战略的 20 字总要求，更加注重促进乡村整体发展，是新农村建设的升级版、宏观版。

实施乡村振兴战略的目标任务是：到 2020 年，乡村振兴取得重要进展，制度框架和政策体系基本形成；到 2035 年，乡村振兴取得决定性进展，农业农村现代化基本实现；到 2050 年，乡村全面振兴，农业强、农村美、农民富全面实现。

建设成就要览之二十八：农业农村

1963 年 **2** 月 **10** 日，《人民日报》介绍山西省昔阳县大寨大队艰苦奋斗、发展生产的事迹。此后，"农业学大寨"运动在全国展开。

1960 年，袁隆平等人开始杂交水稻的研究。**1973** 年，研发出杂交水稻"三系"配套技术体系，实现了水稻育种的重大突破。**1974** 年成功配制杂交稻种子，平均亩产量超过 **500** 公斤。**1976** 年开始在全国范围内种植。**1995** 年二系法杂交稻研制成功。**2000** 年，超级杂交稻实现百亩示范片亩产 **700** 公斤的第一期目标。**2003** 年，中国大陆 **50%** 以上的水稻都为袁隆平的杂交品种。**2013** 年，由袁隆平科研团队攻关的国家第四期超级稻百亩示范片平均亩产达 **988.1** 公斤，创下世界纪录。

70 年来，中国粮食总产量由 **1949** 年的 **11318** 万吨提高到 **2018** 年的 **65789** 万吨，农业机械总动力由 **1952** 年的 **18** 万千瓦提高至 **2018** 年的 **10** 亿千瓦，全国耕地灌溉面积由 **1952** 年的 **1996** 万公顷扩大到 **2018** 年的 **6810** 万公顷。

谷物、肉类、花生、茶叶、水果等产量持续位居世界第一。

2018 年，全国农村地区有 **99.9%** 的户所在自然村通公路，**99.9%** 的户所在自然村通电，**99.7%** 的户所在自然村通电话，**98.1%** 的户所在自然村能接收有线电视信号，**95.7%** 的户所在自然村已通宽带。

32 打赢脱贫攻坚战

十八大以后，以习近平同志为核心的党中央把扶贫开发提升到事关全面建成小康社会、实现第一个百年奋斗目标的新高度，打响了一场新的脱贫攻坚战。

2013 年至 2015 年，习近平总书记提出"精准扶贫"理念，要求扶持对象精准、项目安排精准、资金使用精准、措施到户精准、因村派人精准、脱贫成效精准。

2015 年 10 月，十八届五中全会通过的《中共中央关于制定国民经济和社会发展第十三个五年规划的建议》，明确将"我国现行标准下农村贫困人口实现脱贫，贫困县全部摘帽，解决区域性整体贫困"作为十三五规划的战略目标之一。

2015 年 11 月 27 日至 28 日，中央扶贫开发工作会议在北京召开。习近平总书记宣布，脱贫攻坚战的冲锋号已经吹响。中西部 22 个省区市的党政主要负责同志向党中央签署了脱贫攻坚责任书。此后，省、市、县、乡、村也层层签订了脱贫攻坚责任书。

11 月 29 日，中共中央、国务院印发《关于打赢脱贫攻坚战的决定》，对"十三五"脱贫攻坚作出全面部署。这是十八大以来指导脱贫攻坚的纲领性

自精准扶贫实施以来，按现行农村贫困标准，2013—2019 年，我国贫困人口从 9899 万人减少到 551 万人，累计减贫 9348 万人，7 年累计减贫幅度达到 94.4%，创造了人类历史上最好的减贫成绩

文件。

2016 年 11 月 23 日，国务院印发《"十三五"脱贫攻坚规划》。

"十三五"脱贫攻坚的总体目标是：到 2020 年，稳定实现现行标准下农村贫困人口不愁吃、不愁穿，农村贫困人口义务教育、基本医疗和住房安全有保障；实现贫困地区农民人均可支配收入增长幅度高于全国平均水平，基本公共服务主要领域指标接近全国平均水平；确保现行标准下农村贫困人口实现脱贫，贫困县全部摘帽，解决区域性整体贫困。

十九大进一步分析了扶贫形势，要求作为决胜全面建成小康社会补短板的关键一仗，坚决打赢脱贫攻坚战。

2018 年 6 月 15 日，中共中央、国务院印发《关于打赢脱贫攻坚战三年行动的指导意见》，规定到 2020 年，通过发展生产脱贫一批，易地搬迁脱贫一批，生态补偿脱贫一批，发展教育脱贫一批，社会保障兜底一批，实现脱贫攻坚的目标。

2019 年 4 月 15 日至 17 日，习近平总书记在重庆考察，并主持召开解决"两不愁三保障"突出问题座谈会。

2020 年是全面建成小康社会目标实现之年，是全面打赢脱贫攻坚战收官之年。面对新冠肺炎疫情的冲击，2 月 23 日，中央召开统筹推进新冠肺炎疫情防控和经济社会发展工作部署会议。3 月 6 日，又专门召开决战决胜脱贫攻坚座谈会。习近平总书记强调，到 2020 年现行标准下的农村贫困人口全部脱贫，是党中央向全国人民作出的郑重承诺，必须如期实现。这是一场硬仗，越到最后越要紧绷这根弦，不能停顿、不能大意、不能放松。

2021 年 2 月 25 日，全国脱贫攻坚总结表彰大会在北京举行，习近平总书记在会上强调，经过全党全国各族人民共同努力，在迎来中国共产党成立一百周年的重要时刻，我国脱贫攻坚战取得了全面胜利，现行标准下 9899 万农村贫困人口全部脱贫，832 个贫困县全部摘帽，12.8 万个贫困村全部出列，区域性整体贫困得到解决，完成了消除绝对贫困的艰巨任务，创造了又一个彪炳史册的人间奇迹！这是中国人民的伟大光荣，是中国共产党的伟大光荣，是中华民族的伟大光荣！

33 确立社会主义核心价值观

社会主义核心价值观，是 2012 年的十八大第一次在党和国家文件中正式使用的重要概念。

改革开放以来，许多理论和实践问题都越来越触及价值、价值观念、核心价值等问题。1989 年的十三届四中全会后，价值问题的研究逐步展开，并开始进入党和国家的话语体系中。

2006 年，十六届六中全会第一次使用"社会主义核心价值体系"的概念，并提出建设社会主义核心价值体系的任务。这是理论上的一个重要进步。社会主义核心价值体系包含丰富的内容。其中，马克思主义指导思想是社会主义核心价值体系的灵魂，中国特色社会主义共同理想是社会主义核心价值体系的主题，以爱国主义为核心的民族精神和以改革创新为核心的时代精神是社会主义核心价值体系的精髓，社会主义荣辱观是社会主义核心价值体系的基础。

2012 年，十八大要求"倡导富强、民主、文明、和谐，倡导自由、平等、公正、法治，倡导爱国、敬业、诚信、友善，积极培育和践行社会主义核心价值观"。

2013 年 12 月 11 日，中共中央办公厅印发《关于培育和践行社会主义核心价值观的意见》。指出，富强、民主、文明、和谐，自由、平等、公正、法治，爱国、敬业、诚信、友善，是社会主义核心价值观的基本内容。

社会主义核心价值体系和社会主义核心价值观提出之后，党和国家采取了一系列措施，推动了大量建设、学习和宣传工作。十九大将"坚持社会主义核心价值体系""培育和践行社会主义核心价值观"列入了新时代坚持和发展中国特色社会主义的基本方略。

社会主义核心价值观是当代中国精神的集中体现，凝结着全体人民共同的价值追求。按照十九大的要求，培育和践行社会主义核心价值观，要以培养担当民族复兴大任的时代新人为着眼点，强化教育引导、实践养成、制度保障，发挥社会主义核心价值观对国民教育、精神文明创建、精神文化产品创作生产传播的引领作用，把社会主义核心价值观融入社会发展各方面，转化为人们的情感认同和行为习惯。

34 加强社会民生建设

十八大以来，按照"五位一体"总体布局，党和国家进一步加强了社会民生建设，在若干老百姓关注的突出问题上采取了实际措施。

根据我国人口发展变化趋势，2013 年，十八届三中全会提出，"坚持计划生育的基本国策，启动实施一方是独生子女的夫妇可生育两个孩子的政策"（简称单独两孩政策）。

2013 年 12 月，中共中央、国务院印发《关于调整完善生育政策的意见》，启动实施单独两孩政策。2015 年，十八届五中全会决定：坚持计划生育的基本国策，完善人口发展战略，全面实施一对夫妇可生育两个孩子政策，积极开展应对人口老龄化行动。12 月 31 日，中共中央、国务院印发《关于实施全面两孩政策、改革完善计划生育服务管理的决定》。2016 年 1 月 1 日，修改后的《中华人民共和国人口与计划生育法》正式实施，明确规定国家提倡一对夫妻生育两个子女。这一政策受到了广大人民群众的欢迎。

建设成就要览之二十九：公路建设

1954 年 *12* 月 *25* 日，康藏（后改为川藏）、青藏公路全线通车。毛泽东题词："庆贺康藏、青藏两公路的通车，巩固各民族人民的团结，建设祖国！"此后，新藏、滇藏等公路陆续建成。

20 世纪 *80* 年代末，提出"五纵七横" *12* 条路线（含支线）的规划布局方案，*1993* 年正式部署实施。*2007* 年提前全部贯通，总里程约 *3.5* 万公里，构筑了我国国家公路骨架网络，形成了国家高速公路网的雏形，并与其他国道、省道、县乡公路共同组成了我国的公路基础设施网络。

2013 年 *10* 月 *31* 日，西藏墨脱公路建成通车。至此，我国真正实现县县通公路。

到 *2016* 年年底，中国公路通车里程达到 *469.63* 万公里，其中高速公路里程达到 *13.1* 万公里，排名世界第一。

中国最早的高速公路是 *1978* 年 *10* 月竣工的台湾省基隆至高雄的南北高速公路，全长 *373* 公里。

大陆最先开工的是沈大高速公路。*1984* 年 *6* 月 *27* 日开工，*1990* 年 *8* 月 *20* 日开始通车，全长 *348* 公里。

第一条完工投入使用的则是沪嘉高速公路，全长 *20.5* 公里，*1988* 年 *10* 月通车。

1997 年，广深高速公路正式通车运营。

1998—2005 年，每年平均新通车高速公路里程在 *4500* 公里以上。

2017 年 *7* 月 *15* 日，北京到新疆的京新高速公路全线贯通，总里程约 *2768* 公里，这是目前世界上穿越沙漠、戈壁里程最长的高速公路。

到 *2018* 年年底，全国公路里程 *485* 万公里，高速公路通车里程 *14.3* 万公里。

户籍制度改革也是广大人民期盼已久的愿望。

2013 年 11 月，十八届三中全会提出："创新人口管理，加快户籍制度改革，全面放开建制镇和小城市落户限制，有序放开中等城市落户限制，合理确

养老保险改革后，我国已建立起基本养老保险、企业补充养老保险和职工个人储蓄性养老保险相结合的制度。截至 2020 年年末，我国基本养老保险参保人数为 9.99 亿人

定大城市落户条件，严格控制特大城市人口规模。"

2014 年 6 月 30 日，中央政治局召开会议，审议通过《关于进一步推进户籍制度改革的意见》。7 月 30 日，国务院正式公布这一意见，规定进一步调整户口迁移政策，统一城乡户口登记制度，全面实施居住证制度，加快建设和共享国家人口基础信息库，稳步推进义务教育、就业服务、基本养老、基本医疗卫生、住房保障等城镇基本公共服务覆盖全部常住人口。到 2020 年，基本建立新型户籍制度，努力实现 1 亿左右农业转移人口和其他常住人口在城镇落户。

意见中的最大亮点，是建立城乡统一的户口登记制度。这意味着以"农业"和"非农业"区分户口性质的城乡二元户籍制度将成为历史，由此衍生的蓝印户口等户口类型也将作古，今后每一位中国公民的户口均统一登记为居民户口。

为了解决看病难、看病贵问题，十八大后继续加大医药卫生体制改革的力度。2015 年 4 月，国务院办公厅印发《关于全面推开县级公立医院综合改革的实施意见》。2016 年 1 月，国务院印发《关于整合城乡居民基本医疗保险制度的意见》，城乡居民医保制度政策实现统一覆盖范围、统一筹资政策、统一保障待遇、统一医保目录、统一定点管理、统一基金管理。

2016 年 8 月，召开全国卫生与健康大会，强调要把人民健康放在优先发展的战略地位，加快推进健康中国建设，努力全方位、全周期保障人民健康。10 月，中共中央、国务院印发了《"健康中国 2030"规划纲要》。

35　推动城乡发展一体化

2012 年的十八大明确提出"推动城乡发展一体化"的任务，强调解决好农业农村农民问题是全党工作重中之重，城乡发展一体化是解决"三农"问题的根本途径。

为此，要加快完善城乡发展一体化体制机制，着力在城乡规划、基础设施、公共服务等方面推进一体化，促进城乡要素平等交换和公共资源均衡配置，形成以工促农、以城带乡、工农互惠、城乡一体的新型工农、城乡关系。

为落实十八大要求，2013年12月，中央城镇化工作会议召开。这是改革开放以来中央召开的第一次城镇化工作会议。会议提出以人为本、优化布局、生态文明、传承文化等基本原则，明确推进农业转移人口市民化、提高城镇建设用地利用效率、建立多元可持续的资金保障机制、优化城镇化布局和形态、提高城镇建设水平、加强对城镇化的管理等6项主要任务。

2014年3月，中共中央、国务院印发《国家新型城镇化规划（2014—2020年）》。

2015年12月，中央城市工作会议召开。要求提高新型城镇化水平，走出一条中国特色城市发展道路。习近平总书记指出，要坚持人民城市为人民，尊重城市发展规律，统筹空间、规模、产业，统筹规划、建设、管理，统筹改革、科技、文化，统筹生产、生活、生态，统筹政府、社会、市民，着力提高城市发展持续性、宜居性。

2015年12月，中共中央、国务院印发《关于深入推进城市执法体制改革

推进城乡发展一体化，要加大统筹城乡发展力度，增强农村发展活力，逐步缩小城乡差距，促进城乡共同繁荣；加大强农惠农富农政策力度，让广大农民平等参与现代化进程、共同分享现代化成果

改进城市管理工作的指导意见》。2016 年 2 月，中共中央、国务院印发《关于进一步加强城市规划建设管理工作的若干意见》，国务院印发《关于深入推进新型城镇化建设的若干意见》。

十九大进一步要求"建立健全城乡融合发展体制机制和政策体系"。

与此相应，中央出台了一系列推进城乡一体化、基本公共服务均等化的文件。2014 年，国务院印发《关于建立统一的城乡居民基本养老保险制度的意见》。2015 年 11 月，国务院印发《关于进一步完善城乡义务教育经费保障机制的通知》，明确从 2016 年春季学期开始，统一城乡义务教育学校生均公用经费基准定额；从 2017 年春季学期开始，统一城乡义务教育学生"两免一补"政策。

36 国防和军队改革

十八大以来，以习近平同志为核心的党中央，深化国防和军队改革，强军兴军，使军队和国防建设的面貌发生了历史性变化。

2013 年 11 月，十八届三中全会对全面深化改革作出整体部署，决定把深化国防和军队改革纳入全面深化改革的总体布局。

2015 年 7 月，习近平主席分别主持召开中央军委常务会议和中央政治局常委会议，审议和审定《深化国防和军队改革总体方案》。11 月，中央军委印发《领导指挥体制改革实施方案》。11 月，中央军委改革工作会议召开。

11 月 28 日，中央军委印发《关于深化国防和军队改革的意见》，确定要牢牢把握"军委管总、战区主战、军种主建"的原则，以领导管理体制、联合作战指挥体制改革为重点，协调推进规模结构、政策制度和军民融合深度发展改革。

随后，习近平主席先后签发中央军委命令，调整组建军委机关各部门，组建各战区机关、陆军机关、各战区陆军机关、战略支援部队机关，调整组建战区海军、战区空军机关，组建中央军委纪律检查委员会派驻纪检组，组织实施海军、空军、火箭军、武警部队机关整编，组建武汉联勤保障基地及 5 个联勤保障中心，调整组建 13 个集团军、海军陆战队，调整组建新的军事科学院、国防大学、国防科技大学和其他军队院校、科研机构、训练机构。

2015 年 12 月 31 日，中国人民解放军陆军领导机构、火箭军、战略支援部队成立大会举行。习近平主席授军旗并致训词。2016 年 1 月 11 日，习近平主席接见调整组建后的军委机关各部门负责同志。这次军委机关调整，把原来的总参谋部、总政治部、总后勤部、总装备部 4 个总部改为 15 个职能部门。2月 1 日，中国人民解放军战区成立大会举行。习近平主席向东部、南部、西部、北部、中部战区授予军旗并发布训令。

2016 年 2 月 29 日，全军按新的领导指挥体制运行，实现我军领导指挥体制历史性变革。

9 月 13 日，中央军委联勤保障部队成立大会举行。12 月，中央军委军队规模结构和力量编成改革工作会议举行。中共中央、国务院、中央军委还印发了《关于做好深化国防和军队改革期间军队转业干部安置工作的通知》。

2017 年 4 月 18 日，习近平主席接见全军新调整组建 84 个军级单位主官

党对军队的绝对领导是中国特色社会主义的本质特征，是党和国家的重要政治优势，是人民军队的建军之本、强军之魂

并对各单位发布训令，强调要坚持政治建军、改革强军、依法治军，聚焦能打仗、打胜仗推进各项工作，聚精会神锻造召之即来、来之能战、战之必胜的精兵劲旅。

2017年7月30日，庆祝中国人民解放军建军90周年阅兵在朱日和联合训练基地举行。习近平主席检阅部队并讲话。这是人民军队整体性、革命性变革后的全新亮相。

建设成就要览之三十：舰船装备

1971 年 *12* 月，中国自行研制的第一艘导弹驱逐舰交付使用，正式编入军队战斗序列。

1974 年 *8* 月 *1* 日，中央军委发布命令，将中国自行设计制造的第一艘核潜艇命名为"长征一号"，正式编入海军战斗序列。人民海军进入拥有核潜艇的新阶段。

1988 年 *9* 月 *14* 日—*27* 日，中国自行研制的导弹核潜艇在东海海域进行水下发射运载火箭试验并取得成功。

2012 年 *9* 月 *25* 日，中国第一艘航空母舰辽宁舰正式交付海军。

2017 年 *4* 月 *26* 日，中国第二艘航空母舰山东舰、也是第一艘自主设计建造的航空母舰出坞下水，标志中国自主设计建造航空母舰取得重大阶段性成果。

2017 年 *6* 月 *28* 日，中国完全自主研制的新型万吨级驱逐舰首舰下水。

---

37 制定国家安全战略

十八大以来，以习近平同志为核心的党中央，把国家安全放在"四个全面"战略布局中加以运筹，强调国家安全是安邦定国的重要基石，主持制定了国家安全战略。

2014年1月，中共中央决定设立国家安全委员会，由习近平任主席。国家安全委员会负责国家安全工作的决策和议事协调，研究制定、指导实施国家安全战略和有关重大方针政策，统筹协调国家安全重大事项和重要工作，推动国家安全法治建设。

在 2014 年 4 月国家安全委员会第一次会议上，习近平总书记首次提出"总体国家安全观"，强调要以人民安全为宗旨，以政治安全为根本，以经济安全为基础，以军事、文化、社会安全为保障，以促进国际安全为依托，走出一条中国特色国家安全道路。习近平总书记还提出了政治安全、国土安全、军事安全、经济安全、文化安全、社会安全、科技安全、信息安全、生态安全、资源安全、核安全等 11 个安全。

2015 年 1 月，中共中央政治局会议审议通过《国家安全战略纲要》。同年 7 月，十二届全国人大常委会第十五次会议通过了《中华人民共和国国家安全法》，共 7 章 84 条，明确规定了政治安全、国土安全、军事安全、文化安全、科技安全等 11 个领域的国家安全任务。

十九大把"坚持总体国家安全观"作为 14 条基本方略之一。要求有效维护国家安全，完善国家安全战略和国家安全政策。2019 年 1 月，中央在中

国家安全是安邦定国的重要基石，是全国各族人民根本利益所在

央党校举办省部级主要领导干部坚持底线思维着力防范化解重大风险专题研讨班。

2019 年 10 月，十九届四中全会通过的《中共中央关于坚持和完善中国特色社会主义制度、推进国家治理体系和治理能力现代化若干重大问题的决定》要求：完善国家安全体系。坚持总体国家安全观，统筹发展和安全，坚持人民安全、政治安全、国家利益至上有机统一。以人民安全为宗旨，以政治安全为根本，以经济安全为基础，以军事、科技、文化、社会安全为保障，健全国家安全体系，增强国家安全能力。完善集中统一、高效权威的国家安全领导体制，健全国家安全法律制度体系。加强国家安全人民防线建设，增强全民国家安全意识，建立健全国家安全风险研判、防控协同、防范化解机制。提高防范抵御国家安全风险能力，高度警惕、坚决防范和严厉打击敌对势力渗透、破坏、颠覆、分裂活动。

建设成就要览之三十一：核能技术

1981 年 **2** 月 **9** 日，新华社报道，我国自己设计建造的第一座大型高通量原子反应堆最近在西南建成。通过高功率运行考验，证明反应堆设计是成功的，达到了预定的主要技术指标。

1985 年，我国开工建设大陆第一座核电站——秦山核电站。**1991** 年 **12** 月 **15** 日并网发电，**1994** 年商业运行。这是我国第一座自行设计、自行建造的 **30** 万千瓦的核电站。

1994 年 **2** 月 **1** 日，我国引进外国资金、先进设备和技术建设的第一座大型核电站——广东大亚湾核电站一号机组正式投入商业运行。**1996** 年 **12** 月 **17** 日，两台百万千瓦级核电机组通过国家验收。

2014 年 **12** 月 **18** 日，中国第一座钠冷快中子反应堆——中国实验快堆首次实现满功率稳定运行 **72** 小时，标志着我国全面掌握快堆这一第四代核电技术的设计、建造、调试运行等核心技术。

2015 年 **5** 月 **6** 日，中国自主创新、拥有完整自主知识产权的第三代核电技术"华龙一号"全球首堆示范工程开工建设。

截至 **2019** 年 **12** 月 **31** 日，我国商业运行机组（不含台湾地区核电）共 **47** 台，装机容量 **48751.16MWe**。**2019** 年 **1—12** 月，运行核电机组累计发电量为 **3481.31** 亿千瓦时，约占全国累计发电量的 **4.88%**。还有一批核电机组正在建设中。

38　推进中国特色大国外交

十八大以来，党和国家积极推进外交理论和实践创新，构建中国特色的大国外交。

2014年11月，习近平总书记在中央外事工作会议上指出："中国必须有自己特色的大国外交。""使我国对外工作有鲜明的中国特色、中国风格、中国气派。"

2016年3月，十二届全国人大四次会议上的政府工作报告提出，我们将继续高举和平、发展、合作、共赢的旗帜，践行中国特色大国外交理念，维护国家主权、安全、发展利益。"中国特色大国外交"首次明确写入政府工作报告。

十九大报告进一步阐释了中国特色大国外交的内涵，明确中国特色大国外交要推动构建新型国际关系，推动构建人类命运共同体。

中国特色大国外交，包含6个重点：高举构建人类命运共同体旗帜，推动

金砖国家指巴西、俄罗斯、印度、中国和南非五个国家。同金砖国家深化战略伙伴关系，是中国特色大国外交的重要组成部分

全球治理体系朝着更加公正合理的方向发展；坚持共商共建共享，推动"一带一路"建设走实走深、行稳致远，推动对外开放迈上新台阶；运筹好大国关系，推动构建总体稳定、均衡发展的大国关系框架；做好周边外交工作，推动周边环境更加友好、更加有利；深化同发展中国家团结合作，推动形成携手共进、共同发展新局面；深入推动中国同世界深入交流、互学互鉴。

中国特色大国外交致力推进大国协调和合作，不断为变幻莫测的中美新型大国关系注入新动力，推动中俄战略协作伙伴关系不断迈上新台阶，坚持共同打造中欧和平、增长、改革、文明"四大伙伴关系"，深化周边关系营造睦邻友好环境，做发展中国家的可靠朋友和真诚伙伴，高举多边主义旗帜，引领建设新型国际关系。

十八大以来，中国特色大国外交取得了一系列重要进展和成果。G20 杭州峰会，"一带一路"国际合作高峰论坛，全方位、多层次、立体化的外交新布局，成功为中国发展营造了比较良好的外部条件，也为世界和平与发展作出了中国贡献。

2018 年 6 月 22 日，习近平总书记在中央外事工作会议上讲话指出，要深入分析世界转型过渡期国际形势的演变规律，准确把握历史交汇期我国外部环境的基本特征，统筹谋划和推进对外工作。

39　推动构建人类命运共同体

2011 年，《中国的和平发展》白皮书提出，要以"命运共同体"的新视角，寻求人类共同利益和共同价值的新内涵。

2013 年 3 月，习近平主席在莫斯科国际关系学院首次向国际社会提出命运共同体理念。2015 年 9 月，习近平主席在联合国发表《携手构建合作共赢新伙伴，同心打造人类命运共同体》的演讲，向国际社会全面阐述了人类命运共同体"五位一体"的内涵，呼吁国际社会继承和弘扬联合国宪章宗旨和原则，构建以合作共赢为核心的新型国际关系，打造人类命运共同体。

2017 年 1 月 18 日，习近平主席在日内瓦万国宫出席"共商共筑人类命运共同体"高级别会议并发表主旨演讲，主张共同推进构建人类命运共同体伟大进程，坚持对话协商、共建共享、合作共赢、交流互鉴、绿色低碳，建设一个持久和平、普遍安全、共同繁荣、开放包容、清洁美丽的世界。

2017 年 10 月 18 日，十九大报告指出，坚持和平发展道路，推动构建人类命运共同体。人类命运共同体的概念还被写进了新修改的党章。

2018 年 3 月 11 日，十三届全人大一次会议通过的宪法修正案，将宪法序言第十二自然段中"发展同各国的外交关系和经济、文化的交流"，修改为"发展同各国的外交关系和经济、文化交流，推动构建人类命运共同体"。

人类命运共同体理念内涵丰富，涉及政治、安全、经济、环境等诸多领域。政治上，提倡各国之间应形成平等相待、互商互谅的伙伴关系；安全上，提倡各国应不断为共同安全而努力；经济上，积极推动共同发展与合作共赢；文化上，坚持相互尊重、兼收并蓄和开放包容。

人类命运共同体意识超越种族、文化、国家与意识形态的界限，为思考人类未来提供了全新的视角，为推动世界和平发展给出了一个理性可行的行动方案。

人类命运共同体理念作为一份思考人类未来的"中国方略"，在中国政府和领导人的积极努力下，得到了国际社会越来越多的认可与赞扬。

40　抗击新冠肺炎疫情

2019 年 12 月 27 日，湖北省武汉市发现不明原因肺炎病例。2020 年 1 月 7 日，中国疾控中心成功分离新型冠状病毒毒株。1 月 12 日，武汉市卫生健康委在情况通报中首次将"不明原因的病毒性肺炎"更名为"新型冠状病毒感染的肺炎"。

截至 2020 年 5 月 31 日 24 时，31 个省、自治区、直辖市和新疆生产建设兵团累计报告确诊病例 83017 例，累计治愈出院病例 78307 例，累计死亡病例 4634 例，治愈率 94.3%，病亡率 5.6%。

新冠肺炎疫情是新中国成立以来我国发生的传播速度最快、感染范围最广、防控难度最大的一次重大突发公共卫生事件。

新冠肺炎疫情发生后，党中央高度重视，迅速作出部署，将疫情防控作为头等大事来抓。习近平总书记亲自指挥、亲自部署。中央应对疫情工作领导小组召开一系列会议，研究部署疫情防控和统筹推进经济社会发展的重大问题和重要工作。中央指导组指导湖北省、武汉市加强防控工作。国务院联防联控机制发挥协调作用。国务院复工复产推进工作机制，加强复工复产统筹指导和协调服务。

在中共中央统一领导下，全国各地各部门坚决贯彻中央决策部署，有令必行、有禁必止，严格高效落实各项防控措施，形成了全面动员、全面部署、全面加强，横向到边、纵向到底的疫情防控局面。

2020 年 1 月 23 日 10 时起，武汉机场、火车站离汉通道暂时关闭。武汉和湖北人民面对与外隔绝、交通停滞、城市"停摆"的状态，克服困难，服从大局，咬紧牙关，团结坚守。54 万名湖北省和武汉市医务人员冲锋在前，广大社区工作者、公安干警、基层干部、下沉干部、志愿者不惧风雨，坚守一线，广大群众众志成城、踊跃参与，涌现出一大批可歌可泣的先进典型和感人事迹。

全国上下紧急行动，依托强大综合国力，开展全方位的人力组织战、物资保障战、科技突击战、资源运动战，全力支援湖北省和武汉市抗击疫情，在最短时间集中最大力量阻断疫情传播。自 1 月 24 日除夕至 3 月 8 日，全国共调集 346 支国家医疗队、4.26 万名医务人员、900 多名公共卫生人员驰援湖北。19 个省份以对口支援、以省包市的方式支援湖北省除武汉市以外 16 个地市。人民解放军派出 4000 多名医务人员支援湖北。

在党的领导下，全国上下贯彻"坚定信心、同舟共济、科学防治、精准施策"总要求，共同进行抗击疫情的人民战争、总体战、阻击战。经过艰苦卓绝的努力，用一个多月的时间初步遏制了疫情蔓延势头，用两个月左右的时间将本土每日新增病例控制在个位数以内，用 3 个月左右的时间取得了武汉保卫战、

新冠肺炎疫情暴发后，在以习近平同志为核心的党中央坚强领导下，14
亿中国人民同舟共济、众志成城，同疫情展开顽强斗争，取得了重大胜利

湖北保卫战的决定性成果，维护了人民生命安全和身体健康，为维护地区和世
界公共卫生安全作出了重要贡献。

2020 年 9 月 8 日，全国抗击新冠肺炎疫情表彰大会在北京隆重举行。习
近平总书记在大会上强调，抗击新冠肺炎疫情斗争取得重大战略成果，充分展
现了中国共产党领导和我国社会主义制度的显著优势，充分展现了中国人民和
中华民族的伟大力量，充分展现了中华文明的深厚底蕴，充分展现了中国负责
任大国的自觉担当，极大增强了全党全国各族人民的自信心和自豪感、凝聚力
和向心力，必将激励我们在新时代新征程上披荆斩棘、奋勇前进。

在这场同严重疫情的殊死较量中，中国人民和中华民族以敢于斗争、敢于
胜利的大无畏气概，铸就了生命至上、举国同心、舍生忘死、尊重科学、命运
与共的伟大抗疫精神。生命至上，集中体现了中国人民深厚的仁爱传统和中国
共产党人以人民为中心的价值追求。举国同心，集中体现了中国人民万众一心、
同甘共苦的团结伟力。舍生忘死，集中体现了中国人民敢于压倒一切困难而不
被任何困难所压倒的顽强意志。尊重科学，集中体现了中国人民求真务实、开
拓创新的实践品格。命运与共，集中体现了中国人民和衷共济、爱好和平的道
义担当。

伟大抗疫精神，同中华民族长期形成的特质禀赋和文化基因一脉相承，是

爱国主义、集体主义、社会主义精神的传承和发展，是中国精神的生动诠释，丰富了民族精神和时代精神的内涵。我们要在全社会大力弘扬伟大抗疫精神，使之转化为全面建设社会主义现代化国家、实现中华民族伟大复兴的强大力量。

41 制定和通过民法典

编纂法典是具有重要标志意义的法治建设工程。1954 年、1962 年、1979 年和 2001 年，我国曾先后四次启动民法制定工作，为编纂民法典奠定了基础。

十八大后，党中央将编纂民法典列入重要工作议程，并对编纂民法典工作任务作出总体部署，提出明确要求。十二届、十三届全国人大常委会都将编纂民法典纳入全国人大常委会立法规划和年度立法工作计划，确定为全国人大常委会的立法工作重点项目。全国人大常委会党组先后多次向党中央请示和报告，就民法典编纂工作的总体考虑、工作步骤、体例结构等重大问题进行汇报。

2016 年 6 月、2018 年 8 月、2019 年 12 月，习近平总书记三次主持中央政治局常委会会议，听取并原则同意全国人大常委会党组就民法典编纂工作所作的请示汇报，对民法典编纂工作作出重要指示，为民法典编纂工作提供了重要指导和基本遵循。

编纂民法典采取"两步走"的工作思路进行：第一步，制定民法总则，作为民法典的总则编；第二步，编纂民法典各分编，经全国人大常委会审议和修改完善后，再与民法总则合并为一部完整的民法典草案。

2015 年 3 月，全国人大常委会法制工作委员会启动民法典编纂工作。2017 年 3 月，十二届全国人大五次会议审议通过民法总则，完成了民法典编纂工作的第一步。

随后，十二届、十三届全国人大常委会接续努力、抓紧开展作为民法典编纂第二步的各分编编纂工作，形成《中华人民共和国民法典（草案）》。2019 年 12 月召开的十三届全国人大常委会第十五次会议决定将民法典草案提请

民事法律关系是社会生活中最为常见的法律关系，民法典是"社会生活的百科全书"。民事关系调整得好，各种社会关系就比较和谐，各种社会矛盾也就比较和缓，人民的幸福感就越强

十三届全国人大三次会议审议。

2020 年 5 月 28 日，十三届全国人大三次会议以 2879 票赞成、2 票反对、5 票弃权，高票表决通过《中华人民共和国民法典》。这是新中国第一部以法典命名的法律，开创了我国法典编纂立法的先河。

《中华人民共和国民法典》共 7 编、1260 条，各编依次为总则、物权、合同、人格权、婚姻家庭、继承、侵权责任，以及附则。

《中华人民共和国民法典》是一部具有中国特色、体现时代特点、反映人民意愿的民法典。这部法典的制定和通过，树起了中国法治建设的又一座丰碑。

★★　　大事辑要之四　　★★

2012 年　　**11月8日—14日**　中共十八大举行。科学发展观被确立为党的指导思想。习近平任中央委员会总书记。

12月4日　中央政治局会议通过关于改进工作作风、密切联系群众的八项规定。

2013 年 ➤ **5月9日** 中共中央印发《关于在全党深入开展党的群众路线教育实践活动的意见》。

6月至2014年9月 分两批开展了教育实践活动。

11月12日 十八届三中全会通过《中共中央关于全面深化改革若干重大问题的决定》。

12月21日 中共中央、国务院印发《关于调整完善生育政策的意见》，提出单独两孩的政策。

2014 年 ➤ **7月24日** 国务院印发《关于进一步推进户籍制度改革的意见》。

10月20日—23日 十八届四中全会召开，通过《中共中央关于全面推进依法治国若干重大问题的决定》。

12月2日 中共中央、国务院印发《丝绸之路经济带和21世纪海上丝绸之路建设战略规划》。

12月5日 中共中央决定给予周永康开除党籍处分。十八届中共中央共批准立案审查省军级以上党员干部及其他中管干部440人。

2015 年 ➤ **1月5日** 中共中央印发《关于加强社会主义协商民主建设的意见》。

3月13日 中共中央、国务院印发《关于深化体制机制改革加快实施创新驱动发展战略的若干意见》。

3月26日 首次启动针对外逃腐败分子的"天网行动"。

4月10日 中共中央办公厅印发《关于在县处级以上领导干部中开展"三严三实"专题教育方案》。

5月8日 国务院印发《中国制造2025》。

9月3日 纪念中国人民抗日战争暨世界反法西斯战争胜利70周年大会和阅兵仪式举行。

9月22日—28日 习近平主席对美国进行国事访问并出席联合国成立70周年系列峰会。

10月18日 中共中央印发《中国共产党廉洁自律准则》和《中国共产党纪律处分条例》。

10月26日—29日 十八届五中全会召开，通过制定"十三五"规划的建议。习近平总书记提出新发展理念。

11月7日 习近平总书记同马英九在新加坡会面。

11月28日 中央军委印发《关于深化国防和军队改革的意见》。

2016 年 ▶▶ **2 月 24 日**　中共中央办公厅印发《关于在全体党员中开展"学党章党规、学系列讲话，做合格党员"学习教育方案》。

5 月 27 日　习近平总书记在中共中央政治局会议上讲话指出，建设北京城市副中心和雄安新区两个新城，形成北京新的"两翼"，是千年大计、国家大事。

7 月 1 日　庆祝中国共产党成立 95 周年大会举行。

8 月 19 日—20 日　全国卫生与健康大会举行。

10 月 17 日　中共中央、国务院印发《"健康中国 2030"规划纲要》。

10 月 24 日—27 日　十八届六中全会召开，通过《关于新形势下党内政治生活的若干准则》和《中国共产党党内监督条例》。明确习近平总书记党中央的核心、全党的核心地位。

2017 年 ▶▶ **3 月 28 日**　中共中央、国务院发出通知，决定设立河北雄安新区。

5 月 14 日—15 日　首届"一带一路"国际合作高峰论坛在北京举行。

7 月 1 日　庆祝香港回归祖国 20 周年大会暨香港特别行政区第五届政府就职典礼举行。《深化粤港澳合作推进大湾区建设框架协议》签署。

10 月 18 日—24 日　中共十九大举行。宣布中国特色社会主义进入新时代，确立习近平新时代中国特色社会主义思想的历史地位。

11 月 30 日—12 月 3 日　中国共产党与世界政党高层对话会在北京举行。

2018 年 ▶▶ **1 月 18 日—19 日**　十九届二中全会召开，通过《关于修改宪法部分内容的建议》。

2 月 26 日—28 日　十九届三中全会召开，通过《中共中央关于深化党和国家机构改革的决定》和《深化党和国家机构改革方案》。

3 月 5 日—20 日　十三届全国人大一次会议召开，通过《中华人民共和国宪法修正案》和《中华人民共和国监察法》。

3 月以后　针对美国政府挑起的中美经贸摩擦，中国采取一系列应对措施。

5 月 4 日　纪念马克思诞辰 200 周年大会举行。

11 月 5 日—10 日　首届中国国际进口博览会在上海举行。

12 月 18 日　庆祝改革开放 40 周年大会举行。向 100 名获"改革先锋"称号的同志和 10 名获"中国改革友谊奖章"的国际友人颁授奖章。

2019 年 ▰▰▸

5 月 31 日 "不忘初心、牢记使命"主题教育开始。2020 年 1 月基本结束。

9 月 17 日 习近平签署主席令，授予 42 人国家勋章、国家荣誉称号。

10 月 1 日 庆祝中华人民共和国成立 70 周年大会在北京天安门广场举行。习近平总书记讲话，随后举行阅兵式和群众游行。

10 月 28 日—31 日 十九届四中全会举行，审议通过《中共中央关于坚持和完善中国特色社会主义制度、推进国家治理体系和治理能力现代化若干重大问题的决定》。

2020 年 ▰▰▸

1 月 湖北武汉等地发生新冠肺炎疫情。党中央、国务院高度重视，迅速打响疫情防控的人民战争、总体战、阻击战。

3 月 6 日 决战决胜脱贫攻坚座谈会以电视电话会议形式召开。

5 月 22 日—28 日 十三届全国人大三次会议举行，通过《中华人民共和国民法典》和关于建立健全香港特别行政区维护国家安全的法律制度和执行机制的决定。

7 月 31 日 北斗三号全球卫星导航系统建成并正式开通。

9 月 8 日 全国抗击新冠肺炎疫情表彰大会在北京举行。

10 月 26 日—29 日 十九届五中全会召开，通过《中共中央关于制定国民经济和社会发展第十四个五年规划和二〇三五年远景目标的建议》。

2021 年 ▰▰▸

2 月 20 日 党史学习教育动员大会在北京召开。

2 月 25 日 全国脱贫攻坚总结表彰大会在北京举行。

3 月 5 日—11 日 十三届全国人大四次会议召开，通过《中华人民共和国国民经济和社会发展第十四个五年规划和 2035 年远景目标纲要》等文件。

7 月 1 日 庆祝中国共产党成立 100 周年大会在天安门广场隆重举行，习近平总书记发表重要讲话。